殼頭自

殼仔
文
頭

(1883-1958)
洪元煌的人生組曲：
殖民統治與草屯洪家

陳文松　著

成大出版社
National Cheng Kung University Press

U0153959

「白頭殼仔」，是臺灣鳥類白頭翁 Chinese Bulbul 的俗名，又稱白頭公（學名：Pycnonotus sinensis）」，是早期臺灣農村社會最常見的鳥類之一；東部有亞種，烏頭翁。

　　根據同為草屯出身的臺灣文學家張深切回憶，由於洪元煌自 20 多歲已是滿頭白髮，所以被冠上了「白頭殼仔」的綽號。而在 1920 年代臺灣議會設置請願運動時期，洪元煌則被殖民統治者稱為「白頭領袖」。因此，本書援用張深切的描述，以此綽號詮釋從 20 多歲便已白髮斑斑的洪元煌及其傳奇的一生。

　　白頭翁的叫聲響亮，經常擾人清幽；白頭殼仔的洪元煌，他宏亮的嗓音，聲如洪鐘，更是經常讓統治者難以入夢！

目錄

推薦序／若林正丈　　　　　　　　　　　　　　i

推薦序／若林正丈；陳文松譯　　　　　　　　　v

推薦序／李文良　　　　　　　　　　　　　　ix

序曲　　　　　　　　　　　　　　　　　001

前奏　草屯社會與「四大姓」　　　　　　　033

獨奏

　　一、1896 年「乙卯日之戮」　　　　　　　059

　　二、洪玉麟與南投街守備隊　　　　　　　074

　　三、地方行政的開展　　　　　　　　　　093

二重奏

　　四、書房教育的「鹿港雙樵」　　　　　　121

　　五、青年洪元煌與碧山吟社　　　　　　　137

三重奏

　　六、1924 年創設炎峰青年會　　　　　　　157

　　七、籲建立全民政黨　　　　　　　　　　183

　　八、拼「庄政」爭自治　　　　　　　　　210

四重奏

　　九、以詩代劍的雪峰　　　　　　　　　　245

　　十、擘劃農倉的洪火煉　　　　　　　　　256

　　十一、1945 年戰後境遇大不同　　　　　　285

曲終　　　　　　　　　　　　　　　　　317

參考文獻　　　　　　　　　　　　　　　325

後記　　　　　　　　　　　　　　　　　341

推薦序

　　陳文松教授の新著《白頭殼仔　洪元煌（1883-1958）的人生組曲》を読者に一歩先んじて一読する機会を得た。「後記」に依れば、本書は、教授の前作『殖民統治與「青年」：臺灣總督府的「青年」教化政策』（臺大出版中心、2015年）の姉妹作であり、この前作を前提とした洪元煌の伝記である。前作を前提としている、というのは、主人公の洪元煌が、台湾総督府の教化政策がその意図（「帝国の青年」あるいは「植民地の青年」の培養）に反して生み出した「台湾青年」の一典型であるからである。著者は、その一典型としての洪元煌の生涯を、台湾近代史一般の中に置くのでは無く、彼が活躍したその故郷草屯地域の地域史の中において描いている。著者の焦点は洪元煌と草屯に合わせられているから、本書は洪元煌の生涯を通じて描いた草屯地域の地域史であるとも言える。そのことがまた本書を独特の台湾近代史の書たらしめている。

　　これが、私が見るところの本書の中心的意義であるが、本書の校正刷りを読み進む中で、わたしは陳教授が描く二つの場面に強い印象をうけた。そのことを記したい。

　　一つは洪元煌の父洪玉麟の経験である。1896 年 4 月初

め、洪玉麟は草屯の隣の南投に進駐してきていた日本陸軍からの呼び出し状を受け取った。文面は「我有所諮詢要即刻来南投街」の一行のみ、日付は「明治二十九年四月四日」、差出人は「南投街守備隊　長内中尉」であった。著者は本書78頁にその原史料を写真版で掲出している。

　清朝期の武秀才で北投堡の総理を務め、日本軍が進駐してからも在地人の側から地域の秩序の一角を担っていた洪玉麟にとって、侵入してきた日本の権力との直接接触はこれが始めてではなかったはずではあるが、単刀直入かつ有無を言わせぬ短い出頭命令の文言と著者が提示する原史料の印影とは、この時この地に侵入してきた日本という外挿国家の権力の切っ先の存在をまざまざと感じさせる。呼び出される老境に達した武秀才の緊張と不安はいかばかりであったか。抗日ゲリラ鎮圧がままならぬ若き日本帝国軍人の焦燥もまた激しいものであったろう。そしてその腰に下げたサーベルが所作とともに立てる音まで聞こえて来そうである。

　武秀才の不安、帝国軍人の焦燥は悪しき方向で現実となった。二ヶ月も経たないうちに、抵抗するゲリラ鎮圧に焦った日本軍は南投地区に隣接する雲林で虐殺事件（雲林事件）を起こし（6月16-22日）、さらには南投地域でも7月1日に「乙卯日之戮」と称される40-50名規模の虐殺事件を起こし、さらにこれに反発する日本軍への攻撃をも惹起した。著者は「草屯洪氏家族文書」を使って、以後こうした地域住民の不安・緊張・反感の中で日本当局への協力を迫られる老齢

の武秀才の姿を浮かびあがらせている。

　本書の主人公洪元煌は、洪玉麟の五男、この時すでに13歳になっていた。後の草屯の「台湾青年」のリーダーは、このような父の後ろ姿を見ながら青年期を迎えていったのであった。

　印象深い場面の二つ目は、日本植民地支配から離脱し中華民国統治下にはって2年目、かつての「台湾青年」洪元煌自身が新たな支配者と地元草屯で交差する一場面である。1946年10月24日、「光復」後初めて夫人宋美齢とともに台湾を訪れた蒋介石は、日月潭の帰途に草屯鎮公所に立ち寄った。時に洪元煌は「光復」後2代目の草屯鎮長の地位にあって当日蒋介石夫婦を出迎えた。戦後編纂された、《草屯鎮誌》にはそれを記念する碑の碑文が引用されており、著者はそこに記された洪元煌の詩文に注意を喚起する。洪元煌は抗日運動家であるとともに詩作に思いを託した漢詩人でもあった。

　詩の全文は本文に引用されているが、著者が注目するのは、「江山黯淡候光明」の一行である（本書300頁）。日本の支配から解放されて喜びも束の間、新たな中華民国政府の統治下で台湾の社会状態は暗転しつつあった。「候光明」その中で時の中華民国最高指導者に地域の状況の改善の期待を託す気分を表している。しかし、詩句に表された期待と不安では、不安のほうが的中し、蒋介石への期待は空しいものとなった。その四ヶ月後に二・二八事件は勃発し、すでに老

境を迎えていた洪元煌も事件後には一時投獄を経験した。以後、台湾では1980 年代末まで蒋介石・蒋経国父子の支配が続いた。

　筆者には、半世紀を隔てた父と子の、相似の歴史的タイミングの、外挿国家との遭遇の相似の経験は、台湾近代史のあり方を深く象徴するような気がしてならない。陳教授は、地域史の視点にこだわり、またその地域の「台湾青年」の行動の軌跡を追跡することによって、一書の中にこの二つの場面を提示し得た。これらの場面があるからこそ、「帝国の青年」から「台湾青年」を自己創出した洪元煌らの「無形的成功」の追求の半世紀を振り返る意義があるのだと言えよう。

　著者は本書の末尾に、草屯鎮には今も洪元煌らかつての「台湾青年」達が活動拠点としていた炎峰青年会館を偲ばせる、炎峰街、館前巷、青年巷という地名が残っていると記している。何時の日かわたしもこれらの地点に佇んで、洪玉麟・洪元煌父子が歩んだ地域の、台湾の歴史の積み重なり、つまりは「台湾という来歴」の来し方を感得したいものである。

若林正丈

2021 年 10 月、日本、相模原市の寓居にて

推薦序（譯）

陳文松譯

　　作為一位讀者，得以首先閱讀陳文松教授的新著《白頭殼仔　洪元煌（1883-1958）的人生組曲》，根據本書〈後記〉所述，本書與 2015 年臺大出版中心所出版的《殖民統治與「青年」：臺灣總督府的「青年」教化政策》堪稱姐妹作，並在前書的基礎上撰述洪元煌的一生，兩者必須合而觀之。因為，本書主人公洪元煌，正是基於臺灣總督府教化政策意圖下所培養出的「帝國青年」或稱「殖民地青年」，最後卻反過來對抗殖民政府的「臺灣青年」的典型範例之一。作者將此一典型人物洪元煌的生涯並非置於一般鉅觀的臺灣近代史當中，而是他在故鄉草屯此一地域社會史的脈絡下來加以描繪。因此，可以說作者藉由洪元煌與草屯地域為核心，透過洪元煌傳奇的一生呈現出草屯地域史，這也讓本書凸顯出另類書寫臺灣近代史的獨特樣貌。

　　這是我所理解到本書最大的核心意義。然而在閱讀本書校對版的過程中，陳教授所描述的兩個場面，令我印象深刻，在此記述如下：

　　一個是洪元煌之父洪玉麟的經驗。1896 年 4 月初，洪玉麟接到進駐南投街的日本陸軍的招呼令，上面僅有短短的一句

「我有所諮詢要即刻来南投街」，日期上寫的是「明治二十九年四月四日」，約談人則是「南投街守備隊　長內中尉」，作者將此件文件翻拍置於書中 78 頁。

在清朝時期擔任北投堡總理一職，而在日軍進駐之後也協助維持在地社會治安的洪玉麟，誠然對他來說，也許這應該不是第一次與日本這個外來國家權力象徵的軍隊遭遇，但從作者所提供這份單刀直入不問緣由的招喚狀，面對著當時來自日本帝國進入當地自外砍進的權力鋒刃，如今讀來仍令人心顫不已。一方面可以想見，年已老邁的武秀才該是多麼的緊張與不安：而另一方面，也凸顯出遲遲無法有效壓制武裝抗日勢力而窮於應付的年輕軍官內心又是如何焦躁和坐立難安的心理狀態。

而武秀才的不安，帝國軍人的焦躁，導致最壞的結果成為真實。不到兩個月，日本軍隊由於急於鎮壓與南投一地之隔的雲林抗日武裝勢力而爆發雲林大屠殺事件（6 月 16-22 日），接著在南投地區境內的草屯也於 7 月 1 日發生史稱「乙卯日之戮」的屠殺事件，導致居民四五十人被殺，致引起居民不滿而引發對日軍的報復性行動。透過作者所引用的「草屯洪氏家族文書」還可以看到，當屠殺事件發生之後，年紀老邁的武秀才洪玉麟如何處在在地居民的恐懼不安和反感中，仍被殖民政府當局督促協助維持地方安寧的兩難局面。

本書的主人公洪元煌為洪玉麟的五男，當時已經十三歲，這位日後草屯「臺灣青年」的領袖，此時就是這樣看著父親的背影，而逐漸步入青年時期。

　　而令我印象深刻的第二個場面，則是剛從日本殖民統治脫離進入中華民國統治下的第二年，曾經是「臺灣青年」的洪元煌此時與新政權領導者於草屯當地遭遇相逢的那一場景。1946 年 10 月 24 日，蔣介石在夫人宋美齡的陪伴下首次造訪「光復」後的臺灣，在從日月潭返回的途中路過草屯鎮公所，時任「光復」後第二任草屯鎮長的洪元煌熱烈出面迎接蔣介石夫婦。對此，作者透過戰後出版的《草屯鎮誌》所收錄當時紀念此次雙方會面的紀念碑文，並注意到其中洪元煌的詩文。洪元煌一方面是知名的抗日運動者，同時也是一位以詩言志的詩人。

　　詩的全文在本文中被引用，作者所矚目的是其中那句「江山黯淡倏光明」（本書 300 頁），其實隱含著從日本殖民統治解脫的臺灣社會，才高興沒多久，卻在中華民國新政權統治下逐步陷入愁雲慘霧當中，因此中華民國最高領導者現身草屯，無疑為黑暗帶來「倏光明」，充分顯示出洪元煌對於蔣介石此時寄予相當的厚望。然而，詩文中那份夾雜期待與不安的心情，後來應驗的卻是那股不安，且對蔣介石的期待不僅落空，甚至在四個月之後更爆發二二八事件，蔣介石所派遣的援軍虐殺臺灣菁英。此時已步入老年的洪元煌也在事件後不久被軍憲逮補，遭逢牢獄之災。此後的臺灣，一直到 1980 年代尾聲，都由蔣介石、蔣經國父子長期掌權。

　　筆者對這對父子相隔半世紀，竟有著如此相似的歷史發展，以及各自遭逢外來國家的相似經驗，深切感受這樣的重複性遭遇，正映照出臺灣近代史箇中起伏的具體象徵。陳教授本

著對地域史的堅持，並且關照發掘此地域中「臺灣青年」一生的軌跡，因此得以從本書中獲得這兩個歷史場景的啟示。而也因為有了這樣的歷史場景，才能讓我們看到從一「帝國的青年」到像洪元煌等這些自我創造出的「臺灣青年」們歷經半世紀所致力追求的「無形的成功」之意義。

　　作者在本書末尾指出，在今天的草屯鎮留下諸如炎峰街、館前巷、青年巷這些可以讓後人緬懷聯想起昔日洪元煌等「臺灣（炎峰）青年」們活躍場域炎峰青年會館的相關街道名。假以時日，我也希望可以站在這些街道上，踩著洪玉麟、洪元煌父子所曾走過的足跡，期待親身感受臺灣歷史的積累，也就是那股對「臺灣所稱之來歷」的踏溯。

若林正丈

2021 年 10 月，於日本相模原市寓所

推薦序

　　真是待望已久！摯友文松有關南投草屯洪家在日本時代參與政治文化運動的論文，終於彙整改寫成書，即將出版面世。實在非常榮幸！能有機會受邀寫序，先睹為快，滿足前此長久的等待。

　　我會特別注意到文松的草屯研究，一開始並非源自於日治時期政治運動史的興趣，而是在我轉往清代社會史研究之後。我很快注意到了，島內幾條源自中央山脈的河川，在剛進入平原及其後抵達海岸之處，往往成為重要城鎮，有著活潑的人群、商貿往來，常是重大動亂、制度習慣的起源地。中臺灣的烏溪（大肚溪），則是其中的觀察重點之一。雖然不管從臺南或臺北看來，位於南投谷地、舊稱草鞋墩的草屯，肯定是相當偏遠。但草屯有茄荖溪往北匯入烏溪的重要支流貓羅溪，這裡是深入山區的橋頭堡，也是從廣大嘉南平原進出臺中盆地、海岸平原的孔道。位居山腳下的草屯，可以利用地形高低落差，修築水利系統，農業生產豐富而穩定、土地價格騰高。毫無疑問，草屯從 18 世紀起就有著活潑的商貿活動、產業經濟，並在此基礎上孕育了地方的政治文化事業。19 世紀中葉，草屯出現了洪、李、林、簡等四大姓組成的「四大姓局」，意味著宗族的蓬勃發展及社會整合。

文松有關草屯洪家的研究，吸引我注意及學習之處就在於，他將日本時代的政治文化史，從臺灣總督府下行到鄉鎮層級的地域社會，並正視草屯豐厚的地方政治文化傳統。他深度運用「洪玉麟家族文書」、「草屯行政文書」等地方文獻，細膩地重現四大姓之首的洪姓家庭之主要成員的人生經歷，生動描繪地域社會內部複雜的人際、利益競合關係，生動地展示了他們曾經歷的大時代及政治文化變遷。專書首先登場的是主角的父親洪玉麟，他在 1895 年日軍前來接收之際，是北投堡的「總理」，這是晚清最重要的地方鄉職。文松經由翔實的檔案運用，讓我們同時了解傳統地方領袖與新政權的巧妙折衝，以及殖民統治貫穿到社會的歷史過程。1883 年出生的主角洪元煌身兼傳統與近代教育，他在地方書院受教、準備科考，度過清朝統治最後的 12 年；隨後又進入新政權的近代學校，接受初等的公學校教育。這個「雙重語言讀寫能力」讓洪元煌可以使用漢文和舊時代的鄉紳交流，也得以嫻熟的日語參與近代政治文化運動。雖然如此，洪元煌的根基無疑還是洪氏家族長期在草屯累積起來的政經基礎，日夜關懷的則是他成長的鄉土。他的社團組織起點是炎峰青年會，其入會資格限於草屯庄民，主要成員為草屯四大姓的年輕世代，創會目標則是推動草屯的政治教育與文化啟蒙。儘管洪元煌也曾前進州治、島都甚至是帝都，試圖尋求更高的政治舞臺，但他最終能夠具體實踐理念的操作場域其實是草屯的「庄政」。

　　閱讀文松這本將政治文化人返回地域社會、有著生動表情的精彩專書，我總是想著：就草屯這個高度有趣且有豐富文獻

之地，文松未來或可將研究從日治往清代回溯，而我自己則是從清代下行到日治時期。就像他畢業自臺大歷史系，如今是成大系主任，而我是成大畢業卻在臺大歷史系擔任主任一樣。等到我們各自將草屯各時代的歷史都研究過一遍之後，有機會再來交換意見，共同寫一本新書。

臺灣大學歷史學系

李文良

序曲

〈不倒翁〉

莫笑衰殘一小軀。胸中謀略未全無。

任他地覆天翻日。坐鎮依然讓老夫。

（《碧山吟社詩稿》[1]第 1 首）

1　〈不倒翁〉，《碧山吟社詩稿》（草屯梁志忠所藏，以下略稱《詩稿》），第 1 首。關於洪元煌與《碧山吟社詩稿》的論述，容後詳述。

一、誰是洪元煌?

洪元煌,一個在臺灣近代史上幾乎被遺忘的名字,但是他卻有著傳奇性的一生;他是臺灣近代史上的一個傳奇性人物,而本書就是要敘述他這傳奇的一生。不過要如何讓他出場呢?其實是一件頗費思量的事,他總是以一種很容易被讀者所忽略的歷史性記述存在,因為,儘管他從未缺席任何一個臺灣近代史上的重大事件,但常常因為主角的鋒芒太盛而始終被研究者所忽視;然而細究其一生,他的性格不僅鮮明,且無役不與,「鋒芒畢露」,包括在 1921 年(日本大正 10 年)臺灣文化協會的創立總會,代理林獻堂主持開會儀式和致詞。而今(2021)年,正巧適逢文協創立百週年的重要日子,白頭殼仔洪元煌的歷史定位也應被重新檢視。

臺灣文化協會第一回理事會合照(左一坐者)
資料來源:國立清華大學葉榮鐘數位資料庫授權。

洪元煌
資料來源：國立臺灣歷史博物館館藏授權。

　　洪元煌出生於 1883 年清末的北投堡，為當時北投堡總理洪玉麟的五男。1902 年畢業自南投廳草鞋墩公學校（草屯公學校的前身）後[2]，1919 年前往東京遊學[3]。遊學期間與林獻堂等人加入東京新民會，其後歷經臺灣文化協會、臺灣民眾黨、臺灣地方自治聯盟，以及東亞共榮協會[4]等臺灣文化、社會、

2　根據《臺灣人士鑑》的記錄，洪元煌於 37 年 3 月自草鞋墩公學校畢業。臺灣新民報社調查部，《臺灣人士鑑（昭和 9 年版）》（臺北：臺灣新民報社，1934），頁 67。該校畢業名單，可參見草屯國民小學，《創立七十週年紀念同學錄》（南投：南投縣草屯鎮草屯國民小學，1970），頁 1。以下簡稱《同學錄》。

3　洪敏麟總編輯，《草屯鎮誌》（南投：投縣草屯鎮鎮公所，1986），頁 916。《草屯鎮誌》寫了「留學」，不過，以戰前的《臺灣人士鑑》為首，戰後研究人員之間主要是指出「公學校畢業」。因此，洪元煌不是「留學」，而是「上京遊學」的可能性高。

4　何義麟，〈臺灣知識人の苦悩──東亞共榮協會から大亞細亞協會臺

政治運動團體，幾乎無役不與。由於這項豐富的經歷，曾被同鄉後輩張深切稱為「職業的社會運動家」[5]；另一方面，1924年洪元煌在草屯當地創設炎峰青年會，成為後來立基草屯、前進全臺的政治運動青年團體，故亦被稱為「草屯青年的領導者」[6]。二次大戰結束，在中華民國退守臺灣實施地方自治和行憲後，歷任草屯鎮長和國民大會代表等職，1958年病逝，享壽76歲。

由於張深切與洪元煌都是草屯人，且有共事的經驗，因此，為了讓讀者對洪元煌有更深刻的印象，以下引用張深切的二則回憶；同時，引用一則1928年《臺灣日日新報》專欄中針對洪元煌的短評，一窺當時官方媒體如何看待洪元煌。如此，相信有助於讀者們理解本書後續的解析。

首先是張深切的兩則不同時期，與洪元煌交往的回憶。

> 我（按：1924年暑期自上海）回草屯老家，常和地方的青年來往，組織了一個團體（按：1925年7月組成草屯炎峰青年會演劇團），研究演劇，得了前輩洪元煌、李春哮、洪錦水、林金釵等人參加支持，成為一個業餘的劇

中支部へ），收錄於松浦正孝編著，《昭和・アジア主義の實像──帝國日本と臺灣・「南洋」・「南支那」》（京都：ミネルヴァ書房，2007），頁287-310。

5　張炎憲、陳芳明、黃英哲等編，《張深切全集〔卷2〕里程碑（下）》（臺北：文經社，1998），頁517。

6　張炎憲、陳芳明、黃英哲等編，《張深切全集〔卷1〕里程碑（上）》（臺北：文經社，1998），頁278。

團。（中略）

洪元煌可以說是草屯青年的領導者，他在文化協會、民眾黨、自治聯盟，都擔任過重要的角色，以「白頭殼仔」名傳全島。面貌彷彿有點似吳稚暉，也有點像戲裡的大花臉，白髮童顏，銀絲白得發亮，體格粗大結實，鄉人多叫他「大塊元煌」；風度異常豪爽，腦筋靈敏，口才便捷，在臺灣社會運動史上，算是一個不可或缺的怪傑，至於他的人格節操如何，不便由我的主觀來論他的長短[7]。

民國十九年我們出獄的時候，民眾黨和文協農組已鬧至不可開交的地步，這時自治聯盟已經成立，展開其毫無阻滯的運動。

我靜觀臺灣的主客觀情勢，認識已和從前大不相同，而且我一向堅持不參加任何黨派，更不願意介入任何組織，決定採取旁觀態度，居於超然的地位。

洪元煌找我數次，勸我加入自治聯盟，我均以不願意參加黨派為由拒絕了。他是由文協而轉民眾黨，又由民眾黨轉入自治聯盟的老將，頭大體胖，形容有點像吳稚老，但比稚老矯健結實，眉疏、眼圓、額高、滿頭銀絲，白得漂亮，以「白頭殼仔」的綽號著名。他自二十餘歲就白透滑顛了。元煌雖然沒有可誇譽的學歷，因其辯舌無礙，善於應變，所以在社會運動界一帆風順，常居於顯要地位。尤

7　張深切，《張深切全集〔卷1〕里程碑（上）》，頁278。

其他那壯大的體魄，由丹田發出來的洪亮聲音，配之以閃爍發亮的白髮，具有很大的吸引力。

他因為過於善變，左右逢源，有時候被疑為日本的奸細，有時候被認為難能可貴的幹才，到底他是個什麼人物？我至今還未能了解。

我和他誼屬同鄉，常在一起談論世局時事，也合作過幾次，但我始終沒法子了解他。也許我不好變，他善變，因此思想性格都合不來。不過他卻很少反對我的意見，只是我難能贊成他的主張。他很能攝取人家的意見，配合自己的機智，在全島遊說，暢行無阻，林獻堂、蔣渭水、楊肇嘉都很器重他，但也不無有點疑忌，無他不可，有他不安，這就是洪元煌所賦的特殊性格。我覺得他是一位最具備職業性的社會運動家[8]。

由張深切的親身經驗可知，洪元煌的歷史評價「草屯青年的指導者」、「職業性的社會運動家」毫無疑義；但性格善變，雖受器重，但不無疑忌，「無他不可，有他不安」真是切中核心。而因少年髮白，因此「白頭殼仔」綽號，聞名全臺。加上聲音宏亮，非常具有人格魅力。

8　張深切，《張深切全集〔卷 2〕里程碑（下）》，頁 517。

洪元煌
資料來源：洪育綸先生提供，筆者翻拍。

不僅臺灣人對洪元煌印象深刻，在臺日本統治者與他交手過的人，也無不留下深刻的印象。

混在那些三十郎當歲像是彭華英、王鍾麟、黃周[9]這群小伙子中的民眾黨白頭領袖洪元煌君，就在兩年前特地從草屯北上島都臺北，為了確立地方自治制度而奔走，三不五時，不是去造訪總督，就是去敲總務長官代理的門，似乎連家都忘記回了▲年紀雖大一些，但活力完全不輸年輕小伙子。「我本以為當局這次選出的協議會員都是精挑細

9　彭華英（1895-1968）、王鍾麟（1895-1962）、黃周（1899-1957）三人與洪元煌，都是 1927 年臺灣民眾黨創黨時的核心幹部，但比起 1883 出生的洪元煌，皆整整年輕了一齒年，且前三人分別畢業自日本明治大學、京都帝國大學、早稻田大學的留學生。反觀洪元煌只具公學校的學歷，但在政治運動歷練上卻毫不遜色。

選，沒想到不僅不是，反而到處都是選些不適當的人居多。就是因為如此，才有需要發起協議會的改造運動，不然首先你來瞧瞧，究竟任命那些連國語（按：即日語）都不會講的議員，到底目的何在啊」洪元煌以中氣十足的語氣不平地喧嚷著▲就在兩三年前上京遇上後藤新平子爵，曾被後藤揶揄說：勿以昔日眼光衡酌今日之事，今日之事就要用今日的眼光來思考。洪元煌不假思索轉動那副白頭殼仔，回過頭來不為所屈地回應道：這倒是句名言哦[10]。

這篇刊登在官方媒體的小專欄，作者雖不詳，但文中對於洪元煌為了臺灣議會設置請願運動奔走爭取臺灣人自治不惜背井離鄉，以及對於臺灣地方自治制度實施之後，官選協議會員無法真實反映民瘼的現狀，即使面對高高在上的總督或總務長官，依舊直來直往的膽識，語多讚賞。尤其那少年白搭配洪亮聲音

---

10 原文：彭華英、鐘麟、黃周と言ったやうな春秋に富む諸君の中へ混って草屯からわざわざ二年振りで島都臺北へ乘り出し、家へ歸る時も忘れたやうに、總督を訪問したり、長官代理の門を叩いたりして、地方自治制確立の為めに奔走して居る民眾黨の白頭領袖洪元煌君▲歲はとっても元氣ぢゃ若い者に負毛ないぞ、と云ふ元氣で「御上で選ぶ協議會員は、全部選良かと思ってたら選良どころか、あべこべ選惡の方が多いに恐れ入った、こんなことだから、協議會の改造運動も起る筈で、第一言葉の出來ないやうな議員を任命してどうするつもりだらう▲二三年前後籐新平子に逢った時、昔のものさしで、今のものを測らうとするのが間違ひのもとだから、現在を測るには現在のものさしを使へ、と云はれた事があるが、成る程名言だネ」と白髮頭を振り立てて辯じ立てる元氣當るべからず）〈クチナシ〉，《臺灣日日新報》第 9990 號，1928 年 2 月 15 日。

的特徵，即使在 1924 年 6 月擔任第五屆上京請願代表時面對後籐新平的揶揄，仍不改其本色，四兩撥千斤，以其「勿以昔日眼光衡酌今日之事，今日之事就要用今日的眼光來思考」的金句名言，來以子之矛攻子之盾，更讓殖民統治高層對於這位來自草屯鄉下的「白頭領袖」洪元煌，留下非常深刻的印象。

因此，不論是在地與其共事打拼奮鬥的張深切，抑或是棋逢敵手的總督府高層，對於白頭殼仔洪元煌的膽識、權變（善變），以及為爭取臺灣人自治的信念，都留下深刻的印象與歷史評價。

洪元煌與 1881 年出生霧峰的林獻堂只差兩歲，在臺灣文化協會 1921 年設立時，年滿 38 歲。林獻堂何人也，在當今臺灣社會除了少數人之外應該無人不知其名，電影有演，教科書會介紹，而且還有一套傳世之作的日記，更成為後人深入探究林獻堂對後世影響的最佳底本；相較於此，與霧峰林家一溪（按：烏溪）之隔的草屯洪家，尤其是洪元煌，卻長期以來在臺灣近代史傳當中，在盟友、戰友紛紛成為後人立傳、撰述的對象之際，仍被晾在一旁，長期遭獨漏。

同樣也只是一線之隔，與洪元煌一樣參與 1921 年臺灣文化協會的賴和，雖然在政治參與上不如洪元煌，但在臺灣新文學的發展上的地位，始終為後人所傳頌。而兩人在面臨當時日本殖民統治的處境，可說無分軒輊。林瑞明在《臺灣文學與時代精神：賴和研究論集》一書中所收錄的〈賴和與臺灣文化協會〉乙文裡，探討賴和在面對殖民政府高壓統治下的定位，有一段相當生動的描述，引述如下：

賴和在動盪變化的時代中，並非是靜態的人物，他不斷地
和時代進行對話，並調整前進的步伐，不管在民族運動或
階級運動的兩翼活動裡，他或顯或隱從未脫離臺灣社會脈
動的主流。因為這一特性，討論賴和不能機械性的將他只
放在民族運動或單置於階級運動中來觀察，必須從交錯複
雜的雙元結構的網絡中，才能透過他看到在異民族統治
下，臺灣近代知識分子探索臺灣出路掙扎的動向之一。[11]

林瑞明這篇早期之作，曾分成上、下兩期刊登於《臺灣風物》
38 卷 4 期（1988.12）和 39 卷 1 期（1989.3）。換言之，距
今發表超過三十年。如今讀到這一段，林瑞明兼具詩人和歷史
學者的賴和評述，不禁也讓筆者聯想到洪元煌的人生組曲，好
像可直接沿用鋪陳；但卻又不盡然。

　　從結論來看，縱觀洪元煌的一生，其權宜變通的務實性
格與無役不與的政治實踐，卻彷如介於林獻堂、蔣渭水與賴和
三者之間。他有著林獻堂的派頭，卻又不如林優雅；他有著蔣
渭水的社會實踐精神，卻又不如蔣激進；他有著賴和的尖銳筆
鋒，卻又不如賴新潮。洪元煌傳奇的一生，見證了攸關臺灣命
運的兩個戰後史。

　　甲午戰後與二次大戰後相隔不到半世紀，但作為這兩次戰

11　林瑞明，《灣文學與時代精神：賴和研究論集》（臺北：允晨文化，
　　2017[1993]），頁 248。筆者有幸於 2010 年起與林瑞明教授共事，成
　　為亦師亦友的大前輩，不管文學或史學之研究，當然也包括政治議題
　　或美食等，經常無所不談，讓我在成大歷史系任教如沐春風，受益匪
　　淺。可惜他於 2018 年 11 月驟然離世，享年 69 歲。

爭非主戰場，卻又反客為主淪為強國政權越俎代庖，建構殖民政權或獨裁政權統治下的臺灣[12]，在這種「被宰制」的臺灣社會與臺灣人，「每次」戰後如何因應新變局的問題，往往令後人費盡心力卻又未必可以釐清的課題。儘管，這兩次戰爭的性質並不同，影響也不能等同看待，甚至臺灣人因應的方式與政權的統治方式也不能一概而論。即使是父子或同族族人，如草屯洪氏家族所示，彼此間也不見得相同。因此，本書將專注於臺灣中部草屯地域百餘年來的社會變遷，以及洪氏家族中洪元煌的一生來貫串描繪。

二、草屯多元的跨域連結

　　草屯這個地域社會，究竟具有何種特色呢？截至目前為止的研究成果來看，草屯地域令人感到意外的是，始終受到學界的關注，而且不僅跳脫一個地方史的藩籬，自從二次世界大戰後以來，更受到包括法制學者、人類學者、經濟學者以及歷史學者等不同研究領域的注目。甚且不單只是臺灣出身的研究者，日本的研究者也扮演相當大的角色。

　　首先，根據臺灣法制史研究者戴炎輝指出到清末為止，草屯的地方自治組織除了村廟和宗祠之外，還有一「四大姓

12　對此，研究臺灣現代史的日本新銳學者野嶋剛在其新作《臺灣とは何か》一書中則以「臺灣事實上被作為戰爭遊戲的獎品（臺灣は、事實上、戰爭というゲームの賞品のように扱われた。）」來描述，筆者認為有其深意。野嶋剛，《臺灣とは何か》（東京：筑摩書房，2016），頁220。感謝作者惠贈大作。

（按：洪、李、林、簡[13]）局」的存在[14]，而人類學研究者林
美容則在以「自治的結合」為運作原則的類型當中，指出以四
大姓自治為機制所發展出的「全鎮性祭祀圈」之存在[15]。至於
以漢人村落社會經濟史為研究課題的石田浩，曾實際對草屯地
域內的洪氏同族和李氏同族所屬村廟及祭祀公業進行實地考察
後表示：「臺灣社會的各種組織，首先是以村落這樣的地緣性
組織（村廟是其重大樞紐）率先形成，其次則是同族這樣的
血緣性組織（以宗祠和祭祀公業為其樞紐）形成。這兩類組織
集團同時存在且相輔相成，成為社會組織的基本集團而持續存
在，並且在此基礎之上進一步向外延伸而形成廣泛性的社會組
織。日本領有臺灣的時期，正是這類社會組織已形成之後，而
日本領臺後臺灣經濟發展的基礎亦是在此時期早已形成。[16]」
對於村落自治組織如何從清代臺灣過渡到日本統治時期之間的

13　根據 1945 年草屯的人口統計調查，在 141 個姓氏中，合計前四名的
　　四大姓洪、李、林、簡占全體約 6 成左右，各自的比率為 17.8%、
　　17.7%、16.4%、7.3%。洪敏麟總編輯，《草屯鎮誌》，頁 233。
14　戴炎輝，〈附錄三：臺中縣草屯鎮調查報告〉，《清代臺灣之鄉治》
　　（臺北：聯經，1979），頁 788-789。
15　林美容，〈由祭祀圈來看草屯鎮的地方組織〉，《中央研究院民族學
　　研究所集刊》62（1987.12），頁 103。有關於草屯四大姓的形成史，
　　參見林美容，〈草屯鎮的聚落發展與宗族發展〉，收錄於中央研究院
　　第二屆國際漢學會議論文集編輯委員會編輯，《中央研究院第二屆國
　　際漢學會議論文集（民俗與文化組）》（臺北：中研院，1989），頁
　　319-348。
16　石田浩，〈臺灣中部における漢人村落の展開過程とその社會構
　　造──南投縣草屯鎮加老里の洪同族の調查事例〉，《臺灣漢人村落
　　の社會經濟構造》（大阪：關西大學出版部，1985），頁 110。

連續性發展，有了明確的說明。

此外，歷史研究者曾敏怡、張家榮則除了注重血緣、宗教和自治的人文傳統之外，亦將眼光放在族群變遷、統治政策和自然環境上，明確指出草屯地域在日本統治時期，經過整頓的水利灌溉系統，有一半以上實際乃是在清朝乾隆年間，經由洪姓和李姓等地方人士之手所開發而成，並且其後代子孫幾乎就是這些水利灌溉系統的管理者[17]。同時曾敏怡也指出，隨著書院和書房教育的發展，從清朝嘉慶年間以後，草屯地域社會的統治階層，逐漸由原來清朝行政底層的吏員轉變為通過科舉考試的鄉紳階層所擔任[18]。

以上所述對於草屯一地之研究，從清朝時期的草屯開發史和人文傳統的變遷等，都受到不同領域研究者的注目，然而對於日本統治時期，在駒込武對於 1920 至 1930 年代抗日運動時期的討論之後，包括筆者在內，也陸續展開新的研究（詳後述）。

基於上述研究成果可知，足以說明何以草屯會受到國內外學者矚目的原因，包括：

首先，不能不提的就是，草屯地域自清朝時代以來經過日本時代，一直到戰後始終不曾間斷的所謂「四大姓自治」傳統的存在。當然這樣的傳統，在不同時代不同政權的統治下，洪、李、林、簡四大姓之間，以及與其他姓的勢力誠然不是沒

17　曾敏怡，《草屯地區清代漢人社會的建立與發展》，東海大學歷史學研究所碩士論文，1998，頁 84-89；張家榮，《清代北投社社史研究：以社址、社域變遷為中心》（新北：花木蘭文化，2014）。

18　曾敏怡，《草屯地區清代漢人社會的建立與發展》，頁 138-142。

有變動，然而對於草屯地域而言，「四大姓自治」的傳統及其
在該地域社會的重要性，並未出現太大的改變。這從洪元煌於
1924 年組織的炎峰青年會，其成員也是以四大姓的年輕世代
為主可窺探而知。

第二點，即所謂具有儒教傳統教養的鄉紳階層的存在。
而這些鄉紳階層在地域社會當中，經常以四大姓之姿，扮演
著維繫和維護傳統宗族、家族勢力的代言人角色。對於草屯
地域文教普及的發展盛況，曾經一度被稱譽為「臺灣文化的中
心」[19]。這句話對照於殖民統治初期的草屯地域而言，絕非過
譽，因為當時的草屯地域並非孤立的，而是包含在整個臺灣中
部地區之內，這句話正是在這樣的背景下衍生而出。

如後所述，從碧山吟社到炎峰青年會，甚至到二次戰後，
草屯（南投）、霧峰（臺中）和鹿港（彰化）等中部文人和知
識階層，經常跨越各地域間地緣和血緣（宗族）的藩籬，在日
常生活中進行廣泛的交流和聯姻等。這樣的交流互動在日本殖
民統治之後，不僅是單純的文教交流，毋寧為了抵抗異民族的
殖民統治，假藉不同形式的交流互動以遂行攜手合力頑抗之實
而益趨活絡。本書所舉洪元煌與霧峰林家林獻堂的互動交流，
其實早於 1921 年臺灣文化協會創立之前便已存在，之後洪元

---

19 「草屯雖然還沒出什麼偉大人物，但這地方出洋之多，人才之盛，以
人口比率計算，可與霧峰比美冠絕全島，有人說：灣的文化在中，中
的文化在草屯，也未必是無稽之談。（中略）中被起了文化城的雅
號，我想是因為過去中的文化運動最盛，每次有什麼全島性的運動，
中便是發動的中心，所以一說文化就連想到中。」張深切，《張深切
全集〔卷 1〕里程碑（上）》，頁 279。

煌更率領草屯炎峰青年會進行全島串連的反殖民統治運動，而這股強而有力的「廣域連合的反殖民統治運動」的舞臺，便在草屯。因此草屯地域的存在，不僅是一地的家族史或地方史，而從中更可看出跨地域之間不同家族間的連結，以及不同地域間的交流互動。這也是不能將草屯地域輕輕帶過的理由所在。

最後一點是，從傳統的水利開發到近代農業經濟產業變化的過程中，草屯地域的角色也不容忽視[20]，尤其是日治時期有關產業組合的發展[21]以及農業倉庫（農倉）經營的創始，在全臺各地當中，草屯一地更是扮演著先驅性的角色。本書所論另一位洪姓一族出身的洪火煉，在日治時期甚至被稱為「農倉的先覺者」。

總言之，不管從反殖民統治下民族運動的觀點，抑或從協助殖民政府的觀點來看，原來保有「四大姓自治」傳統的草屯地域，在殖民統治體制中從鄉紳階層到一般住民的對應方式及其所衍生的結果，究竟對於地域社會帶來何種變化，實在值得關注。

以上所述，便是從地域社會史、政治史和經濟史的觀點和角度來考察草屯地域，希望能讓讀者看到該地域豐富而生動的

20　有關草屯地域的水利開發，以至水利與民俗的關聯，可參閱洪英聖，《草屯「龍泉圳」的開發》，東海大學歷史學研究所碩士論文，2000；李偉呈，《建醮活動與地方社會：以草屯聯合里醮典為例》，國立中興大學歷史學研究所碩士論文，2020。

21　有關草屯地域的土地開發利用與近代化設施的建設，可參閱張家綸，《菁英如何改變社會：近代草屯之形成與人際網絡之轉變（1724-1945）》（新北：稻鄉，2017）一書。至於產業組合與農倉經營，則可參閱李力庸，《日治時期臺中地區的農會與米作（1902-1945）》（北縣：稻鄉，2004）一書。

樣貌。這些多元的面向，不僅影響著二次戰後草屯洪家洪元煌
與洪火煉的際遇，也可讓我們了解到當今草屯政治社會發展的
歷史脈絡，以及作為和臺灣其他地域社會發展的參考個案。

三、長期被忽略的洪元煌

目前有關洪元煌個人被引用的文獻史料，主要有二：一
是戰前臺灣新民報社所編輯出版的《臺灣人士鑑》[22]，而洪元
煌自 1919 年東京新民會組成以來即長期參與反殖民統治陣營
所經營與主導之各項刊物與活動，後來亦擔任臺灣新民報社的
中堅幹部。因此其經歷介紹雖要而不煩，但限於篇幅體例，仍
嫌簡略；一是戰後洪元煌的出身地南投縣草屯鎮公所所出版的
《草屯鎮誌》[23]。後者雖較前者為詳，然而主要記載的內容大
都依據戰前由臺灣總督府警務局所編纂的《警察沿革誌第 2 編
「領臺以後の治安狀況」中卷》（以下簡稱《臺灣社會運動
史》[24]）與《臺灣民報》系[25]的新聞報導。一言以蔽之，兩者
對於洪元煌年輕與晚年時期的活動，尤其是貫串其一生的漢詩
文創作，皆未觸及。

---

22 臺灣新民報社所編的《臺灣人士鑑》有昭和 9 年、12 年和 18 年版，
都有「洪元煌」。但在內容上幾乎相同，而這也是有關洪元煌戰前的
主要經歷。

23 洪敏麟總編輯，《草屯鎮誌》，頁 915-919。

24 臺灣總督府警務局編，《臺灣總督府警察沿革誌第 2 編領臺以後の
治安狀況（中卷）臺灣社會運動史》（東京：龍溪書舍，1973 復刻
版）。

25 《臺灣青年》、《臺灣》、《臺灣民報》、《臺灣新民報》這系列由
臺灣知識人從 1920 年之後陸續發行的民營報刊，其可謂抗日運動的
大本營。

　　另一方面，隨著 1980 年代臺灣民主化的發展，臺灣史研究成為顯學，而有關戰前抗日運動的相關人物的全集、日記和傳記等相繼出版，其中包括與洪元煌同為草屯出身的《張深切全集》[26]。不過數量最為龐大的，莫過於與洪元煌同期或稍後的抗日運動家與知識分子的全集和日記。例如，《蔡培火全集》[27]、《蔣渭水全集》[28]、《葉榮鐘全集》[29]、《王敏川選集》[30]、《林呈祿選集》[31]、《亦儒亦商亦風流——陳逢源（1893-1982）》[32]、《堅勁耿介的社會運動家——黃旺成》和《黃旺成先生日記》[33]、《蔡式穀行迹錄》[34]、《楊肇嘉回憶

26　張炎憲、陳芳明、黃英哲等編，《張深切全集》。
27　張漢裕主編，《蔡培火全集》（臺北：財團法人吳三連臺灣史料基金會，2000）。
28　王曉波編，《蔣渭水全集（增訂版）》（臺北：海峽學術，2005）。
29　葉芸芸等編，《葉榮鐘全集》（臺中：晨星，2000-2002）。葉榮鐘全集及相關文書史料已數位化，並上網開放提供外界使用，請連線清華大學圖書館數位典藏系統，網址：http://archives.lib.nthu.edu.tw:8080/newX/ug1/ug-0.jsp?cars=null。
30　臺灣史研究會編，《王敏川選集》（臺北：海峽學術，2002）。
31　黃頌顯編譯，《林呈祿選集》（臺北：海峽學術，2006）。
32　謝國興，《亦儒亦商亦風流——陳逢源（1893-1982）》（臺北：允晨文化，2002）。
33　張德南，《堅勁耿介的社會運動家——黃旺成》（新竹：竹市文化，1999）。又 2007 年起，黃旺成所留下的龐大日記正由中央研究院臺灣史研究所所組成的「黃旺成先生日記解讀班」進行解讀，前兩冊已正式出版。由於黃旺成為洪元煌之「戰友」，因此該日記將是了解洪元煌所不可或缺的史料。黃旺成作，許雪姬等解讀，《黃旺成先生日記（一）至（廿一）（1912-1935 年）》（臺北：中研院臺史所，2008-2020）。
34　蔡翼謀、陳月嬌編，《蔡式穀行迹錄》（新竹：竹市文化，1998）。

錄》[35]、《臺灣歷史名人傳：楊肇嘉傳》[36]，以及林獻堂《灌園先生日記》[37]、《林獻堂傳》[38]等。其中，身為洪元煌的親友同時也是戰友的林獻堂《灌園先生日記》的完整出版，與炎峰青年會（臺灣民眾黨南投支部）同為臺灣民眾黨支部的大甲支部史料，以及洪元煌摯友六然居主人楊肇嘉史料的出土[39]，不但對於臺灣史研究有著卓然的影響，日記中有關洪元煌的紀錄更是我們今天想要了解洪元煌的所思所為時，非參考不可的史料。此外，由草屯洪氏一族的後人故許錫專先生所編寫的《草屯地區開發史資料集——洪姓故事篇》[40]也是相當值得參考的文獻集，不過對於洪元煌的描述並未超出上述《草屯鎮誌》的範圍。

而在時人或後人所編寫的人物傳記當中，洪元煌大都被略過，即使言及亦不脫《臺灣人士鑑》之域。

日治時期最早出版的臺灣人物傳記首推 1916 年由臺灣總督府所出版的《臺灣列紳傳》。洪元煌當時尚未成為紳章受贈者之列，所以當然不在收錄的範圍內，但包括其父洪玉麟在內

35 楊肇嘉，《楊肇嘉回憶錄（上、下）》（臺北：三民，1967）。而楊肇嘉的日記等相關史料，也在進行解讀整理當中。

36 周明，《臺灣歷史名人傳：楊肇嘉傳》（南投：省文獻會，2000）。

37 林獻堂著，許雪姬等註解，《灌園先生日記（一至廿七）1927-1955年》（臺北：中研院臺史所、代史所，2000-2013）。

38 黃富三，《林獻堂傳》（南投：國史館臺灣文獻館，2004）。

39 蔣朝根編著，《從大甲支部看臺灣民眾黨：杜香國史料藏品彙編》（臺北：蔣渭水文化基金會，2019）。六然居主人楊肇嘉史料，現存於中央研究院臺灣史研究所檔案館，陸續數位化和出版中。

40 許錫專編，《草屯地區開發史資料集——洪姓故事篇》（南投：臺灣洪氏家廟，1998），頁 151-162。

的洪聯魁、洪獻章、洪立方、黃春帆、李春盛、李昌期、林紹仁，以及不知何故被褫奪紳章的洪吉卿等草屯地域的鄉紳階層皆入列[41]。

1929 年由臺灣人林進發所撰寫的《臺灣人物評》出版。這本人物評傳當中所介紹出身草屯的人物只有李春盛（時任臺中州協議會員）一人[42]，但與洪元煌同屬抗日派人物的林呈祿、蔡培火、蔣渭水、王敏川等臺灣政治運動的要角則幾乎全部網羅在內，這些人物也成為戰後人物傳記書中的常客，而獨缺洪元煌。稍後不久（1935 年），一本專門針對中部區域為對象的人物傳記由時人林燕飛所編寫的《新中州の展望》[43]一書出版，該書中詳細羅列出身草屯地域的人物總計 28 位，人數之眾堪與戰後出版的《草屯鎮誌》相匹敵，所介紹的人物包括當時活躍於中部的洪火煉、洪清江、李春盛等人，卻依舊獨漏洪元煌。

戰前由官方或臺灣人所撰寫的人物傳記或許有其政治因素考慮而獨缺洪元煌，然而令人意外的是，即使是戰後，包括近年來大量出版的臺灣近代人物傳記或人物評傳等出版品中，對於洪元煌的忽視，令人訝異幾無異於戰前[44]。

---

41 鷹取田一郎編，《臺灣列紳傳》（臺北：臺灣總督府，1916），頁221-228。

42 林進發，《臺灣人物評》（臺北：赤陽社，1929；成文影印版，1999），頁 192。

43 梁志忠先生所提供，林燕飛編，《新中州の展望》（臺中州：大日新報社藏版，締交通信社，1935），頁 111-321。

44 劉枝萬，《南投縣志稿（十一）南投縣人物志稿》（南投：南投縣文獻委員會；臺北：成文影印版，1983）；臺灣省文獻委員會編，《臺灣抗日忠烈錄・第一輯》（南投：省文獻會，1965）。當時擔任臺

　　戰後官方所出版的《臺灣省通誌》卷九〈革命志抗日篇〉之作者黃旺成，可說是臺灣民眾黨時期洪元煌的親密戰友，因此在有關自治運動的敘述當中，有不少處提及洪元煌的活動事蹟[45]。當然這對於長期仰賴戰前臺灣總督府的《臺灣社會運動史》的現象有所彌補，但並沒有太大的突破。至於同樣親身參與抗日運動的王詩琅，在戰後所著《臺灣人物誌》一書中，總算將其「前輩」洪元煌列入[46]，同時由國史館所編寫的國史館人物列傳當中也介紹了「洪元煌」[47]，然就其內容來看，依舊沒有脫出《臺灣民報》、《臺灣人士鑑》和《臺灣社會運動史》描述的範圍。

　　在這種情況下，前述同樣出身草屯的文學家張深切在其回憶錄中，則有多處提及洪元煌[48]，而且受到駒込武論文重視，終於打破洪元煌研究的僵局開創出新的局面，但仍以 1920 至

灣省文獻委員會主任委員為洪樵榕先生，即洪火煉的次子；章子惠編，《臺灣時人誌・第一集》（臺北：國光，1947）；陳永興、李筱峰編，《臺灣近代人物集——近代知識份子的志業與理想》（臺北：李筱峰，1983）；林衡道口述，洪錦福整理，《臺灣一百位名人傳》（臺北：正中，2003）；李筱峰、張炎憲、莊永明編，《臺灣近代名人誌》（臺北：自立晚報，1987-1990）；莊永明，《臺灣百人傳》（臺北：時報文化，2000）。

45　臺灣省文獻委員會編，《臺灣省通誌・卷九・革命志抗日篇》（南投：臺灣省文獻會，1973）。

46　王詩琅，《臺灣人物誌》（臺北：海峽學術，2003），頁 303。

47　國史館編，〈洪元煌先生傳略〉，《國史館現藏民國人物傳記史料彙編・第十三輯》（臺北：國史館，1995），頁 167-169。

48　張炎憲、陳芳明、黃英哲等編，《張深切全集〔卷 1〕里程碑（上）》，頁 278；《張深切全集〔卷 2〕里程碑（下）》，頁 516-518。

1930 年代為中心[49]。駒込武指出殖民地臺灣的教育政策，中央與地域社會要求之間有所落差，並以草屯庄為研究個案。其中，與本書所論密切相關之處在於駒込武對於洪元煌自治觀形成的描述，給筆者很大的啟發。駒込武認為洪元煌自治觀的形成，已非以往若林正丈中所提出「土著資產地主階級」中「新的買辦——民族主義層中分化」[50]的模式可以加以解釋。對此，駒込武進一步說明如下：

> （按：洪元煌公學校畢業的經歷）在當時抗日運動的核心人物大多不是日本留學生就是當時臺灣最高學府——臺灣總督府國語學校和醫學校畢業生的情況下，是相當令人側目的。從這點來看，洪元煌的行動理路與其說源自近代思想和近代民族主義的面向，毋寧說基本上乃基於「傳統的」教養和思考模式的可能性不是更高嗎？當然，這裡所指稱的「傳統」已經是臺灣總督府藉由其所推動畸形的近代化下主體性被重新挪移過的東西了，儘管如此，在這個「傳統」的核心當中，難道沒有「自治」觀念的因子存在嗎？[51]

49　駒込武論文的評論者吳密察之指摘。駒込武，〈抗日運動における教育要求と總督府の教育政策——1920~30 年代臺中州草屯庄の事例を中心に〉，《日據時期臺灣史國際學術研討會論文集》，（臺北：臺大歷史系，1993），頁 441-442。

50　若林正丈，《臺灣抗日運動史研究・增補版》（東京：研文出版，2001），頁 38-39。

51　駒込武，〈抗日運動における教育要求と總督府の教育政策——1920~30 年代臺中州草屯庄の事例を中心に〉，頁 419-420。

這裡所指傳統的教養，就是指漢學和儒教思想。在日本領臺前出生的洪元煌這一世代，都是曾經受過以培養士大夫的儒教傳統和修養為目的的書房教育之世代。同時，當時所謂地域社會的傳統，其最主要的特徵與其說受到清朝官僚的直接統治，更符合實情的說法毋寧是由當地的鄉紳階層所展開的地方自治，對於地方更有影響力這點上。

此外，駒込武對於舊鄉紳階層的年輕世代，尤其是抗日運動家的洪元煌（洪玉麟之子）與側身總督府的洪火煉（洪聯魁之子）之間，呈現出強烈的對比，以及兩人立場上的異同點，這樣的分析角度令人印象深刻，給予筆者很大的啟發和提示。擔任評論的臺灣史學者吳密察指出，這篇論文將抗日運動史與「地方史（local history）」連結，發展出地域社會史和政治史研究的新指標，給予高度評價。不過同時吳密察也指出，從1930年代以後關於洪元煌和洪火煉等這類地域人士的實際行動由於無法獲得充分的史料而無法進一步檢驗，以及1920年代以來「抗日志士 vs.御用紳士」這種二元對立的構圖到了皇民化運動以後又發生何種變化等也未加以討論，這些問題都是這篇論文所遺留下來的課題。

以《懷樹又懷人》（1992年出版，2017年新版）的短文隨筆，生動描述日治時期父親莊垂勝與同時代人故事而知名的留美作家林莊生（1930-2015），在該書並未提及洪元煌。到了2014年林莊生晚年出版《回憶臺灣的長遠路程：林莊生文集》，收錄2013年發表於《臺灣風物》的短文〈洪元煌的政治生涯〉，對於「三姑丈」洪元煌有較完整的敘述，並訪問其後人洪富子女士談及有關洪元煌日本投降那年年初被日本憲兵

「家宅搜查」和二二八事件後被「綁在樹頭」的口訪[52]；2017年新生代研究者張家綸則在其專書的篇章〈菁英社交網絡的改變：以洪元煌為例〉，指出洪元煌與「林獻堂及其他菁英之來往」的跨區域社群網絡之建立等[53]，有著更細微的填補。但對於洪元煌的剖析，仍停留於浮光掠影的片段與著重戰前政治活動的鋪排。

四、族人對洪元煌及洪火煉的評述

那麼草屯洪氏後人對於前輩族人洪元煌，又是如何看待？值得矚目的是 2001 年由國史館出版的《洪樵榕先生訪談錄》，在書中對於其父洪火煉著墨頗多，更言：「雖然家父的民族意識很強，但是日本政府卻很器重他，臺灣總督小林躋造即曾邀請家父到皇宮參加日本建國二千六百年紀念活動，與天皇共餐。[54]」但對於他縣長任內曾親自弔唁且被稱為「抗日愛國之民主鬥士」的族親大老洪元煌，竟於書中隻字未提[55]。彷

---

52 林莊生，《懷樹又懷人：我的父親莊垂勝、他的朋友及那個時代》（臺北：玉山社，2017[1992]）、林莊生，〈洪元煌的政治生涯〉，《回憶灣的長遠路程：林莊生文集》（臺北：玉山社，2014），頁43。本文原初刊於《臺灣風物》，62：2（2013），頁 11-20。

53 張家綸，《菁英如何改變社會：近代草屯之形成與人際網絡之轉變（1724-1945）》，頁 181-199。

54 洪樵榕口述，卓遵宏、歐素瑛，《洪樵榕先生訪談錄》（臺北：國史館，2001），頁 5。

55 洪樵榕的《洪樵榕先生訪談錄》可說是戰後少數經歷戰前、戰後體驗的草屯四大姓出身者的回憶錄。不過，令人不可思議的是，該訪談錄中只出現一次洪玉麟的名字（同書，頁 18），但是關於被國民政府列入民族英雄史傳的族親洪元煌，則是隻字未提，甚至連名字都未曾出現。

彿隱約可見「煌、煉」間的瑜亮情節或歷史心結，迄今仍影響著後人。

　　無獨有偶，同為陽明公派下洪姓一族的洪敏麟，同時也是洪樵榕的堂弟[56]，則於 2010 年出版的口述訪談中回憶了洪元煌、洪火煉父子兩代。對於洪火煉，書中寫著：「洪樵榕校長的父親洪火煉，是日治時期臺中州協議會員，曾經獲得日本天皇召見。光復後，被批評為漢奸、國賊，後來當選為國民大會代表。洪樵榕和陳雪屏交情很好，所以才能一路當教育廳督學、屏東女中校長、員林中學校長。父親洪火煉支持日本在前，兒子洪樵榕支持國民政府在後，這也反映臺灣人面臨政治時空轉變下，所做的肆應與抉擇。[57]」反觀同樣是提到日治時期，洪敏麟對於洪元煌的回憶則是：「戰時東西都是配給，對日本人優待、對國語家庭亦有優待，排隊可排到前面。當時最受特殊待遇的是洪元煌，他每次都排在日本太太之前，他父親洪玉麟是武秀才。[58]」前者趨炎附勢、卑躬屈膝於統治者，後者武勇頑抗、連統治者都另眼對待，享受著不同於一般臺灣人的「特權」。

　　換言之，即使時至今日，對於整個日治時期當中，洪元煌這位「抗日烈士」的事蹟在文獻或草屯當地人的眼中，無疑是足登大雅之堂的共同記憶；反觀日治時期洪火煉的定位，在

56　洪樵榕口述，卓遵宏、歐素瑛，《洪樵榕先生訪談錄》，頁 142。

57　洪敏麟口述，謝嘉梁、林金田訪問，劉澤民紀錄，《文獻人生：洪敏麟先生訪問紀錄》（南投：國史館臺灣文獻館，2010），頁 72-74。

58　洪敏麟口述，謝嘉梁、林金田訪問，劉澤民紀錄，《文獻人生：洪敏麟先生訪問紀錄》，頁 20。

臺灣「光復」的仇日情結中，卻似個人人喊打的「國賊」[59]。這種鮮明的對照，在第二個戰後的新政權眼中未必具有「忠誠度」考核的參考價值，因為「抗日烈士」與「臺灣人自治主義」，以及「國賊」與「中華民國正統意識」各自結合之後，毋寧後者更符合其正當性。因為，前者對於政權往往更具危險性，而後者往往只是一種迎合主義，更符合政權之所需。而且，這並非只是草屯的特例。

然而即使如此，不管是檢視洪元煌或洪火煉，彼等在面對不同統治者與當地社會的種種作為時，後世之人不宜僅僅採用當代民族主義的史觀，不斷複誦著「抗日烈士」或「國賊」的緊箍咒，而忽略兩人於不同時期的實際作為與影響力。尤其是對於極少受到矚目且被後人視為「國賊」的洪火煉，更應作如是觀。

五、葉榮鐘的未竟之願

其實在二次戰後初期，洪元煌的摯友兼盟友葉榮鐘就曾想寫洪元煌的傳記，可惜未能實現。這位以《日據時期臺灣政治社會運動史》著稱的多產作家，也曾撰寫一本《臺灣人物群像》。而負責編輯出版此書的編者李南衡於〈編集後記〉中，就曾提到：

> 葉榮鐘先生自二十二年前的一九六三年，開始默默撰寫他
> 所熟習的先賢先輩事蹟。他最先擬寫《臺灣民族運動先烈

---

59 洪敏麟口述，謝嘉梁、林金田訪問，劉澤民紀錄，《文獻人生：洪敏麟先生訪問紀錄》，頁47。

傳》（印象記），他所列名單除林獻堂、蔡惠如、林幼
春、蔣渭水四位先生動筆寫成，賴和先生未完稿外，林茂
生、陳炘、洪元煌、陳新彬、蔡式穀、李瑞雲、王敏川、
蔡年亨、林篤勳等九位先生的傳，好像動都還沒動筆[60]。

這段話更可在清華大學圖書館公開的葉榮鐘全集數位典藏史料
中，直接獲得印證。換言之，洪元煌在歷史長流中的缺席，絕
非其重要性不如他人，而是有關他的新史料極度缺乏或尚未被
梳理下使然。不論「盟友」葉榮鐘，或是「研究者」駒込武，
以致「同族」許錫專，都曾面臨到同樣的難題。

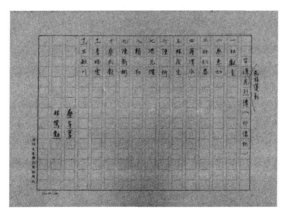

葉榮鐘晚年曾欲撰寫盟友洪元煌傳但未能完成
資料來源：清華大學葉榮鐘數位資料庫授權。

---

60 葉榮鐘，《臺灣人物群像》（臺北：帕米爾，1985），頁 303。同
　　書於 2000 年收錄於《葉榮鐘全集》。有關戰後葉榮鐘的修史志業，
　　可參閱若林正丈，〈葉榮鐘的「述史」之志：晚年書寫活動試論〉
　　（《臺灣史研究》第 17 卷第 4 期，2010.12，頁 81-112）一文。

028 ▍白頭殼仔｜洪元煌（1883-1958）的人生組曲：殖民統治與草屯洪家

六、新史料出土與 921 中部大地震

然而不幸中的大幸，1999 年 9 月 21 日所發生的臺灣中部大地震，摧毀了不少草屯地域的古建築，從洪元煌古宅倒塌的斷垣殘壁中，為當地草鞋墩文史工作室梁志忠先生所發現和搶救，包括殘壁上壁畫和三合院廣場前散落滿地的珍貴文字史料，其中文字史料部分筆者暫稱之為「日治時期草屯洪玉麟家族文書」（以下或簡稱草屯洪氏家族文書），其中包括洪玉麟文書，其子洪元煌親筆所寫的漢詩集，洪元煌女婿吳萬成的日記，以及洪火煉職務委任狀等一手史料為主[61]。

因此，本書所稱「草屯洪氏家族文書」，指的是 1999 年 9 月 21 日臺灣中部大地震以後，從倒塌的洪玉麟舊宅燉德堂中救出的自 1896 年到 1899 年（明治 29 至 32 年）寫給洪玉麟的信和公文，以及洪元煌等著漢詩習作《碧山吟社詩稿》（約 1907 至 1913 間）和《雪峰詩集》[62]，與吳萬成於 1931、1937 年兩本日記。等於一家三代剛好不約而同，共同留下和串起日本殖民統治半世紀首尾呼應的原始史料。洪玉麟為洪元煌之父，其相關文書集中日治初期，來信者大部分是當時南投辦務署第一任、第二任署長，文件的語言幾乎是漢文。

---

61 而洪玉麟舊宅燉德堂的照片，請參見許錫專編，《草屯鎮的文化資產及震災紀實》（南投：草屯鎮公所，2001），頁 83-87。燉德堂在洪玉麟之後，是由洪元煌及其長子洪錫恩繼續居住，921 地震震毀後的部分壁畫因畫工精美，則被搶救下來保存於國史館臺灣文獻館。

62 洪元煌，《雪峰詩集》，共計 46 首詩作，完成時間約 1940 年底至 1942 年間，「草屯洪氏家族文書」。

文書有 100 餘件，大量利用南投辨務署用紙。這與目前所知的總督府檔案（地方官廳與臺灣總督府），或帝國政府的公文書（臺灣總督府和日本帝國）不同；並且也與個人的日記、文集等私人的記錄、古文書（土地關係，契約）等不同，是地方官廳的日本人官僚給地方行政末端的臺灣人區長的官方通知、命令，相當難得。

作為詩人的洪元煌，幾乎少有人所悉。在戰前，由草屯女婿黃洪炎（其妻為李春盛長女）所編《瀛海詩集》一書中，共搜羅當時全臺 400 餘位詩人超過 3000 首的作品，亦首次收入洪元煌 10 餘首的感懷詩[63]。這也是洪元煌以詩人之姿，首度躋身全臺詩人之林。而 1942 年底洪元煌加入林獻堂所倡設的漢詩研究會起[64]，其詩作大量刊登於日治末期唯一一份漢文刊物《南方》上，成為了解洪元煌晚年的重要紀錄之一[65]。洪元

---

63 黃洪炎編，《瀛海詩集》（臺北：臺灣詩人名鑑刊行會，1940）；同書收錄於《臺灣先賢詩文集彙刊・第五輯》（新北：龍文，2006復刻），頁 252-253。此詩集之出版經緯，請參見楊永彬，〈從《風月》到《南方》——論析一份戰爭期的中文文藝雜誌〉，收錄於郭怡君、楊永彬編著，《風月・風月報・南方・南方詩集：總目錄・專論・著者索引》（臺北：南天，2001），頁 108-109。

64 林獻堂著，許雪姬等註解，《灌園先生日記（十二）1940 年》，頁 367；林獻堂著，許雪姬等註解，《灌園先生日記（十三）1941年》，頁 21。

65 風月俱樂部・南方雜誌社，《風月・風月報・南方・南方詩集（第1～190 期）》（臺北：南天，2001 影印版）。洪元煌的詩作主要集中刊登自第 148 期（1942 年 3 月）起之後的南方詩壇。此一文獻，承蒙時任中興大學臺灣文學研究所教授廖振富惠予告知，可與洪元煌晚年創作之《雪峰詩集》（後述）相結合，對於了解洪元煌晚年的詩文

煌首度以詩人身分受到注目，則要到 2003 年於張淑玲《臺灣南投地區傳統詩研究》中才被正式提起。該論文中利用《瀛海詩集》進行作品分析，並且指出洪元煌在 1947 年 1 月加入櫟社[66]。這項事實，不僅坐實了洪元煌詩人的地位，筆者也曾引用新史料，即《碧山吟社詩稿》和《雪峰詩集》的出土，與上述詩文創作活動與背景有了前後相互呼應的連結，並且依此明確告訴世人，洪元煌的漢詩書寫並非一時即興之作，而是終其一生而不移[67]。此文發表後，意外地受到上述林莊生前輩的重視。

在戰前洪元煌雖未能成為櫟社的一員，但其對漢詩創作的鍾情，卻可說與中部文人的交流密不可分，且又獨具一格於 1910 年以前與草屯當地新舊世代共組碧山吟社，如同 1920 年代的炎峰青年會（後述），成為洪元煌早期維護漢文亦或中期革新臺政之際，據以立足地域進行臺灣文化與政治社會活動的堅固堡壘。換言之，研究青年時期洪元煌的思想作為之際，除了政治運動外，同時也應將作為傳統修養的漢學教育，以及地域社會的傳統之間的相互關係一併全面加以檢視的必要。

活動及心境，有很大助益，謹此致謝。

66　張淑玲，《臺灣南投地區傳統詩研究》，中國文化大學中國文學研究所碩士論文，2003，頁 82-84。

67　陳文松，〈洪元煌の抗日思想——ある「臺灣青年」の活動と漢詩〉，《日本臺灣學會報》第 9 號（2007），頁 67-92；陳文松，〈從傳統士人到「近代青年」的文化交錯與轉換——「不倒翁」洪元煌與草屯碧山吟社〉，《臺灣古典文學研究集刊》創刊號（2009），頁 289-344。

此外，如前所述洪元煌亦師亦友的革命盟友霧峰林獻堂的《灌園先生日記》，年輕一代的戰友黃旺成的《黃旺成先生日記》的相繼問世，以及 1920 年代前半擔任首任臺灣文官總督田健治郎的日記[68]，和臺灣中部地區珍貴史料的張麗俊《水竹居主人日記》、《陳懷澄先生日記》、六然居主人楊肇嘉、杜香國史料的相繼問世[69]，讓後世對洪元煌的人際網絡和炎峰青年會的活動更為清晰。

因此，本書將以 1999 年臺灣中部大地震所出土年輕時期洪元煌等人共著《碧山吟社詩稿》和晚年所著《雪峰詩集》，以及 1924 年炎峰青年會設立時的趣旨書等一手史料為基礎，彙整改寫已發表的期刊論文和博士論文第二部文稿，增補新的研究成果與文獻，重新檢討把梳並重現「白頭殼仔」洪元煌，如何堅持其反殖民專制及維護臺灣人自治傳統的思想脈絡和政治實踐的一生，以及百餘年來草屯洪氏家族在時局中的肆應與地域社會的變遷。

筆者自博士論文撰述期間便針對草屯洪氏家族中曾任炎峰青年會副會長的洪深坑的三男洪育綸氏數度進行訪談，並承蒙慷慨提供珍貴照片；此外，亦數度造訪文史工作者的許錫

---

68 田健治郎著，吳文星等主編，《臺灣總督田健治郎日記（上、中、下）》（臺北：中研院臺史所，2001-2009）。

69 中央研究院臺灣史研究所出版「六然居典藏史料彙刊」系列專書，及其檔案館所珍藏楊肇嘉一手史料；蘇全正、林景淵，《劍膽琴心：跨越兩個時代的六然居士楊肇嘉》（臺中：臺中市文化局，2018）；蔣朝根編著，《從大甲支部看臺灣民眾黨——杜香國史料藏品彙編》（臺北：財團法人蔣渭水基金會，2019）。

專氏和梁志忠氏，進行口述訪談[70]。關於二次大戰後初期草屯
的相關史料，則利用臺北二二八紀念館所藏「戰後（1946、
1947 年）臺中縣南投區署草屯鎮地方行政文書資料（筆者暫
稱）」[71]等一手史料。本書使用洪元煌的詩文手稿、洪火煉
的個人文書與草屯地方相關第一手史料，由現任南投縣文化
資產學會理事長梁志忠先生所提供，又〈戰後（1946、1947
年）臺中縣南投區署草屯鎮地方行政文書資料〉，乃時任臺北
二二八紀念館館長謝英從先生（現任國家人權博物館綠島人權
紀念園區研究典藏組組長）惠予瀏覽抄錄，特此一併致謝。

---

70 根據洪育綸先生的證言，據說在 1999 年 9 月 21 日大地震後，洪深坑
　的文字資料幾乎被處理業者處分了。許錫專先生原姓洪，1926 年出
　生，草屯新庄公學校、日本京都中學校畢業。戰後，歷任公職之後一
　邊在臺灣省文獻委員會服務，一邊組成草鞋墩鄉土文化研究室，持續
　研究草屯地區的歷史，編輯《洪氏族譜》、《草屯鎮誌》。遺憾的是
　許氏於 2007 年 11 月因病去世，享壽 82 歲。梁志忠先生是研究日治
　時期南投陶的專家，擔任臺灣古文書學會理事長、南投縣文化資產協
　會理事長等職，收藏有洪氏家族的相關文書，承蒙梁氏提供此批寶貴
　資料，在此敬表謝忱。同時感謝忘年之交前臺灣文獻委員會委員、前
　南投縣文化局長李西勳先生的引介與提攜。
71 〈戰後（1946、1947 年）臺中縣南投區署草屯鎮地方行政文書資料〉
　是臺北二二八紀念館於 2007 年初，向民間人士購買的資料。其內容
　是有關戰後 1946、1947 年草屯鎮衛生、地方自治、清鄉、救濟的地
　方行政文件。

前奏

對草屯文化、教育殊多貢獻的，首推洪四
海。四海幼習四書五經，知書達禮，漢學
精湛、然屢試不第，即蟄居鄉里，執教以
終其生，四海首創大型私塾，且拋棄族派
之傳統束縛，有教無類，草屯四大姓氏的
各庄頭人皆出其門，如國大代表洪元煌、
草屯鎮農會理事長林紹輝、李春盛等。

許錫專編，《草屯地區開發史資料集
——洪姓故事篇》

草屯地域社會與「四大姓」

為讓讀者更認識臺灣中部這個小鎮，尤其是作為草屯地域社會傳統之所謂「四大姓自治」的特色，是如何形成的呢？為了了解這一點，在此本節首先從草屯地域最早有漢人移入的清朝時代談起，接著敘述本地域的漢人開發史中「四大姓」的歷史脈絡和主要地方頭人崛起的過程，以更全面掌握草屯開發、文教發展、人際網絡與周邊地域間的互動關係。

一、鹿港與本地的文教發展

今日被稱為草屯的地方，往昔有著北投堡[1]和草鞋墩[2]的舊

---

[1] 「光緒 13 年（1887）臺灣建省，調整行政區域，本鎮隸屬臺灣府臺灣縣北投堡，仍設縣丞駐南投（旋廢）。自此北投一帶人文日盛，遂為本省中部入山之重鎮。直至臺灣割讓，本鎮各庄隸北投堡。按堡（保）為官方所設之地方行政基層組織，保置堡長，由官方認可之地方士紳擔任，以約束庄民。……道光、嘉慶年間，人口日增，官設之堡長不勝負荷，乃由民間在堡下各庄設莊正，其上設總理，將堡下各庄併合為一自治團體。總理又稱職員，或由官方指派或由地方自行推舉稟請，經官方准允給戳，並協助官府辦理事務。」洪敏麟總編輯，《草屯鎮誌》，頁 274。按：清領臺灣建省於光緒 11 年，閩臺分治則始自光緒 14 年。又「保」多用於清代，「堡」則多用於日治，但混用迄今。本書以日治為軸，故多用堡。可參閱〈清代臺灣地方行政中「保」與「堡」考辨〉乙文，收錄於陳哲三，《古文書與臺灣史研究——陳哲三教授榮退論文集》（臺北：文史哲，2008），頁 159-206。

[2] 林美容指出：「若無乾隆 23 年的契約資料，很多人都積非成是的以為草屯舊名草鞋墩的由來，是因林爽文之亂時，竄逃入山者經過草屯，所穿草鞋已破，遂丟棄堆積成墩；而不知草鞋墩一詞實則已出現於乾隆 23 年的契約中，較之乾隆 51 年的林爽文之亂早了二十八

稱。清朝康熙末年（約 18 世紀前半），當時臺灣南部地區的
開發幾近飽和狀態，不斷從中國大陸渡海來臺的漢人移民逐漸
往臺灣的中、北部地區移墾。此時的草屯地域對於漢人而言仍
是臺灣中部一片未開發的處女地，不過事實上，此地當時是今
日所稱原住民平埔族中北投社的生存空間。然而北投社平埔族
的土地，隨著漢人一波波的移入，在合法與非法的土地交易
過程中淪入漢人之手。大約到了清朝道光年間（1821 至 1849
年），平埔族北投社番在失去生存工具之後不得不被迫遷往
更深山內地的埔里盆地另謀生計[3]。之後，北投社變成了北投
堡，從此變成了漢人的村落[4]。

　　與其他地域較為不同的是，在這段期間由於以四大姓為主
的同族勢力幾乎同時移入草屯地域，且成立四姓局來共同抵禦
外侮或番害，因此得以避免發生清朝時代各地經常上演的分類
械鬥，能以較平穩地發展[5]。在這片新墾地上，由於水利開發
和土地利用的提高，讓漢人移墾者的財富逐漸累積，漸漸從移
墾社會轉變成重視文教的發展。尤其是栽培農作物所需水源獲
得確保，更使得貓羅溪沿岸地區的發展應運而生。同期，離河
川較遠地帶的開發，也隨著引烏溪水源灌溉的水路鋪設完成，
而帶來更多的收入[6]。農作物產量的增加，也讓沿著烏溪兩岸

　　　年。」林美容，〈序言〉，《草屯鎮鄉土社會史資料》（臺北：臺
　　　灣風物雜誌，1990），頁 7。該件古文書原件由草屯的梁志忠先生保
　　　存。

3　曾敏怡，〈草屯地區清代漢人社會的建立與發展〉，頁 143。

4　林美容，〈草屯鎮的聚落發展與宗族發展〉，頁 325。

5　林美容，〈草屯鎮的聚落發展與宗族發展〉，頁 335。

6　「隵圳：在南北投堡，乾隆十六年業戶池良生築，引烏溪之水以灌堡

的人口聚集更加擴大。

在草屯地域開發的過程中，最值得令人注意的是，由血緣關係所聚集而形成的同姓村落與同族集團強大的凝聚力。不僅是灌溉水路的開發，從地方防衛到共同祭祀，以至同族子弟的教育等，人數愈多的同姓同族所彰顯出的凝聚力，在地域開發的過程中所產生的影響力也逐步增強。例如包括老媽助圳、險圳和北投新圳等同地域的主要灌溉水利設施，幾乎全出自四大姓之手所開發並置於本身支配管理之下[7]。

根據戰後初期所進行的人口統計顯示，四大姓出身的人口數約占了草屯地域 6 成（按：1945 年統計）。具體的比例如下：洪姓占 17.8％，李姓 17.7％僅差居次，林姓為 16.4％，以及簡姓占 7.3％，加起來達 59.2％。另一方面，從地理空間的人口分布來看，若以草屯街（日治時期草屯街庄役場所在，戰後為舊草屯鎮公所所在地）為中心點的話，洪姓一族在新庄、番子田、頂茄荖（位於草屯街西北和北部地區）等地戶數皆位居第 1[8]，李姓一族則在草屯、南埔（草屯街及其東部地區）、林姓在月眉厝、北投埔（草屯街的西南部）和簡姓在山

內七十餘莊之田，工事甚大」、「馬助圳：在險圳之下，引烏溪支流以灌上下茄荖之田五百餘甲」、「阿轆治圳：在馬助圳之下，源同烏溪，以灌石頭埔莊等之田五百餘甲」。連橫，《臺灣通史（下冊）》，〈卷二十七農業志〉「臺灣各屬陂圳表」（上海：上海商務印書館，1946 重慶初版，1947 上海初版），頁 459-460。

7 張家綸，《菁英如何改變社會：近代草屯之形成與人際網絡之轉變（1724-1945）》，頁 63-65。

8 在相同的地區，石田浩於 1979 年進行田野調查，確認為洪氏的同族村。參照石田浩，《臺灣漢人村落の社會經濟構造》第 4 章，頁 126。

腳、林子頭（草屯街的南部）等地各位居鰲頭[9]。

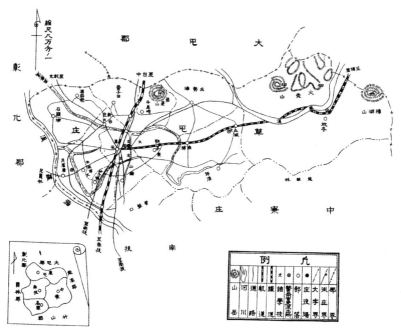

草屯庄地圖

資料來源：《臺中州南投郡草屯庄勢一覽　昭和9年》。

　　而草屯的地理與環境上對於農業發展的有利條件，可整理
如下：1.接近水源地，在草屯地域的內部與周邊共有烏溪、貓
羅溪和隘寮溪穿流其間，對於居住者有水利之便。2.該地域在
交通設施未普及以前，一直都是包括中部地區的其他地方要進
入埔里社移墾的要道，這也讓該地成了防止「番害」的前進基
地。

_____

9　許錫專編，《草屯地區開發史資料集——洪姓故事篇》，頁57-58。

　　就這樣，隨著漢人的移入定居，從 18 世紀開始，草屯地域的市街與商業貿易的往來等便日益發達，而相關的各種人文活動，也從地緣性的村廟和血緣性的宗祠組織為中心，逐漸成型而穩定成長。加上長時期社會治安的安定，參與科舉考試的士紳階層也浮現而出，在 18 世紀中葉的嘉慶年間以後，文教事業的發展更有了嶄新的推進。

　　嘉慶以降，主導地方事務推動，或曾擔任鄉職者，多已具有科舉功名或參與社學等文教背景。經由文教出身地方人士的引領，逐漸將居民統合在文教——儒家文化的理想之下[10]。

　　至於地方自治的重責大任，亦即包括宗族祭祀、治安維持、農務關係和文教事業的推動等，都由這批新興的鄉紳階層逐漸取代清朝政府的地方官吏代為履行。臺灣法制史研究者戴炎輝的研究即指出，有清一代對於臺灣地域社會的實際統治與其說是官吏，毋寧說是鄉紳。因為清朝所派遣的官吏，往往僅重視稅金的徵收，至於地域社會的治安維持與紛爭的調解等，都委由位居權力末端那些具有儒教傳統教養和擁有科舉資格的鄉紳處理。而這些實際上維繫地域社會自治的村落名望家和有權者，往往被推舉為庄或堡的「總理」[11]。

　　在草屯地域的各種文教事業當中最重要的設施，乃是由當

10　曾敏怡，〈草屯地區清代漢人社會的建立與發展〉，頁 142。
11　戴炎輝，〈總理〉，《清代臺灣之鄉治》，頁 21。

地鄉紳所設兼具文教與宗教信仰設施的登瀛書院[12]。起初，該書院最主要的目的在於培養該地域年輕世代應試與習得儒教教養的教育設施，在 1848 年集結各宗族的力量所興建完成，與更早設立的南投堡（今南投市，至清末為止的舊稱）藍田書院並重，成為北投堡的義學。當時臺灣社會這類的義學設施，主要是針對貧窮人家的子弟傳授有關啟蒙的漢學教育以及應付日後的科舉試驗而準備，由每一地域自行籌措資金，並聘請漢學師來教授之處所[13]。而在登瀛書院的正廳則供祀主管功名學業的文昌帝君，所以也可視為文昌祠，兩者相輔相成推動著該地域的文教事業。

草屯登瀛書院

資料來源：筆者拍攝。

---

12 洪敏麟總編輯，《草屯鎮誌》，頁 875-876。

13 伊能嘉矩，《臺灣文化誌（中）》（東京：刀江書房，1928），頁 168。

　　而根據《草屯鎮誌》的記載，包括施梅樵、莊太岳[14]、洪月樵[15]和洪四海[16]等清末「遺民世代」的知名漢學家，都曾應聘設教於登瀛書院或私人書房，傳授漢學給草屯地域的年輕世代[17]。其中如前述，對於洪四海的貢獻更是推崇：

> 對草屯文化、教育殊多貢獻的，首推洪四海。四海幼習四書五經，知書達禮，漢學精湛、然屢試不第，即蟄居鄉里，執教以終其生，四海首創大型私塾，且拋棄族派之傳統束縛，有教無類，草屯四大姓氏的各庄頭人皆出其門，如國大代表洪元煌、草屯鎮農會理事長林紹輝、李春盛等[18]。

換言之，雖然科舉制度在 1895 年日本統治臺灣後沒多久便被廢除（1897 年），造成臺灣人傳統科舉致仕的管道中斷了，但是各地傳授漢學教育的書房或私塾卻不曾中斷，草屯地域也不例外，仍舊以登瀛書院為中心，由四大姓鄉紳階層所維繫著。例如具有「文秀才」[19]功名的洪聯魁（1853 至 1912 年）

14　「（莊太岳）字伊若，鹿港鎮人，曾在本鎮設帳授徒多年。」洪敏麟總編輯，《草屯鎮誌》，頁 694。

15　洪敏麟總編輯，《草屯鎮誌》，頁 933。

16　洪敏麟總編輯，《草屯鎮誌》，頁 942。

17　林文龍，《灣的書院與科舉》（臺北：常民文化，1999），頁 94-95。

18　許錫專編，《草屯地區開發史資料集──洪姓故事篇》，頁 12-13；洪敏麟總編輯，《草屯鎮誌》，頁 942。

19　秀才的正式名稱為「生員」，是清代府儒學或者縣儒學的學生。在科

便邀請當時中部著名的漢學家來擔任登瀛書院的「山長」（教授），而本身則出任書院經營和照顧學子的「訓導」一職，「時賢名流，多出其門」[20]。同時，不僅是洪姓一族，該地域的富豪李姓一族的李春盛也在家中開帳授徒，並延聘知名漢學家至家中傳授[21]。

而在現存的「草屯洪氏家族文書」當中，也發現日治初期有關林姓一族開設書房的史料留著（後述），至於簡姓一族更是漢詩人輩出[22]。由此可知，草屯地域四大姓對文教事業的重視可見一斑，同時也可讓後人了解到，即使在日本統治臺灣後，以教授傳統漢學為主的書房或私塾仍在臺灣社會各地普遍存在。

草屯出身的文學家張深切在其回憶錄《張深切全集〔卷1〕里程碑（上）》〈上大人〉一文中，回憶他在進入公學校受新式教育之前，對於草屯地域在殖民統治前期的書房教育，有如下一段生動且與本書意旨相互印證的描述：

舉制度中，縣級儒學考試合格者為秀才；擁有秀才資格才可進一步參加省級的舉人考試，秀才被視為地域社會的鄉紳。參見林文龍，《灣的書院與科舉》，頁 132-143。

20 洪敏麟總編輯，《草屯鎮誌》，頁 933。

21 「日據初期，富豪李春盛曾敦聘鹿港秀才施天鶴（字梅樵）至其宅第（在今明正里），開班授徒，教授漢文，時約半年。」洪敏麟總編輯，《草屯鎮誌》，頁 626。張家綸，《菁英如何改變社會：近代草屯之形成與人際網絡之轉變（1724-1945）》，頁 64-65。

22 代表的人物有簡化成和簡平安，參見洪敏麟總編輯，《草屯鎮誌》，頁 941-942、944-945。

我們的老師，名叫洪月樵，是個秀才，是現任臺大教授洪
炎秋的令先尊，著有《臺灣戰記》、《中東戰記》、《寄
鶴齋詩話》和《八州詩草》等，是一位難能可貴的愛國學
者，安貧樂道，清廉耿介，和日本採取不妥協主義，至死
不變。在當時的學者中，我最欽佩他。（中略）在漢學堂
就讀一、二年，洪老先生返他老鄉鹿港，換來了一位姓施
名梅樵的老師，這位老師也是鹿港人。鹿港自古以來，讀
書人之多，不遜於古都臺南府，出了不少的學者，洪施都
是。不過施老師比較年輕，文雖不及洪老師，詩卻可以媲
美[23]。

洪、施兩人皆屬於日本據臺後所謂「傳統文人」的遺民世
代[24]，而兩人與草屯地域文教活動之淵源，已為多位古典詩和
文學研究者所指出[25]。

換言之，地域社會中的鄉紳階層對於文教事業推動的熱
情，並沒有因為統治者的改變，亦未因科舉制度的廢止而熄
滅，且這種對於漢學教育維繫的熱情，仍繼續透過鄉紳階層、
宗族的力量傳承給年輕的世代。甚且跨地域延聘名師，促成與

---

23 張炎憲、陳芳明、黃英哲等編，《張深切全集〔卷 1〕里程碑
（上）》，頁 80-82。

24 有關傳統文人的定義及世代分析，參見柳書琴，〈傳統文人及其衍生
世代：臺灣漢文通俗文藝的發展與延異（1930-1941）〉，《臺灣史
研究》14：2（2007.6），頁 44-88。

25 程玉凰，《嶙峋志節一書生──洪棄生及其作品考述》（臺北：國史
館，1997），頁 140-143。

鄰近區域間的交流有增無減。對此現象，《草屯鎮誌》中有一段言簡意賅的描述：

> 本鎮文教起源甚早，登瀛書院之設，對地方文藝興起發展，關係密切，而與附近文化教育之蓬勃，亦有波連，如南投堡之藍田書院，阿罩霧之櫟社等，均有交流[26]。

如前所述，藍田書院是南投堡的文教中心，且其歷史比起草屯的登瀛書院還更早。至於阿罩霧（今日霧峰）的櫟社則是設立於 1902 年，並發展成日治時期臺灣三大漢詩社之一，且成為抗日民族運動的代表性團體，象徵著漢民族傳統意識，其中的代表性人物，毋庸贅言，即前述霧峰林家的林獻堂[27]。

就是這樣，藉由不同地域間的交流，尤其透過與同屬中部地區的鹿港、霧峰和南投三地之交流，草屯地域的文教活動絕非孤立性的存在，而是融入廣泛的臺灣中部成為其文化發展的一環。而且如後所述，這類的交流並不僅僅侷限於文教層面，當洪元煌自公學校畢業後不久便馬上設立草屯碧山吟社，且透過與櫟社等中部文人的互動交流之下，對其日後以草屯地域為中心所展開的抗日民族運動，更產生重大的影響。當然，除了文教層面的熱絡交流以外，在現實環境當中不同地域間因著水利、土地開發等權益的爭奪，也經常引發地域之間的衝突和個

26　洪敏麟總編輯，《草屯鎮誌》，頁 690。
27　張正昌，《林獻堂與灣民族運動》，國立臺灣師範大學歷史學研究所碩士論文，1980，頁 75-84。

別宗族與宗族之間的紛爭不斷[28]。但是不管如何，這樣的情形更可讓後人了解到每一地域絕對無法孤立地存在，而是處於不斷地交流與紛爭之下更強化著地域間彼此間的互動。

二、統治者筆下草屯地域的鄉紳像

隨著 1895 年日清戰爭勝利的戰果，日本從清朝手中獲得殖民地臺灣。如同一開始所提出的問題，那麼在政權交替的重大時刻，草屯地域以四大姓為中心的鄉紳階層又是如何因應面對的呢？要回答這個問題並非三言兩語，首先，有必要重新檢視臺灣總督府所出版的第一本全臺性人物傳記——《臺灣列紳傳》（以下簡稱《列紳傳》）——當中對於草屯地域相關人物的「歷史敘述」為何，如此不僅更為具體且將事半功倍。

這本在 1916 年出版的《列紳傳》，在戰後迄今的臺灣史研究當中已被相當多的研究者加以引用，堪稱為日治時期官方最重要且最容易使用的臺灣人物漢文史料[29]，其中，草屯出身而獲頒紳章的主要鄉紳階層之相關「記述」也收錄其間。根據研究成果指出，這些被授予紳章者，乃是殖民政府主要攏絡懷

---

28 例如，19 世紀中葉草屯洪氏與霧峰林氏的對立（戴潮春之亂），在同地區洪氏和林氏又發生水利紛爭。參照許錫專編，《草屯地區開發史資料集——洪姓故事篇》，頁 45；石田浩，《臺灣漢人村落の社會經濟構造》，頁 124 注釋 78。

29 吳文星分析「舊領導社會階層」，以及若林正丈分析「臺灣土著地主資產階級」的時候、大量使用這些資料。參照吳文星，《日據時期臺灣社會領導階層之研究》（臺北：正中書局，1992 年），第 2 章；若林正丈，《臺灣抗日運動史研究・增補版》，「附錄一」。

柔的對象，不僅是兼具「學識資望者」，更強烈意味著這些人
正是日治初期的「日本統治協力者」。而且，「既是根據政策
所頒授的『紳章』，當然可因政策而不加以頒授，甚至取消資
格收回成命」[30]。

　　《列紳傳》的執筆者兼編者為臺灣總督府囑託鷹取田一
郎，雖是日本人但全書卻是以漢文編寫，所根據的材料乃是由
各地方官廳彙整調查提供，而草屯地域的資料提供者乃南投廳
（當時廳長石橋亨）負責。草屯地域出身的「列紳」中，是全
臺少數幾個同時兼具紳章授者與與被褫奪紳章者的地域之一。
附帶說明一下，在《列紳傳》中收錄全臺當時共計 1030 人獲
頒紳章者，而被褫奪紳章資格者全臺則有 25 人。除後述的洪
吉卿外，更知名的還包括羅秀惠、蘇有志等人[31]。

　　根據《列紳傳》，北投堡出身而在日本統治前期便獲得
臺灣總督府頒授紳章者，計有洪聯魁（頂茄荖庄，1902 年，
按：頒授年份）、林紹仁（北投埔庄，1908 年）、李昌期
（草鞋墩庄，1902 年）、黃春帆（南埔庄，1902 年）、李春
盛（草鞋墩庄，1902 年）、洪玉麟（番仔田庄，1908 年）、
洪獻章（番仔田庄，1915 年）和洪立方（頂茄荖庄，1897
年）共 8 人。此外，值得注意的是，有一人雖然曾一度被授與
紳章，其後卻又被總督府收回的，這個人是洪吉卿（文秀才，

30　若林正丈，《臺灣抗日運動史研究・增補版》，頁 189。

31　「紳章褫奪者氏名」，鷹取田一郎編，《臺灣列紳傳》，頁 1-2。
　　蘇有志紳章付與早在明治 30 年 12 月 15 日，但在大正 5 年 4 月被收
　　回，顯然和涉及西來庵事件有關。

白鷺鷥厝街，1897 年授與，但被褫奪紳章的時間不詳），並且洪吉卿還是「紳章褫奪者氏名」名冊中的第 1 名[32]。

洪獻章（坐）、洪清江兄弟
資料來源：洪育綸先生提供，筆者翻拍。

換言之，如果依照獲頒紳章的年份來加以排序的話，最早

---

32 《臺灣列紳傳》卷末的「紳章褫奪者氏名」，雖然有寫出「洪吉卿　南投廳北投堡白鷺鷥厝街　明治三十年四月九日授紳章」，但紳章被褫奪的年月則不詳。鷹取田一郎編，《臺灣列紳傳》，頁 1。另據臺灣總督府《府報》可知，洪吉卿於 1902 年 1 月被收回紳章，未說明原由。「褒賞　紳章收回」，《府報》第 1092 號，1902 年 1 月 15日。

的是 1897 年的洪立方與洪吉卿[33]，其次為 1902 年的洪聯魁、黃春帆、李昌期與李春盛 4 人[34]，1908 年的洪玉麟與林紹仁 2 人，最後則為 1915 年的洪獻章[35]。要補充的是，在《列紳傳》出版後，至 1926 年紳章制度廢止之前，草屯地域獲頒紳章的洪氏族人還包括洪獻章之胞弟洪清江（1906 年國語學校師範部畢業後歷任公學校訓導、區長和草屯庄助役等職），以及 1920 年代投身反殖民運動的洪玉麟之子洪元煌，兩人同在 1920 年獲頒[36]。

在《列紳傳》中所列出獲頒紳章者的 9 人當中，除了從清末起擔任霧峰林家在草屯經營樟腦專賣而移入致富的黃春帆之外，其他獲頒紳章者（含洪吉卿在內）的所謂鄉紳階層，全部為「草屯四大姓」出身。包括出身洪姓一族的洪聯魁、洪玉麟、洪獻章、洪立方和洪吉卿 5 人，超過總數一半。出身李姓一族的則有李昌期和李春盛 2 人，至於林姓一族唯有林紹仁 1 人，而簡姓一族則留白。

《列紳傳》是日治初期網羅並具體「展現」了當時臺灣全

---

33 「臺中縣吳鸞旂外三十名へ紳章附與」，明治三十年臺灣總督府公文類纂甲種永久保存第六卷官規官職，1897 年 3 月 31 日。

34 「紳章附與」，臺灣總督府《府報》第 1219 號，1902 年 9 月 13 日。

35 「紳章附與（林文智、〔林崧雨、施學賢、羅金水、陳長江、吳沛霖、蘇朝金、洪獻章、黃敦仁、阮仰山、黃錫三〕）」，大正四年臺灣總督府公文類纂永久保存第三十七卷地方司法，1915 年 12 月 16 日。

36 「告示　紳章付與」，臺灣總督府《府報》第 2137 號，1920 年 6 月 16 日。

島所謂「鄉紳階層」的最早官方人物傳,因此也成為後人認識並理解當時殖民政府觀點的珍貴史料。而且,有關於同時期對於草屯這樣一個小地域的重要人物介紹,可以說是前所未有的創舉。因此若要論述日治時期草屯地域的鄉紳階層與殖民政府間的關係,《列紳傳》的記載絕對不能輕輕帶過。以下,除了被褫奪紳章資格的洪吉卿以外,筆者將針對獲頒紳章者的相關記載,亦即從獲頒紳章的經過和理由,以及官方所作的評價和敘述等,依據《列紳傳》的內容來重新一一加以檢視,藉以凸顯出殖民政府所認定的「列紳」與其互動之關係性。

吳文星認為殖民政府在 1896 年 9 月實施「紳章制度」後,臺灣漢人社會中的鄉紳階層出現了「內涵」的質變:

> 清代,「紳士」概指由正、異途取得功名者,而未具功名的大地主及豪商則稱之為富豪,應邀見地方官時,紳士得穿戴官服官帽,並乘坐官轎,惟富豪則只能便服常帽及乘坐一般轎輿,兩者地位之懸殊判然有別。日據初年,「紳士」一詞漸擴大為意指對社會領導人物的尊稱,而由總督府頒授紳章的對象不限於有功名之士,更明白地顯示「紳士」已是泛指具學識資望者。實際上,至 1915 年,得有紳章者 1030 人中,具功名者不足 400 人,多數均是富商、地主或新興實業家[37]。

---

37 吳文星,《日據時期臺灣社會領導階層之研究》,頁 70-71;楊永彬,《臺灣紳商與早期日本殖民政權的關係:1895 年-1905 年》,國立臺灣大學歷史學研究所碩士論文,1996。

此段論述言簡意賅。換言之，就算同樣稱為「紳士」，但其實質內容已產生轉變，清朝時期通過科舉考試乃為必要條件；但從日本統治起，資產卻成為更重要的條件。同時，因科舉考試通過與否所衍生身分上的差異也不再存在，毋寧資產的多寡更成為左右社會身分地位的要素。因此，日治時期的鄉紳階層不但新增了富商、地主和新興實業家，且其數目遠遠超過擁有科舉功名者的人數。

然而在尊重鄉紳階層的同時，另一方面，殖民政府對這些人所抱持的態度，其實從一開始便已認定「他們經常是『政治問題』，亦即在進行對臺灣人的殖民統治時被列為最優先的對象」，而不能不優先處理的一群人[38]。

有關出身草屯地域的鄉紳們出現在《列紳傳》的 221 頁到 228 頁之間，其中攸關本研究的主題——亦即殖民統治初期地域社會肆應變局的核心人物，主要有洪姓一族的洪聯魁、洪玉麟，以及李姓一族的李昌期和李春盛，以下將以上述 4 人為中心來展開論述。

首先，日治初期攸關殖民統治權力如何在草屯地域展開而息息相關的人物，即為洪姓一族的洪聯魁和洪玉麟兩人。有關洪聯魁的記述，全文引用如下（按：底線筆者所加，以下同）：

洪聯魁前南投辦務署參事也。資性堅忍剛毅。最有度量。

---

38 若林正丈，《臺灣抗日運動史研究・增補版》，頁 345。

> 幼而受教于塾師洪鍾榮（按：鍾英）。略通大義。弱冠應
> 縣試。舉廩生。垂帷授徒。素有田園數甲。會秋澇暴漲。
> 全歸荒廢。君即勤儉勵志。以善居積再興家。資產到稱約
> 二萬五千圓。明治三十一年。以參事出仕辨務署[39]。應答
> 諮詢。以策鎮撫。三十三年推薦頂茄荖庄區長。同年九月
> 辭參事。三十五年八月授紳章。翌年三月拜命新庄區長。
> 爾來勵精盡職。名聲最盛。明治四十五年以病卒。享年
> 六十。（同書，頁 221-222）

由這段簡要的敘述當中，對於洪聯魁的經歷及「評價」可以整理如下：1.年幼時曾接受塾師洪鍾英的書房教育；2.通過縣試的科舉考試，而獲得廩生（秀才）的資格；3.之後也曾設立私塾，開帳授徒；更受人注目的是，4.從日治之初到 1898 年為止，擔任南投辨務署參事，「應答諮詢，以策鎮撫」這點。

曾北上參與揚文會的洪聯魁
資料來源：國立臺灣大學授權。

接著，關於洪玉麟的敘述，一樣全文引用如下：

> 洪玉麟清朝武科登第豪士也。家世為總理。英邁剛毅。

39 臺灣總督府編，《臺灣總督府職員錄》（臺北：臺灣日日新報社，
1898），頁 59。

脅力過人。自幼就塾師修章句。後上縣學。師事洪時配讀書。弱冠垂帷授徒。同治十年登第武科。既任用保甲局長。統理彰化縣深耕外二莊。光緒十年匪徒為亂。把守信管石哨營。破賊轟勇名。翌年依功敘五品賞授藍翎。乙未變革時。君克明大義名分。先眾表誠。任用保良局長。幫助軍政。綏撫人心。功勞不尟。三十年拜命北投堡第十一竝第十二區庄長。三十二年轉任新庄區街長。三十四年移于同區長。三十六年登庸南投廳參事。四十一年四月授紳章。其間誠忠悃篤。克盡厥職。功績不遑枚舉。大正三年九月終以病卒。享年八十四。（同書，頁224）

與擁有廩生（文秀才）資格的洪聯魁相較之下，殖民政府對於洪玉麟的經歷和「評價」可歸納出：1.清末便擔任草屯一地總理一職；2.通過武科考試而獲武秀才；3.清末，出任保甲局長擔任地方治安維持的重任；而同樣最令人注目的是，4.文中所稱「乙未變革時。君克明大義名分。先眾表誠。任用保良局長。幫助軍政。綏撫人心。功勞不尟。」的評價。

北投堡總理洪玉麟照
資料來源：《臺灣列紳傳》，筆者翻拍。

文中所稱日本統治初期的保良局長與辦務署參事之職務，

究竟為何？其實，保良局乃源自清代保甲局制度之模倣，1895
年7月臺北地區的鄉紳鑒於日治初期戰亂不斷和言語不通導致
治安日益惡化，因此取得當時施行軍政的臺灣總督府之核可，
而在臺北率先設立這個自我防衛的組織。之後，隨著殖民政府
擴大展開對臺灣中南部的軍事討伐，至同年10月為止，臺北
以外的區域也紛紛設立保良局以維護當地治安。臺灣總督府核
准保良局的用意，乃是企圖透過保良局，一方面安撫臺灣的人
心，一方面使其成為暗中偵查抗日武裝勢力和匪徒行動的據
點。

　　然而隨著軍事討伐作戰告一段落，1896年4月臺灣總督
府由軍政改為民政，總督府的下級基層行政機關陸續在各地先
後設立[40]，如此由臺灣鄉紳階層所自行組織的保良局此時反被
視為恐妨害行政，於是在同年6月止全面遭到廢除[41]。

　　而在另一方面，因著民政的逐步推動，1897年5月地方
機關組織規程修正，整個臺灣被劃分為6縣3廳，其下共設
置了86處辦務署[42]。辦務署之下則設置輔助地方行政推動的
街、庄和社（原住民居處），街、庄長由各地的鄉紳階層中遴
選而出。而所謂的辦務署參事一職，便是由縣長（縣知事）從

40　「民政局及地方官官制」，明治二十八年臺灣總督府公文類纂甲種永
　　久保存第二卷官規官職，1896年2月14日。
41　吳文星，《日據時期臺灣社會領導階層之研究》，頁56。
42　「縣廳及弁務署位置及管轄區域」，明治三十年臺灣總督府公文類纂
　　甲種永久保存第三卷官規官職，1897年6月10日。所謂6縣3廳，
　　指的是臺北、新竹、臺中、嘉義、臺南、鳳山6縣，以及宜蘭、臺
　　東、澎湖3廳。

辦務署所管轄的區域內，任命兼具學識與名望（資望）的鄉紳出任，以備署長的諮詢或接受署長的直接指揮，完成所交代的任務。而且在此任命之前，臺灣總督府為了確實掌握各地鄉紳階層的人品和家庭狀況等，便在 1896 年 10 月公布施行「臺灣紳章條例」[43]。

　　因此，在草屯地域當中，文秀才洪聯魁出任當時殖民政府地方行政機關（日本帝國行政末端）臺灣人職位最高的參事一職，「以策鎮輔」，至於攸關地方治安維持的最高負責人則任命武秀才洪玉麟出任。因此，就殖民政府而言，草屯地域的殖民統治的落實，與洪聯魁、洪玉麟密不可分，如同鳥之雙翼缺一不可。換言之，這兩人在殖民政府的下級機關——南投辦務署（位於南投堡南投街，管轄南投堡和北投堡，屬於臺中縣所管）之下，實際肩負整個草屯地域的地方行政與治安維持這兩項攸關日本殖民統治落實與否的重責大任。

　　其次，有關於殖民統治之初李姓一族中的李昌期與李春盛所扮演的角色，究竟與洪姓一族有何不同？簡言之，與上述洪聯魁和洪玉麟相較，洪姓一族出身的兩人與殖民統治權力如何延伸到地域社會的過程密切相關，而李姓一族出身的兩人主要則是與殖民地教育和地方實業的發展息息相關，且同樣值得令人注目[44]。

---

43 「臺灣紳章條規、臺灣紳章取扱內規」，明治二十九年臺灣總督府公文類纂永久保存追加第一卷官規官職恩賞報告外交衛生軍事殖產會計交通，1896 年 9 月 16 日。

44 鷹取田一郎編，《臺灣列紳傳》，頁 222-224。

另外的洪立方、洪獻章、林紹仁和黃春帆等 4 人，也都是草屯地域中無論學識、名望或是資產上深具代表性的人物[45]。不管是與殖民統治權力的關係，抑或是有關地域社會的教育和實業的推進上，這些人所扮演的角色和貢獻也絕對不能輕易帶過。不過為了讓論述焦點更為緊湊，有關這 4 人各自所扮演的角色，將在以下提到時加以申論。

以上乃是依據日本統治臺灣 20 週年的關頭，由殖民政府所出版的《列紳傳》當中所列舉出的攸關草屯地域的人物傳記，藉此描繪出殖民統治初期殖民統治權力體制的開展及殖民地施政的確立密不可分的兩人——即最具代表性的文、武秀才洪聯魁和洪玉麟為例，進行簡要的描述。當然，這些「評價的基準」乃是依照著統治者的意圖所進行的片面記述。然而，不管是要探討日本殖民統治初期攏絡懷柔政策的內在層面，抑或是要理解殖民政府是如何與地域社會的鄉紳階層建構起相互「協力的關係」上，是一顆不可輕忽的墊腳石。

不過，光是靠這樣的解讀，仍有其侷限之處。何以故？如上所述，對於為何遭受紳章被褫奪的鄉紳，例如洪姓一族的洪吉卿，在《列紳傳》當中卻完全未說明受此處分的緣故所在。正如同本書編者在「凡例」中所示，「即使獲頒紳章，但之後因犯禁忌之故而被褫奪紳章資格者亦不下十多人。並將這些人之姓名公諸卷末，以儆效尤。」然而其間所謂的「禁忌」，並

---

45 鷹取田一郎編，《臺灣列紳傳》，頁 222（林紹輝【仁】）、頁 223（黃春帆）、頁 224（洪獻章）、頁 228（洪立方）。

沒有明確的回答而費人猜疑。有趣的是，當 1900 年 3 月殖民政府攏絡懷柔鄉紳的代表作揚文會在臺北盛大舉辦時，草屯地域的洪吉卿也是當時遠赴盛會「先眾表誠」的出席者之一。

　　不過話雖如此，若將時空拉回殖民統治之初，殖民政府對全島武裝抗日運動展開強力的鎮壓，在此社會動盪之際，有的鄉紳階層採取協力的立場，但也有的鄉紳階層因甘犯「禁忌」而受到排除的情況亦不難想見。換言之，透過《列紳傳》的記載可以看到，殖民政府從一開始便藉由殖民統治的權力，在滲透落實到殖民地時，對於臺灣社會階層採取既包攝又排除的機制來進行分化統治。

　　以下，筆者將以「草屯洪氏家族文書」為主要分析對象，聚焦上述殖民政府評價為「先眾表誠」的清末北投堡總理洪玉麟，與新的殖民統治權力之間如何互動，其實情為何？又當時殖民地社會中的鄉紳階層與一般住民之間，對於此未曾有的變局又呈現出何種思維，進一步深入探討，重新檢視在這場殖民地戰爭當中草屯地域的居民所面臨的處境，能否單純以所謂的「抵抗與鎮壓」構圖來加以理解？

獨奏

我有所咨詢要即刻來南投街
　　明治二十九年四月四日
　　南投街守備隊
　　長內中尉
洪玉麟，「草屯洪氏家族文書」

一、1896 年「乙卯日之戮」

　　1895 年臺灣淪為日清戰爭後，日本帝國第一個海外殖民地；然而在臺灣島上各地，面對這一個新宗主國日本的異民族統治，正式展開全面性的激烈武裝反抗。儘管日本是基於條約獲得包括臺灣本島在內的領土，但這一波接一波風起雲湧武力反抗的規模與時間，卻遠超過帝國政府當初所想像，驚嘆這根本不是戰勝下主權的和平轉移，而儼然已演變成了又一場不折不扣的「殖民地臺灣征服戰」[1]。

　　不過，日本軍隊所進行的近代式征服戰，依舊替傳統的臺灣社會帶來了強大的衝擊，同時也讓原本長久生存在這塊土地的臺灣住民真正感受到自己的鄉土，第一次受到來自外來異民族軍隊的侵略。剛開始，還有一群以清朝在臺官僚為主的官紳們，為了避免日本統治而率爾成立「臺灣民主國」[2]以謀自立，但是這批駐臺清軍幾乎毫無抵抗，便丟下廣大住民逃回中國內地。而被遺棄的臺灣住民在淪為「棄民」之後，只能在各地進行自力救濟的零星抵抗。針對日本軍隊初期的討伐戰，黃昭堂有如下的描述：

> 在長達五個月的臺灣攻防戰期間，從臺灣住民的角度看是
> 一場臺灣防衛戰，以時間來劃分可分為三個時期：第一

1　大江志乃夫，《東アジア史としての日清戰爭》（東京：立風書房，1998），頁 507。

2　黃昭堂，《臺灣民主國の研究──臺灣獨立運動史の一斷章》（東京：東京大學出版會，1970）。

期（按：1895 年）5 月 29 日從日本軍隊自臺灣北部登陸到 6 月 7 日臺北城淪陷為止，第二期則是從 6 月 19 日自臺北揮兵南進，到 9 月 7 日攻陷彰化城攻勢暫停為止，至於第三期是從 10 月 3 日起到 22 日大批軍隊進入臺南城為止。從地理位置來看，則又可分成淡水河以北的反抗運動、濁水溪以北的反抗運動，以及濁水溪以南的反抗運動[3]。

以上，乃黃昭堂針對日本軍隊從 1895 年 5 月底從臺灣北部登陸之後到同年 10 月下旬之間，在臺灣全島進行的軍事討伐戰所做的分期和主要的反抗勢力所在。而針對這些抵抗日軍的反抗勢力內部的組成分子，黃昭堂則進一步指出，「若從不同時期、不同地方武裝抗日運動的主體來看，可以得知除了淡水河以北是由駐臺清軍或由中國內地招募的新兵以外，其他地區的主力實際上乃是由各地方的鄉紳階層自行組織的自衛性民兵武力。[4]」

因此在面對日軍時，從 1895 年起，也可明顯看出兩種截然不同的反應。一方面，抗日武裝團體在全島各地風起雲湧，但另一方面，位居像臺北城這類的都會型鄉紳階層則紛紛打開城門「歡迎日軍」進城。到同年 10 月為止，即使全島大致已

3　黃昭堂，《臺灣民主國の研究——臺灣獨立運動史の一斷章》，頁 203-204。

4　黃昭堂，《臺灣民主國の研究——臺灣獨立運動史の一斷章》，頁 216。

遭受日軍平定，但是在一些深山地區和臺灣中南部山區，仍不斷地發生武裝抗日事件，甚至一直持續到 1915 年的西來庵事件[5]。當然在這段期間內，地域社會也起了相當大的變化。以下接著針對日治初期日軍對於臺灣中部的軍事討伐，將許世楷等前人的研究成果與當時殖民政府官僚的報告書合而觀之，來重新檢視當時的戰況。

（一）洪玉麟「先眾表誠」的背後

《臺灣列紳傳》（1916 出版）是日本統治臺灣前期，針對臺灣島內鄉紳階層所編纂的第一本人物傳，而且是在 1915 年最大武力鎮壓西來庵事件之後出版，有強烈的攏絡、安撫和宣傳的目的。書中針對日軍來臺後草屯地域鄉紳階層的對應亦有相當描述，如前節所述，洪氏家族出身的武秀才洪玉麟與文秀才洪聯魁，是如何協助草屯當地治安維持、地方殖民行政之推動而雙雙受到殖民地政府的稱頌和肯定[6]。尤其傳中記載日軍抵達草屯地域時，宣稱身為北投堡總理的洪玉麟乃「先眾表誠」迎日軍入城，彷如辜顯榮開臺北城迎日軍的翻版。

當時全臺類此開城迎日軍的記載，草屯並非特例，因為像北投堡總理洪玉麟這樣幾乎沒有進行任何抵抗，並且「先眾表誠」迎日軍入城的記載，在其他地方也多有所見。例如全臺知名的鄉紳臺北李春生、鹿港辜顯榮、臺中林耀亭之父，以及臺

5　許世楷，《日本統治下の臺灣──抵抗と彈壓》（東京：東京大學出版會，1972）。

6　鷹取田一郎編，《臺灣列紳傳》，頁 221、224。

南許廷光等各地鄉紳階層，在面對日軍兵臨城下之際，皆採取同樣的行動[7]。但是，其中是否皆如殖民政府的官方文獻所記載那樣如出一轍，究其實際，仍有相當值得探索的空間。以草屯地域為例，若從結果來看，洪玉麟的應對並非如官方所描述那麼平順無波。

反之，其實中南部的武裝抗日運動與臺北地區鄉紳階層高舉「歡迎日軍」大旗的不戰而屈正好相反。因為，從 1895 年日軍抵臺後隨即面臨抗日義軍（殖民政府稱之為「土匪」或「匪賊」）[8]在各地蜂起，尤其是北部山區和中南部（包括草屯地域），各式各樣大大小小的武裝抗日運動，一直持續到 1915 年西來庵事件，才終告休止。

而在殖民統治初期對於臺灣總督府而言，最為棘手且艱鉅的討伐行動則以 1896 年起至 1902 年之間，所謂的中南部軍事討伐作戰最為艱鉅[9]。由於這項大規模的軍事作戰乃以雲林縣境內林杞埔和臺中縣境內集集地帶為攻堅目標，而雙方的軍事攻防便與南、北投堡息息相關。

7　吳文星，《日據時期臺灣社會領導階層之研究》，頁 48-50。

8　近年來有關殖民地初期「土匪」等抗日義軍之研究，可參考陳怡宏，《忠誠和反逆之間——1895~1901 年間北、宜蘭地區「土匪」集團研究》，國立臺灣大學歷史學研究所碩士論文，2001；劉彥君，《強盜或抗日——以日治法院判決中的「匪徒」為核心》，國立臺灣大學法律學研究所碩士論文，2006。

9　許世楷，《日本統治下的臺灣——抵抗と彈壓》，頁 132。

（二）中部軍事討伐作戰下的草屯

1896 年 4 月臺灣總督府宣布中止軍政（1895 年 8 月 6 日至 1896 年 3 月 31 日）改行「民政」（1896 年 4 月 1 日至 1945 年 10 月 25 日）[10]。然而，在實施前夕的 3 月 30 日卻頒布法律 63 號，明確賦予臺灣總督針對其統治範圍內擁有發布法律之權力[11]。這個賦予總督集行政、司法於一身的所謂「六三法」，就是讓臺灣總督形同殖民地「土皇帝」而得以行專制政治之實的法源所在。而對於「六三法」的批判更成為日後點燃 1920 年代非武裝抗日運動的引信。

伴隨著民政的施行，地方行政也重新劃分，原屬於雲林縣的部分地方併入臺中縣所管；然而沒多久（同年 6 月），便爆發「鐵國山」抗日事件。

> 這場爆發在雲林地方的抗日事件一起，馬上引起中部各地的連鎖反應。29 日日軍在集集的駐軍遭到攻擊，守備隊敗退，憲兵分隊全被擊斃。7 月 2 日南投也受到抗日武裝集團所包圍，守備隊陷入苦戰。3 日在臺中也受到數百名的抗日武裝集團所襲擊[12]。

10　進入民政時期後，殖民地臺灣首度出現西方式的司法審判所（法院），並實施「臺灣總督府法院條例」。王泰升，《灣日治時期的法律改革》（臺北：聯經，1999），頁 130-131。

11　臺灣經世新報社編，《臺灣大年表》（東京：綠蔭書房，1938 四版；1992 復刻版），頁 18。

12　許世楷，《日本統治下の臺灣──抵抗と彈壓》，頁 121。

然而就在兩方攻防最激烈的時期，亦即在 6 月 16 到 22 日之間，卻因日軍在雲林地方進行了一場無區別的報復性大屠殺，而引起國際社會的關切和抗議，此即史上所稱的「雲林大屠殺」。當時鹿港的鄉紳洪棄生（按：即洪月樵，漢詩人）在聽聞此事件後，寫下了「聞斗六一帶被燬有感」漢詩一首，以描述並記錄此一悲慘事件[13]。由於受到各方指責，臺灣總督府為了安撫民心，乃公布以下的三個方針，藉以收拾善後。此三分針就是：「（一）對流民招安、（二）賑窮、（三）戶口調查」。另一方面，也進行招降[14]。一時之間，民眾的不安稍見和緩。

隔（1897）年 1 月，臺灣總督府民政局長水野遵更親自率領總督府的官僚展開巡迴臺灣全島的視察。對於臺灣中部雲林地方抗日武裝集團討伐過程中的慘狀，在其日後所寫的《巡臺日記》中如此描述著：

> 本官在今年中得以巡視臺灣全島，亦即從上個月 20 日自臺北出發，巡察臺中、鹿港、埔里社等地，前幾天經過集集街來到此地。沿路各堡各庄（埔里社屬雲林所管）大都深受戰火所害，蓋此乃是匪徒的自我作孽。這也是我軍在艱難平定匪徒的過程中，不得不然的行動，雖如此仍感萬分遺憾。嗚呼！若能在匪亂未起之前到各地巡視，讓人民

---

13 施懿琳，《從沈光文到賴和──灣古典文學的發展與特色》（高雄：春暉，2000），頁 206。

14 許世楷，《日本統治下の臺灣──抵抗と彈壓》，頁 122。

周知吾等施政方針，或許就不會有今日的局面了！當這起
匪亂傳到朝廷後， 天皇陛下深感痛心，乃發內帑金恩賜
災民，並且特別下詔總督府妥為撫育。本官拜奉 聖意實
感愧疚不勝所請，從今起將更加鞭策各位的地方父母官，
勤勉經營，以奉答 聖意。（以下略）[15]

文中將大屠殺的原因歸咎於「匪類」，但這場屠殺事件似乎已
驚動了「朝廷」，因此臺灣總督府為了收拾善後，在報告書中
也特別提到天皇為了慰問災民，彰顯其慈悲之心，甚至頒賜內
帑金（天皇的私房錢）。雖然這不無天皇對新附民的施恩，但
另一方面更反映出大屠殺的慘況。

　　此外，也有研究者指出，當時「水野巡視臺灣全島的另一
個目的是，藉由親自巡視以了解各地方的實際狀況，藉以修改
不適用的法條或制定新法，以便強化對新殖民地臺灣的統治措
施」[16]。果然在水野遵巡視後不久，也就是在同年 5 月臺灣地
方官制修訂，如前所述，全臺劃分成 6 縣 3 廳。

　　1898 年 2 月，臺灣總督由乃木希典換成兒玉源太郎，而
從 3 月起「南投地方陸續傳出行軍中的憲兵遭到殺害的事件，

---

15 中京大學社會科學研究所臺灣史料研究會編，《日本領有初期の臺
　　灣——臺灣總督府文書が語る原像》（東京：創泉堂，2005），頁
　　25。

16 川島淳解讀，〈水野遵民政局長の《巡臺日記》〉，收錄於中京大學
　　社會科學研究所臺灣史料研究會編，《日本領有初期の臺灣——臺灣
　　總督府文書が語る原像》，頁 51。

各地的抗日武裝集團似乎又開始出沒」[17]，臺灣中部地區再度
出現「匪情升高」的不安氛圍。6 月，地方官官制再度調整，
行政區域變成 3 縣 3 廳[18]。隨後，臺灣總督府決定對層出不窮
的中南部抗日武裝集團，再度進行大規模的討伐。同時，為了
斷絕「匪徒」的後路，總督府於 11 月 5 日公布施行「匪徒刑
罰令」，而這項法令一開始鎖定的頭號目標，便是以中南部，
尤其擺明是針對雲林地方。

> 總督府根據各種情勢判斷之下，決定以 11 月 12 日為
> 期，針對中南部抗日武裝集團進行大規模的討伐，而且在
> 實施軍事作戰的同時，也同意接受參與抗日武裝集團者的
> 投降方針。總督府擬定以臺中縣所轄的雲林地方為中心，
> 從鹿港、員林沿線以南展開行動，然後一步步推進到臺南
> 縣所轄嘉義地方為止為討伐的範圍[19]。

而且鑒於上次所發生「雲林大屠殺」事件的經驗，這次在
討伐之前，總督府特地向一般住民發表以下三項方針：

一、即使是抗日武裝集團分子的住居也不會放火焚燒；
二、若有被懷疑接濟援助抗日武裝集團者，必須經過諮詢
辦務署參事、地方總理和庄長等之意見，確認是否屬實；

17　許世楷，《日本統治下の臺灣——抵抗と彈壓》，頁 124。
18　所謂 3 縣是指臺北、臺中、臺南，3 廳是指宜蘭、臺東、澎湖。臺灣
　　經世新報社編，《臺灣大年表》，頁 30。
19　許世楷，《日本統治下の臺灣——抵抗と彈壓》，頁 132。

三、接濟援助抗日武裝集團嫌疑者，必須先交給警察和憲
　　兵後再解送臨時法院，由法院來進行判決等事宜[20]。

這三項方針非常具有尊重住民「人權」的色彩，亦可看出殖民
政府軍隊為了防止「良民」暗中接濟或掩護抗日武裝集團的情
況，可說費了不少心思。更有甚者，還接納地方有力人士的建
議，擬妥了一招相當有效的招降策略。

　　而就在中南部討伐緊鑼密鼓的關頭，總督府決定同時進
　　行招降，尤其臺中縣境內更是積極，縣長（縣知事）木
　　下周一在討伐正式展開的 11 月 12 日便命令討伐區域內
　　所屬辦務署到各地張貼布告，明示接受投降的諭告書；隔
　　（13）日更直接下命令給斗六辦務署長選拔適合從事招降
　　事務的人選。這項策略逐漸展現成果，到 12 月 16 日為
　　止整個臺中縣轄區內，包括鐵國山抗日武裝集團將領張大
　　猷等在內，共有 611 人投降[21]。

結果兩個月不到，臺灣中部地方最大的抗日武裝集團——鐵國
山便告土崩瓦解煙消雲散。
　　之後從 1899 年起，對於各地抗日武裝集團的殘餘勢力，
殖民政府改變原來大規模的討伐策略，而聯合二個以上的地方
官廳（辦務署）進行區域性的聯合搜索行動。同時，各地域社
會為了保護本身的安全起見，也由有力人士動員組織自衛性的

20　許世楷，《日本統治下の臺灣——抵抗と彈壓》，頁 132。
21　許世楷，《日本統治下の臺灣——抵抗と彈壓》，頁 136。

保甲壯丁團，配合日軍的行動。例如最著名的例子，便是斗六廳長荒賀直順（原南投辨務署長）一方面從 1901 年 12 月起到 1902 年 8 月間針對雲林地方展開討伐行動，其間誘殺抗日武裝集團殘餘勢力的計畫，因為獲得地方有力人士包括斗六廳參事李昌、林月汀和吳克明的協助[22]，終於得以一舉消滅抗日武裝集團殘餘勢力，以及已歸降的原抗日武裝集團首領等。

> 就這樣，臺灣中南部各地的抗日武裝集團領袖，在 1902 年一年當中幾乎全部被殲滅。因為此時已與 1898 年的局面不同，殖民政府為了全面落實殖民統治的最後絆腳石，反而是這些原已歸順的抗日武裝集團首領；而且更大的問題是，這些人和殖民政府間的互信已跌到了谷底，因此皆令殖民政府欲去之而後快[23]。

綜合以上所述可知，臺灣總督府從 1896 年針對臺灣中南部進行大規模的討伐行動，且持續到了 1902 年為止。那麼在這段期間內，與當時雲林縣林杞埔以及臺中縣南投集集地域鄰近的北投堡又是如何呢？

（三）草屯的「乙卯日之戮」事件

清朝時代的草屯地域原屬彰化縣北投堡，自日本統治後

---

22 「在斗六廳，參事吳克明和林月汀各自召集約 1200 個和 800 個臺灣人壯丁，組成斗六自衛團、林杞埔自衛團，協助搜索、討伐。」許世楷，《日本統治下的臺灣──抵抗と彈壓》，頁 149。

23 許世楷，《日本統治下的臺灣──抵抗と彈壓》，頁 152。

的 1895 年 6 月臺灣總督府地方官制度公布起，臺灣全島被劃分為 3 縣 1 廳，又歸屬臺灣縣。但之後因為軍事作戰所需，同年 8 月總督府實施軍政，北投堡成為臺灣民政支部彰化出張所所管轄。到了隔（1896）年行政改編而劃入臺中縣，並於北投堡設置了草屯支廳。1897 年 4 月廢止支廳，如前述，北投堡與南投堡同時劃歸臺中縣南投辨務署所管，而南投辨務署所在地則設在南投堡南投街，首任署長荒賀直順[24]。截至 1898 年 11 月為止，該署編制共有署長 1 名（奏任官）、主記 9 名、警部 3 名、參事 5 名和雇員 3 名等組成，所轄範圍有南投堡、北投堡、沙連下堡和集集堡[25]。

　　由於地理位置與地形的緣故，北投堡雖幸運地避開了日本軍武裝討伐的第一線作戰主力，但也因為如此，卻面臨另一種窘境，亦即必須不斷地處於日本軍隊和抗日義軍（游擊隊、匪徒等）攻防戰的夾縫中，彷如兩面作戰，尤其在大雲林地區討伐作戰時，受到最大的牽連。何以故？當日軍自北揮軍南下時，中部平原地區的臺中和彰化先後被征服，而中南部山區討伐卻屢攻不下，尤其是臺中以南的雲林地方和林杞埔一帶與以柯鐵為首的抗日義軍展開一連串的激戰，而草屯地域恰好以一溪──濁水溪──之隔，與南投地域同被夾在兩軍對峙的夾縫間，終於導致北投堡也被捲入這場戰亂中而受害。

　　當 1896 年中南部討伐作戰展開後不久，日軍便收到有抗

24　「弁務署長任地ノ件」，明治三十年臺灣總督府公文類纂乙種永久保存進退追加第三卷甲官規官職，1897 年 8 月 23 日。

25　臺灣總督府編，《臺灣總督府職員錄》，頁 59。

日義軍潛入北投堡的消息。根據臺灣總督府檔案中臺中縣境內所轄事務報告，同年 4 月的報告書提及，「警察偵查到南投地方有土匪蜂起，派遣南投街守備隊協同憲兵前往萬丹庄，槍殺和斬殺八名，其餘逃竄到其他庄頭。[26]」到了夏日，南、北投堡的「匪勢」因受雲林大屠殺的情勢影響益發不穩，當時的機密報告中稱：

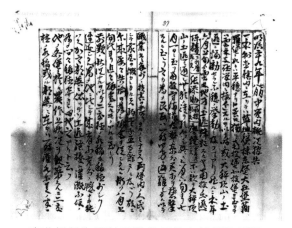

南北投堡為雲林武裝抗日勢力鎮壓的延續
資料來源：國史館臺灣文獻館檔案。

本縣廳轄內的藍興堡、揀東堡、大社堡和貓羅堡堪稱穩定，然而唯獨南投堡、北投堡因臨近雲林支廳管內時常在境內的大秤頂山傳出被土匪煽動的不穩舉動。後獲報六月上旬雲林土匪蜂起的同時，南投土匪陳猜（下新厝庄的土

---

26 「明治二十九年四月中機密報告（臺中縣）」，明治二十九年臺灣總督府公文類纂乙種永久保存第十卷文書，1896 年 5 月 22 日。

人）、張添助（南投街的土人）和廖燒（包尾庄的土人）疑在大秤頂山附近集結無賴漢，並終於從六月下旬到七月一日間，襲擊南投街守備隊和警察分所。為此，良民流離失所，不只是無法各司其業，甚至造成兩堡約一千五百餘戶家屋全被燒毀（後略）[27]。

這是殖民政府的官方報告。但時往來鹿港、草屯兩地開帳授徒的洪月樵所看到，卻是日軍在北投堡境內的殺戮，這場無差別屠殺事件的發生，終於導致北投堡住民對日軍的武力反抗。其詳細經過，洪月樵（棄生）在其所著《瀛海偕亡記》，描述如下：

> （筆者按：日軍追擊匪賊陳發[28]，陳發入南投。）臺中縣中將兒玉源太郎（按：原文，應為誤植。疑為時任民政支部長兒玉利國）鳩縣內兵及彰化、鹿港各防兵赴之。而南投軍索救急，復分軍援南投，阻於牛牯嶺，人不能過，而集集敗軍避至臺中，兒玉氏復遣之救南投。從他路至北投，見草鞋墩市集，亂殺亂掠，農商死者四、五十，草鞋墩憲兵部阻之不聽。及至南投，民眾先出街攻之，竄一大屋，民眾圍之。
>
> （中略）

---

27 「明治二十九年七、八月中事務及管內概況報告（臺中縣）」，明治二十九年臺灣總督府公文類纂乙種永久保存第十卷文書，1896 年 11 月 13 日。

28 應為上述官方報告中的陳猜。

五月丙辰（二十二日），臺中縣復遣兵出。而北投民憤於乙卯日之戮，無不寒心，先已通約各村嚴備。而兵過者殺一幼童，於是憑烏溪一帶村莊，齊起追之。日兵奔散死，或復逃返大墩。大墩者，臺中縣治也。而草鞋墩商戶李烏毛先被兵屠，妻朱氏大慟，及是則散財募眾攻大墩，得倭馘首者獎二百金[29]。

根據《草屯鎮誌》記載，最後李烏毛妻朱氏（李朱氏）的抗日行動乃以失敗告終[30]。不過，這場於 1896 年 7 月 1 日乙卯日所發生的大屠殺事件之所以發生，其實最早可以追溯到前一年草屯洪姓同族洪秀清（草屯當地自衛民兵團的領袖）曾經與雲林和中部一帶的抗日義軍相呼應有關[31]。結果日軍派遣部隊進入李姓一族聚落所在的草鞋墩街，竟展開一場不分良民與義軍的大規模屠殺，並且將草屯地域自清代以來最為繁華的市集北投街——洪姓一族的聚落燒毀，史稱「乙卯日[32]之戮」。北投街原本是草屯四大姓的信仰中心（朝陽宮）和文教中心（登瀛書院）之所在，且為市集地，乃草屯地域開發史上最早由洪姓所進行開發的地帶。包括北投街在內，鄰近的新庄、茄荖、番仔田等地住民，大部分都是洪姓同族。然而由於北投街

29　洪棄生，《瀛海偕亡記》（臺北：臺灣銀行經濟研究室，臺灣文獻叢刊第 59 種，1959），頁 30-31。

30　洪敏麟總編輯，《草屯鎮誌》，頁 913。

31　洪敏麟總編輯，《草屯鎮誌》，頁 912-913。

32　乙卯日（5 月 21 日）即 1896 年 7 月 1 日。中央研究院數位文化「兩千年中西曆轉換」，網址：http://sinocal.sinica.edu.tw。

被焚毀，以及道路開發，草屯地域的中心也在其後轉移到李姓占大多數的草鞋墩街[33]。

綜合以上所述可知，日本領臺初期於 1896 年所展開的中南部討伐作戰的過程中，由於草屯一地也出現與抗日義軍相呼應的人物，屬於日軍嚴重警戒的地帶[34]。其間，為了報復兩名士兵被殺而派軍前往支援，沒想到日軍抵達草屯後不聽當地憲兵勸阻，終於釀成草屯地域最大慘事「乙卯日之戮」發生。結果洪姓一族的發祥地北投街被毀，而李姓一族的聚落草鞋墩街的住民則有 4、50 人被屠殺。

類似李朱氏等人的抗日行動並非草屯一地的特例，當時在全臺各地這種因日軍無差別屠殺住民的事件不少。商人李烏毛的被殺究竟是由於他與抗日義軍相呼應呢，抑或只是單純的被誤殺，其真相仍未知；然而由其妻李朱氏的反應可以看出，遭受誤殺的可能性非常高。而同年，日軍所進行的無差別屠殺事件當中，最令世人驚悚的莫過於 6 月所發生的「雲林大屠殺」事件。而且可以說草屯的「乙卯日之戮」，只是雲林大屠殺事件的延長。總督府為收拾善後，避免過多的「誤殺」事件，遂在不久後頒布施行所謂「紳章」制度，以防逼民為匪[35]。

33　陳哲三，〈清代草屯地區開發史——以地名出現庄街形成為中心〉，《古文書與臺灣史研究——陳哲三教授榮退論文集》，頁 220。

34　草屯出身的張深切在回憶錄中這樣寫著，當時「南投廳確是一個抗日激烈的地方」。張炎憲、陳芳明、黃英哲等編，《張深切全集〔卷 1〕里程碑（上）》，頁 67。

35　若林正丈，《臺灣抗日運動史研究・增補版》，頁 189。

　　有關於此，第三任臺灣總督兒玉源太郎，首次在 1898 年 5 月 25 日對地方長官的訓示中表示，「因自己的父母兄弟即使身為良民，卻仍遭軍隊憲兵警察等之濫加殺害，以致挾怨報復而成為土匪者反而居多數。[36]」承認因為以往日軍憲警的無差別屠殺住民，以致良民挾怨報復而成「土匪」的事實。

　　對於草屯住民而言，原本在心理上對於日本的異民族統治便有著「不安」和「恐怖」的印象，經過大屠殺事件之後，毫無疑問的更烙下一種對異民族統治的「怨恨」。在此值得一提的是，因夫被殺而發起犒賞獵日軍人頭的李朱氏，其夫李烏毛不是別人，正是草屯地域的大富豪李安雎的長子。如後所述，1920 年代參與洪元煌所設立的草屯非武裝抗日運動團體炎峰青年會的核心人物當中，李安雎諸子包括李春盛、李春哮、李春塗都在其列，並且出錢出力。

二、洪玉麟與南投街守備隊

　　那麼當日本領臺初期對於臺灣中南部的軍事討伐正如火如荼展開之際，肩負著保護草屯地域全體住民安全的最高指揮官，即時任北投堡總理與保良局長的武秀才洪玉麟，又是如何與日軍打交道和應酬的呢？這也是讓我們回過頭重新省思一個更嚴肅的課題，亦即殖民統治權力是如何滲透到地域社會？以下將針對此進一步加以分析探討。

　　從 1896 至 1899 年這三年當中，正是殖民統治權力積極

36　鶴見祐輔，《後藤新平傳‧臺灣統治篇（上）》（東京：太平洋協會出版部，1943），頁 136。

採取或武力或懷柔或招降等各種手段，來對付殖民地社會以落實其實質統治的關鍵時期。而正是在此一時期，洪玉麟古宅留下了寶貴的史料，那是當時洪玉麟與駐守草屯地域的日本軍南投街守備隊，以及之後掌管該地域最高首長南投辦務署長及其他日本人官僚來往的文書，從這些文書史料當中，正好讓後人可以看到殖民統治權力是如何在地域社會展開與確立的過程，同時也可以體會到作為臺灣社會鄉紳階層的一員，從如何被選任為日本帝國殖民地行政末端的官員——區長——洪玉麟，是如何與日本帝國的殖民地統治機構應酬和被「納入帝國」的內心層面的轉換過程。

（一）草屯洪氏家族文書所體現的無奈與堅持

洪玉麟原本是清末臺灣人地域社會的領導者（北投保總理），具有左右地方走向的主體性；但在遭逢未曾有的變局下，面對一個近代殖民帝國的權力代理人——從軍人到文官，突然以殖民統治者之姿君臨地域社會，這之間兩者的交涉過程，正讓後人目睹了臺灣社會以及鄉紳階層的主體性如何被一步步進逼、甚至交出主導權，最後終於淪為被統治者的內心糾葛與無奈。在此，我們所看到的不是武力抵抗，也不是利益交換，而是更多的推託與日常生活的消極抵制（抵抗）。而這些對於重新理解和建構殖民統治權力如何在地域社會確立之過程，絕對具有更深層的意義。

前所引用《列紳傳》當中對於洪玉麟的記述為，「乙未變革時。君克明大義名分。先眾表誠。任用保良局長。幫助軍政。綏撫人心。功勞不尠。」可見殖民政府對於洪玉麟的

評價相當高，所以將其收入傳中。而在戰後所出版的《草屯鎮誌》中有關洪玉麟的描述，亦大體上沿用《列紳傳》的內容，不過當然沒有說他「先眾表誠」，而是強調他在「綏撫人心」上的貢獻，文曰：「乙未之役，日人據臺，玉麟出任『保良局長』，綏撫人心，地方賴以安寧。」同時，對於推動草屯地域殖民地近代學校教育的貢獻，也大為褒獎[37]。

　　總之，在日本殖民統治初期，當面臨著外來異民族的殖民統治時，洪玉麟對於當地治安的維持與人心的安撫，都受到殖民者當時與戰後同地域人士的高度評價。但是「先眾表誠」之底蘊為何？而「綏撫人心」的實際情況又具體為何？

　　在日治以前，洪玉麟（1831-1914）一直擔任北投保總理一職。這項職位即使到了統治者換成了日本帝國後，也一直持續到 1897 年 5 月地方行政機關改正，各地普設辦務署為止，都未改變（只有保改成堡），且還同時兼任新設的地方保良局長，協助殖民政府維護地方治安。

　　對於清代臺灣社會「總理」一職，臺灣法制史研究者戴炎輝在其書中曾做了以下的定義：

> 總理係官最重視的鄉職，稱之為一堡之正；紳耆等於保舉總理之稟內，則稱之為街庄之首。總理係境內之核心的存在，其職務則賅括全面；其被稱為總理，職此之故[38]。

37　洪敏麟總編輯，《草屯鎮誌》，頁 932-933。
38　戴炎輝，《清代臺灣之鄉治》，頁 21。

同時接著又說，能夠成為一堡之「總理」者，大約必須具備以下之條件：

> 總而言之，為總理適格之最重要的屬性，是「為人誠實、謹慎」，「有家有室、聲望素孚」及「公事暗練、廉正秉公」[39]。

換句話說，要成為清代地域社會領導階層中的頂尖人物——總理，必須要為人誠實、具有聲望以及公正廉能，而且還必須是成家立業者才能符合。而武秀才洪玉麟正是當時草屯地域住民公認，符合這些條件的人物。

那麼，這樣的洪玉麟在面對外來的新殖民政權統治之初，其處境為何，以及如何加以因應？

在草屯地域最悲慘的「乙卯日之戮」事件發生前兩個多月，也就是在 1896 年 4 月 4 日，洪玉麟收到一道來自日本軍南投街守備隊的書面命令，這道命令字數不多，只有一行。其原文如下：

> 我有所咨詢要即刻來南投街
> 　　明治二十九年四月四日
> 　　南投街守備隊
> 　　長內中尉[40]

39　戴炎輝，《清代臺灣之鄉治》，頁 23。
40　「草屯洪氏家族文書」。

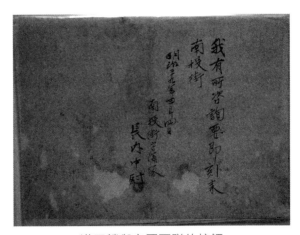

洪玉麟與帝國軍隊的接觸
資料來源：梁志忠先生提供，筆者翻拍。

文中所稱「咨詢」之內容雖不詳，但因過沒多久，也就是同年
6、7 月便接連發生了雲林大屠殺和草屯地域的乙卯日之殳事
件，因此可推斷是日軍為了詢問洪玉麟有關草屯地域境內「匪
徒」的動態，族內何人參與抗日等事而要他來守備隊接受諮
詢，抑或有關草屯地域治安維持，甚或是要求他提供軍事行動
上的協助等等。但不管如何，從這道書面命令來看，洪玉麟必
當依令前往，而這可能是日軍進入臺灣中部後，首次傳訊草屯
地域的總理，象徵清國草屯地域最高領導者總理洪玉麟，與象
徵新統治者日本帝國的軍隊第一線指揮官的第一次接觸。

　　這句只有一行卻象徵著戰勝國軍令式的強硬口吻，絲毫
沒有後來民政施行後文謅謅的公文體例，更可體會出成為新統
治者的日本軍隊的權威，與被統治者臺灣人間的上對下關係；
值得注意的是，這道來自日軍的簡短書面命令，卻是以漢文

書寫。在當時，幾乎所有的臺灣人都不懂日語，因此必須透過北京官話或是用漢文，甚至鼓勵來臺第一線官員率先學習「臺灣語」，始能與當地社會通曉傳統儒學教養的知識階層和民眾相互溝通[41]。且為了讓更多臺灣人周知，臺灣總督府更制定了內規，所有縣級轄下發布的公文書一定要附中譯本。這是根據 1896 年 6 月 3 日臺中縣知事牧朴真報呈民政局長水野遵的「命令公布式假內規」所規定，舉凡對下級支廳發布的「所有縣令告示告諭及其他命令，為期周知之必要，皆需附上漢譯文」，再蓋上縣印、支廳印後，指定人潮往來較多的地方，「經由堡庄的總理之手」張貼公布，並從公布之日起即生效，以此作為殖民統治行政命令發布的 SOP[42]。由此便可了解，北投堡總理洪玉麟所留存的文書，何以多為漢文的原因。

　　如前所述，1897 年 5 月，依照地方機關組織規程的規定，全臺行政區劃改為 6 縣 3 廳，縣、廳之下共設置有 86 處辦務署，其下又設有街、庄、社等行政事務輔助機關。隨著這次的行政整編，北投堡的直屬管轄官廳為臺中縣南投辦務署，首任南投辦務署長為荒賀直順。同時，殖民政府開始從鄉紳階層當中積極物色街、庄、社長之人選，以讓其擔任並協助傳達政令及租稅徵收等主要事務，其中庄長之上則為負有統籌各庄

41　村上嘉英，〈舊殖民地臺灣における言語政策の一考察〉，《天理大學學報》144（1985.3），頁 23-25。

42　臺灣總督府公文類纂，明治二十九年臺灣總督府公文類纂甲種永久保存第五卷恩賞文書，「臺中縣令公布式ノ件報告」，1896-06-06，國史館臺灣文獻館。

共通事務的街庄長一職。至於在縣廳和辦務署當中，也都設有「參事」一職，來作為地方行政首長在推行相關行政事務時之諮詢顧問，以及依首長之命令書寫相關公文書等文書工作。因此，參事一職多由專精漢文漢學、具有清朝科舉功名且聲望的人選出任，而當時草屯地域被選任為參事的人，正是上述的文秀才洪聯魁。

　　而就在南投辦務署設置後，臺中縣馬上提出希望北投堡總理洪玉麟出任「庄長」一職的要求。從原本是清朝時代自然村的總理，搖身一變成了近代日本帝國統治下的地方行政村的「庄長」，這樣的轉變絕非僅是名稱上的改變，更是代表著國家權力與地域社會的關係，從原來的間接統治轉變為直接統治的重大質變。換言之，這也是臺灣社會原來憑藉著地緣和血緣關係所維繫的自治性組織，首次遭受近代國家權力的介入並被奪胎換骨。更何況，對於草屯地域的全體住民而言，早先曾發生過日本帝國軍隊無差別性的乙卯日大屠殺事件之衝擊，因此此番重新面對這個近代化的國家權力，光是一個小小的個人，恐怕對於這項人事任命很難加以回絕。

　　儘管如此，面對殖民政府行政推動的第一道人事任命，洪玉麟一開始卻是「婉拒」而予以推辭。對此，當時洪玉麟所留下的書信（文書）中的內容，可以明確地展現其心志。

　　這封寫於 1897 年 6 月，其時仍擔任著保良局長而年滿55 歲的洪玉麟，寫給臺中縣「堡務取扱所（處理堡務事務

所）」[43]吉野利喜馬[44]一封手寫的書函。書函一開頭便開章明義道出推辭的因由與結論：「為家貧性蠢年老神昏叩乞免務另選接辦。」至於函中更以相當長的篇幅，細數其何以推辭的具體理由。

由於這封長信有助於後人了解殖民統治初期被統治者的心境，以及草屯地域所面臨的處境，堪稱是一封難能可貴的史料，因此將其全文引用如下（按：「□」標示所在為史料缺損無法判讀之處，以下同）：

右乞　昔蒙大人。□辦事務。嘗盡心竭力。屢負尊望。其故何也。弟因家貧如洗。局中諸費。必藉眾人之資。□□性蠢似愚。臨事決斷。必有得失之咎。難免讒人造詞謗誹。上憲至明者。目前雖不聽。僭久亦懷疑。□之進退。實為狼狽。況我年已五旬餘。□屢生疾病。欲報國恩于帝國。自恨力不逮志。精神昏亂。疊慢公務。□效勞□　尊前。亦愧反失厚望。伏乞　堡務大人。念安老之有典。轉詳上憲。恩恤免務。歸耕隴畝。以修餘年。□生當隕首。死當□草。當此時也。賊匪四起□橫。時群嘯聚。操兵持

43　「臺中縣南投堡北投堡所〔所務取扱〕開始」（1897-02-20），〈明治三十年臺灣總督府公文類纂甲種永久保存第八卷官規官職恩賞〉，《臺灣總督府檔案・總督府公文類纂》，國史館臺灣文獻館，典藏號：00000128011。

44　「吉野利喜馬堡務所長代理任命（元臺中縣）」（1897-04-01），〈明治三十年元臺中縣公文類纂進退永久保存第六卷秘書〉，《臺灣總督府檔案・舊縣公文類纂》，國史館臺灣文獻館，典藏號：00009392008。

械。日則截途搶刦。夜則明火攻□。或搶割田禾。或牽□
人牛。種□相為。難以枚數。此等僥風。非選少年英俊。
望臨□□者。不足以當之。□□靡一方之安寧。必□一方
之善士。則我族濟濟多士。□□人文。不乏其人。可就于
紳士中遴選接辦。則我地可以無虞。今賊匪既如星之□。
宜□及早撲滅。以免星星之火。致使燎原。□不揣固陋。
敢呈誑言。□直之語。幸勿見責。謹此肅□

南北投堡務取扱長吉野大人□□施行□叩

明治三十年六月　　　日

　　　　　　　　北投堡洪姓總庄長洪玉麟

堡務取扱所吉野利喜馬殿[45]

洪玉麟推辭區長書函
資料來源：梁志忠先生提供，筆者翻拍。

45　「草屯洪氏家族文書」，明治30年6月。

從這封懇切又具體的長信可知，從一開始「題旨」中所提出的「家貧」、「性蠢」、「年老」和「神昏」等一氣呵成的諸理由，可明確顯示出洪玉麟推辭新職的決心[46]。同時，更令人值得關注的是，信中對於日治之初前幾年地域社會的實況，以及對於地域住民對於新「帝國」之認識。以下將分成三部分來進一步加以分析說明。

首先，從第一段落當中，洪玉麟便顯露著本身幾乎淪為夾心餅乾而「公私」無法兩立的心情。

> 右乞　昔蒙大人。□辦事務。嘗盡心竭力。屢負尊望。其
> 故何也。弟因家貧如洗。局中諸費。必藉眾人之資。□□
> 性蠢似愚。臨事決斷。必有得失之咎。難免讒人造詞謗
> 誹。上憲至明者。目前雖不聽。僭久亦懷疑。□之進退。
> 實為狼狽。

一開始便以有負所望自居，但更值得注意的是，洪玉麟所舉出的理由乃因家貧，因為有關保良局所須各項費用「必藉眾人之資」；同時，洪玉麟自稱「性蠢」而招致「讒人造詞謗誹」，早晚終究會引發「上憲」之「懷疑」，與其如此，不如趁此新職人選未定之際，自行引退以免日後「進退」失據，落入狼狽的境地。此處所稱「局」者，應即為前述保良局。

46　當時不只是洪玉麟，鄰近的彰化鄉紳吳德功對於殖民地當局的要求，最初也試著以「庸材老病」為由拒絕。施懿琳，《從沈光文到賴和——灣古典文學的發展與特色》，頁375。

　　究其實，日治之初各地紛設保良局以維地方安寧，雖得殖民政府認可，但所須經費卻都仰賴各地鄉紳階層自行募款，而身為局首的洪玉麟，可以想見不但得身先士卒大量捐款，還要協調眾人分攤，甚至攤派，以維持保良局的運作。因此洪玉麟儘管為一方豪傑卻非富戶，加上地域社會中利益難以全面兼顧，易生讒言。此乃信中洪玉麟一開始便以「家貧」和「性蠢」來推辭之理由所在，換言之，第一段洪玉麟主要基於經濟上的理由表達推辭之意。

　　緊接著第二段當中，從首段單純以「私人的理由」出發，而改以訴諸「帝國之恩典」，於公於私，強化自己辭退新職的正當性。

> 況我年已五旬餘。□屢生疾病。欲報國恩于帝國。自恨力不逮志。精神昏亂。疊慢公務。□效勞□　尊前。亦愧反失厚望。伏乞　堡務大人。念安老之有典。轉詳上憲。恩恤免務。歸耕隴畝。以修餘年。□生當隕首。死當□草。

此段直言雖有報「帝國」恩典之志，然因年老力有未逮，期能回歸農耕生活以度餘生。在此洪玉麟不忘提及日治之初便有饗老典之設，因此在此強調自己已經「年老」、「神昏」，以此進一步論述本身的辭退乃是於法有據之正當性。

　　而在最後段落當中，則以現實情勢出發，具體指出由於匪亂未平且不時出沒為害地方，因此須要年輕有為之士始可當此重任，所以為了顧全「大局」，應另選適當之人，並且提出具體的替代方案。

當此時也。賊匪四起□橫。時群嘯聚。操兵持械。日則截途搶刔。夜則明火攻□。或搶割田禾。或牽□人牛。種□相為。難以枚數。此等僥風。非選少年英俊。望臨□□者。不足以當之。□□麋一方之安寧。必□一方之善士。則我我族濟濟多士。□□人文。不乏其人。可就于紳士中遴選接辦。則我地可以無虞。今賊匪既如星之□。宜□及早撲滅。以免星星之火。致使燎原。

從最後的段落中，除了可一探洪玉麟個人的心志之外，更清楚描繪出草屯地域當時為所謂匪賊橫行所苦的實際狀況。

總之，洪玉麟援以推辭新職之理由，首先是以經濟因素的「家貧」為原因。如前所提，清代總理一職除了人品、學識和聲望以外，若無相當的家產同樣無法承擔。更何況在動亂時期，兼任「地方保良局長」的洪玉麟儘管可算是地主，但論財力卻非數一數二的資產家[47]。在經常必須向其他鄉紳和地主們，甚至一般住民勸募和募款的情況下，遭受外在的批評誹謗在所難免。尤其是乙卯日之戮發生之後，地域住民之間對於統治者日本人的怨恨尚未減消，此時公然扮演著代表住民與日本殖民政府官僚打交道的洪玉麟，更容易成為眾矢之的。

而保良局長最重要的任務，便在於洪玉麟信中末尾所提關於治安維持的工作，然而卻也最為棘手，故言「當此時也。賊匪四起□橫」。而對於「匪徒（土匪或抗日武裝集團）」之

47　當時草屯地區收入多的是李姓家族和黃春帆，洪姓家族不在其中。

凶惡行徑，信中更有詳細的描述，顯見當時地域社會治安之惡化。換言之，當時日本殖民政府對於地域社會的統治，尚未能確保與落實，而另一方面也顯示出地域住民為「匪徒」所苦的困境。而信中對匪徒搶奪行動的情況，不僅草屯，附近地域之後仍不斷地發生。例如 1899 年 7 月，「柯鐵的舊部陳六，率其手下約 40 人襲擊南投地方的村落，搶奪了水牛三、四十頭。[48]」而在 1901 年 3 月的《臺灣日日新報》中，也特別報導殖民政府當局出動警察和壯丁團搜捕「南投匪首陳猜」的一連串討伐行動[49]。當然這些都是官媒的說法，但也反應出「土匪」與在地社會的緊密連結。因為對於所謂的「土匪」日軍可以無差別處置，但在地良民卻無法不買帳。

總言之，洪玉麟以「家貧」、「性蠢」、「年老」和「神昏」等一連串的理由欲推辭新職的人事任命，完全為推諉之辭，而最主要的理由乃在於歷經保良局長一職經驗的洪玉麟而言，不僅經費負擔沉重，加上維護治安的工作不易，因所謂的「匪徒」並非單純的盜匪，在兩面不討好的情況下，自易招致他人的誹謗等因素使然。

（二）南投辦務署長荒賀直順的三顧茅廬

因此，即使南投辦務署已在同年 5 月掛牌運作，然草屯地域的街、庄、區長等人事任命始終無法順利產生。其中又以

---

48 許世楷，《日本統治下の臺灣——抵抗と彈壓》，頁 143。

49 《臺灣日日新報》，第 860 號，1901 年 3 月 17 日；《臺灣日日新報》，第 862 號，1901 年 3 月 20 日。

「武秀才」出身且時任北投堡洪姓總庄長洪玉麟，極力推辭不肯就任區長之事，無疑地對殖民政府落實地方統治的過程而言，最可能引發不良的影響。因此，如何說服洪玉麟就任的艱難任務，便落到首任南投辦務署長的身上。洪玉麟拒任區長新職的理由在傳達至南投辦務署長荒賀直順耳中後，荒賀直順在同年 10 月親自寫了一封信給洪玉麟，這封信仍是以漢文書寫，也有可能是參事洪聯魁奉荒賀直順之意所代書的「信」。其信全文如下（按：底線筆者所加）：

> 玉麟仁兄足下頃奉
> 來書諸情聆悉并云
> 貴宗吉卿已為馳函奉達　杳無回音　不知其意如何等語
> <u>拙自主裁</u>　<u>現今最為緊要者</u>　<u>地方之安堵百姓之樂業耳</u>
> □<u>北投一帶何可一日□人司理</u>　<u>此拙者之所以放心不下也</u>
> □□
> <u>足下德望兼優</u>　<u>為兩區之組長</u>　<u>自覺綽綽有餘</u>　□事既擬
> 定　<u>我心匪石不可轉也</u>　業經本署將情形稟明臺中縣矣
> 將足下出為佐理　從此地方人民賴以安堵□□非足下之鼎
> 力也　官民幸甚　奚可以□詞推諉也　<u>專此覆請</u>
> 臺安即希
> 心照弗宣
> 明治三十年十月廿三日
> 　　荒賀直順　□[50]

50　「草屯洪氏家族文書」，明治 30 年 10 月 23 日。

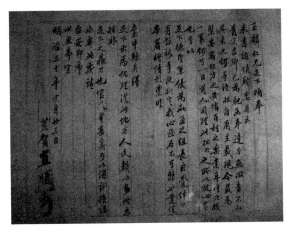

荒賀直順力薦洪玉麟出任區長書函
資料來源：梁志忠先生提供，筆者翻拍。

從這封署長荒賀直順親自出馬說服洪玉麟就任新職的信中，可進一步從兩方面來進行分析，首先可看出雙方交涉的過程。而此交涉過程有以下幾點值得注意：1.在獲悉洪玉麟推拒就任新職理由的情況下，也提及洪玉麟的同宗洪吉卿也接到人事任命的要求，但始終沒有回覆。2.因此，關於區長任命一事，荒賀署長只得先斬後奏，未經洪氏兩人同意下，自行報請臺中縣逕行底定此人事任命案。3.最後，這封信等於是署長給洪玉麟的通知，同時也是最後通牒，洪玉麟已無迴避空間。

　　另一方面，由此信也可看出何以殖民政府非要洪玉麟出任區長一職不可的理由所在：1.首先讓地方安定、住民安居樂業乃當前最重要的事，請洪玉麟必須犧牲「小我」以顧全大局；2.要達到此一目標，光靠官廳不足以成事，而德望兼具的洪玉麟乃不可或缺的人選。3.因此在此前提下，洪玉麟當義不容

辭，不宜再推拒新職，故徑向上級主管機關臺中縣呈報已任命洪玉麟為北投堡第十一、十二區庄長之程序。所以，在新任署長軟硬兼施之下，洪玉麟無法再推辭。

最後值得注意的是，信一開始所言「貴宗吉卿已為馳函奉達　杳無回音　不知其意如何等語」，這裡所說的洪吉卿，便是前述全臺少數被剝奪「紳章」的黑名單之一。由此可推斷，北投堡第十一、十二區庄長原本殖民政府所要任命的應為洪玉麟和洪吉卿分別出任，然因署長荒賀直順以書信催促洪吉卿卻「杳無回音不知其意」，最後則由洪玉麟一人兼任二個區的區長。如後所述，後來洪吉卿也曾出席 1900 年 3 月由臺灣總督府舉辦的揚文會，由於洪吉卿的生平不詳，無法推知何時以及何種緣故遭受剝奪紳章的情形，但洪吉卿乃草屯地域兼具「學識和資望」的洪氏鄉紳階層中之一，則可確證。

再回頭看，收到這封來自殖民政府地方當局首長的催促信之後，洪玉麟是否被說服甘就區長之新職呢？其實，這正是這齣「三顧茅廬」帝國區長任命劇的高潮所在。可能 10 月所寫的這封親筆信仍無法得到洪玉麟本人的確切答覆，隔月荒賀直順藉由上任南投辦務署長以來，首次安排下鄉到各地方巡視的機會，登門造訪洪玉麟並進行說服的工作，終於得到洪玉麟的首肯，而其得意喜悅之情從下一封信當中，可一覽無遺。

在下一封信的一開頭，對洪玉麟的稱呼已從「玉麟仁兄」的友誼式關係轉變成了「第十一、二區區長洪玉麟」的官式關係，而信中所談及的內容及意義，也從個人性質的「書信」轉換為日本帝國殖民政府對於新任庄長們的委任狀，亦即是一種

「上對下的命令」。同時如下所示，由於這封信發送對象包括各街庄區長，因此在信末都寫上各該區長的姓名，並以附記的方式交代應辦事項。

綜合以上所述，在說服了洪玉麟接任區長之任命後，地方行政所須的人事任命案終告底定，於是南投辦務署長荒賀直順正式以帝國殖民政府的代理人，首次對其所轄地域社會內臺灣人的街庄區長發布訓示和命令，可以說，殖民統治體制於臺灣社會的真正落實，到此時終於塵埃落定。而到此時（1897 年11 月），距離日本正式領有臺灣的 1895 年 5 月算來，已經過了 2 年半。荒賀直順對於包括洪玉麟等新任區庄長所發布的「訓示」，全文如下：

> 敬啓者日前親履各區□巡民俗停宿貴府並叨優待歸裝載德心版銘情　方今
> 聖恩優渥澤及民生　民之所好率由舊章　臺島雖隸版圖未久　無殊宇下赤子　則官斯土者莫不一視同仁　良者安之莠者戒之　但政府之約法毫無偏倚所望
> 貴下鼎力整理地方　驅除盜匪以保良民　共登衽席　從此風惇俗美□□
> 貴下之善於範圍者也　國家幸甚　官民幸甚　爾此道感並此鳴□敬□
> 臺安□希
> 雅照弗宣
> 明治三十年十一月　　日
> 南投辦務署荒賀直順

第十一、二區庄長洪玉麟殿

再者□堡地租之欠國課□□如本年上□之額人民完納更屬
寥寥轉瞬間下□又屬何□宕延至□而糖腦各稅亦然尚望一
律趕催望切望速[51]

從這封信可知，荒賀直順藉著首次到各區巡視時，重申日本帝
國統治「一視同仁」的精神，向當地住民宣示天皇的聖恩。但
在向帝國的新附民宣講的同時，另一方面則督促新任的區長
們，盡快向住民徵收地方稅、國稅和砂糖、樟腦等各種稅金。
而向殖民地住民徵稅，正可說是日本帝國確立其「殖民統治根
基」的第一步，同時也成了殖民地新任街庄區長最大的任務。

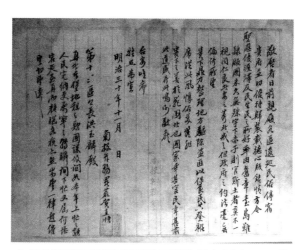

在荒賀直順三顧茅廬下洪玉麟終接任區庄長一職
資料來源：梁志忠先生提供，筆者翻拍。

51 「草屯洪氏家族文書」，明治 30 年 11 月。

　　從以上連續的三封信中，可以讓後人針對日本領臺之初，草屯地域鄉紳洪玉麟與殖民政府的應對，及從中重新檢視地域社會的實際樣貌，在此可歸納出以下幾點：

　　首先第一點，從洪玉麟的應對來看，他從清末草屯地域的總理到政權轉換後，擔任日治初期的保良局長，然而對於回歸民政後的區長新職，卻不斷地加以推辭。而最後，經過南投辦務署署長的再三要求、軟硬兼施之下，終於點頭接任。儘管區長一職與舊清時的總理所肩負的任務並沒有多大的改變，但是主體性已全然喪失。

　　第二點，即使日本領臺已兩年有餘，但是從信中可知，草屯地域境內住民與財產的安全，仍不斷受到匪賊或是抗日武裝集團的威脅。但儘管如此，由於受到乙卯日之戮事件的影響，草屯地域住民對於新統治者的信賴，也一樣沒有提高，反而更為脆弱。這可從大部分的住民拖延繳納殖民政府所開徵的各種稅金可見一斑。

　　因此第三點，殖民政府為了盡快確立對地域社會的統治，而不惜讓南投辦務署三顧茅廬，軟硬兼施要洪玉麟就任區長一職，其背後最主要的考量就是要利用洪玉麟來達成其「驅除盜匪以保良民」以及徵收「國課」等各類稅金。這些，正是確立殖民統治根基的首要急務。結果，當草屯地域的領袖洪玉麟逼不得已成為新帝國行政末端官僚的一員後，只好拖著老邁的身軀，終日忙於稅金的徵收與治安的維持而不得閒了。

　　當然，從事這樣的工作不是只有洪玉麟一個人而已，以草屯四大姓為主的鄉紳階層幾乎都被「延攬」而納入殖民統治基

層行政體制中。當時，草屯地域所在的北投堡所轄範圍，即為南投辦務署管內的第 9 區到第 14 區（按：第 9 區之前屬南投堡）。如前所述，洪玉麟乃擔任第 11 區與第 12 區的庄長，同時也是街庄長。此外，其餘各區的庄長分別是第 9 區李昌期、第 10 區林瓦郎，第 13 區和第 14 區同為黃春帆。同時如前所述，洪姓一族的洪聯魁則出任辦務署參事。

從這樣的人事安排中，可看出草屯地域「四大姓自治」的傳統被極力的溫存，而又多了一位新興實業家（以販賣砂糖、樟腦致富）的黃春帆。之後，1899 年行政區劃重新整編，洪玉麟成為新庄區街庄長，而各區區長分別為草鞋墩區李昌期、月眉厝區林瓦郎、頂茄荖區洪秀青和土城區黃春帆，依舊沒有太大改變[52]。反觀，首任南投辦務署長荒賀直順於 1898 年 6 月轉任斗六辦務署長，而由矢野武平（原任臺中縣警務課長）從 1898 年 7 月起遞補第二任署長，至 1901 年 4 月卸任為止。

三、地方行政的開展

日本帝國在領有臺灣之後不久，便連續更換了樺山資紀、桂太郎和乃木希典三位臺灣總督，因此黃昭堂指出臺灣總督府「對於鎮壓抗日武裝集團，幾乎可說到了不眠不休的程度也不為過」[53]。其中，乃木總督曾經針對抗日武裝勢力而

---

52 日本圖書センター編，《舊殖民地人事總覽・臺灣編 1》（東京：日本圖書センター，1997），頁 231。

53 黃昭堂，《臺灣總督府》（東京：教育社，1981），頁 67。

於 1897 年頒布律令 24 號的「匪徒刑罰令」[54]，同時為了避免軍、憲、警之間的相互衝突，同年 6 月更實施所謂的「三段警備」[55]措施。其中整個南投地區（包含草屯地域在內）屬於南投守備隊和憲兵的責任管區，也就是在所謂抗日武裝勢力對策的「三段警備」當中，歸類為第一級——即屬於抗日武裝勢力根據地的危險區域。而前述 1896 年 7 月乙卯日之戮事件發生的背景，便由於當時風聞匪首藏匿，軍隊追捕時不聽從憲兵的勸阻而導致無差別屠殺良民之慘事。

由於「三段警備」政策成效不佳，1898 年 3 月就任臺灣總督的兒玉源太郎，便於 6 月宣布取消這項作法，並在後藤新平出任民政長官之後，改採胡蘿蔔與藤鞭雙管齊下的政策，一方面誘降「匪徒」，一面進行軍事討伐作戰。同時，為了更清楚掌握臺灣社會的實情，兒玉和後藤這對搭檔統治臺灣期間，臺灣總督府陸續於 1898 年設立臨時臺灣土地調查局，以及 1901 年成立臺灣舊慣調查會，在全臺進行一連串大規模的基礎調查，以鞏固統治根基[56]。並且將清代以來名存實亡的保甲制度加以積極運用，於 1898 年 8 月 31 日公布施行律令第 21 號的「保甲條例」（以 10 戶為甲、10 甲為保。保甲民負有連帶責任）[57]，使其成為警察機關的末梢神經，更有效地維持地

---

54 黃昭堂，《臺灣總督府》，頁 68-70。
55 黃昭堂，《臺灣總督府》，頁 68。
56 鄭政誠，《臺灣大調查——臨時臺灣舊慣調查會之研究》（新北：博揚文化，2005）。
57 「保甲條例律令二一號、保甲條例施行細則府令第八七號」（1898-

方的安寧。

關於地域社會的末梢神經——保甲制度，臺中州葫蘆墩街保正張麗俊所著《水竹居主人日記》，可說是最好的研究材料。日記寫於 1906（明治 39）年到 1937（昭和 12）年之間，張麗俊本人歷經保正等地方職務，這段期間也正是日本統治臺灣第 10 到 40 年共 30 年間的記載[58]。同時，有關於 1910 以後街庄役場書記等地方行政制度的相關研究也累積了不少[59]；然而，攸關日治初期殖民統治根基尚未穩固階段的相關研究，卻不多見[60]。

―――――――
08-31），〈明治三十一年臺灣總督府公文類纂甲種永久保存第十卷軍事警察監獄〉，《臺灣總督府檔案・總督府公文類纂》，國史館臺灣文獻館，典藏號：00000249034。

58　許雪姬，〈張麗俊先生《水竹居主人日記》的史料價值〉，收錄於張麗俊著，許雪姬、洪秋芬解讀，《水竹居主人日記（一）1906-1907》（臺北：中研院近史所；臺中：中縣文化局，2000），頁 1-51。

59　蔡慧玉編著，《日治時代臺灣的街庄行政》，中縣口述歷史第 4 輯（臺中：中縣文化中心，1997）；蔡慧玉，〈日治時代臺灣保甲書記初探：1911-1945〉，《臺灣史研究》，1：2（1994.12），頁 5-24；蔡慧玉，〈日治臺灣街庄行政（1920-1945）的編制與運作：街庄行政相關名詞之探討〉，《臺灣史研究》，3：2（1996.12），頁 92-140；以及根據蔡慧玉「保正、保甲書記、街庄役場—オーラル・ヒストリー（口述歷史）」的記錄。關於街庄層級的官製青年團一事，請參照宮崎聖子，《殖民地期臺灣における青年団と地域の変容》（東京：御茶の水書房，2008）。

60　有關於殖民地初期的總督府人事制度，參見鍾淑敏，〈日據初期臺灣殖民體制的建立與總督府人事異動初探（1895-1906）上〉，《史聯雜誌》，14（1989.6），頁 85-96；鍾淑敏，〈日據初期臺灣殖

　　因此，在洪玉麟與日軍接觸、接任區庄長後，本小節將繼續使用現存「草屯洪氏家族文書」，描繪從日治之初，殖民政府如何在地域社會展開布局，建立起殖民統治之根基。換言之，從一個街庄區長被任命之日起，在新的帝國殖民地地方行政當中，究竟被賦予何種任務，而這些任務是否真正落實於地域社會中等問題，進行更深入、更細膩的剖析。

（一）土匪對策

1.木製門牌的製作

　　洪玉麟首肯就任區庄長之人事案一底定，南投辦務署長荒賀直順隨即在同月（1897 年 11 月）發出一道通知（達知）給各區，交代要求各區庄長事務所（辦事處）依照所示圖例和標準，製作木牌。為了和一般的住戶相區別，木牌的大小為「直四尺　橫一尺」，上書「南投辦務署第十一區街庄長事務所」[61]。而這塊木牌，正是象徵著日本帝國政府國家權力貫徹地方之展示，因此必須和一般民宅有所區別。當時，殖民政府擔心一般民宅成為抗日武裝集團藏身的處所，因此規定有可能協助抗日武裝勢力躲藏的民宅，一律在門口掛上「紅牌」以示區別[62]。

民體制的建立與總督府人事異動初探（1895-1906）下〉，《史聯雜誌》，15（1989.12），頁 51-72；洪秋芬，〈日據初期臺灣的保甲制度（1895-1903）〉，《中央研究院近代史研究所集刊》，21（1992.6），頁 437-471。

61　「草屯洪氏家族文書」，明治 30 年 11 月。

62　張深切，〈紅家甲〉，收錄於張炎憲、陳芳明、黃英哲等編，《張深

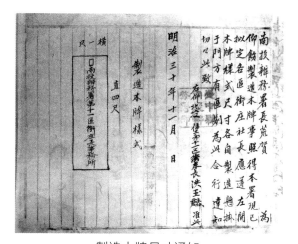

製造木牌尺寸通知
資料來源：梁志忠先生提供，筆者翻拍。

　　換言之，門牌成為殖民政府區分敵我的重要工具，一方面作為尊重鄉紳階層社會地位之用，一方面則作為區分良民與匪徒之用。而辦事處的門牌不僅是單純協助殖民地地方行政事務的推動執行而已，伴隨著日後臺灣匪徒刑罰令和保甲條例之施行，更成為殖民統治權力的代理機關。因此，區庄長所承擔的責任絕對不單純，更不輕鬆。洪玉麟一再地拒接新職，更非全然是推諉之辭。

2.對地方「流言蜚語」的高度警戒

　　日治之初在地域社會所流傳的各種明顯由抗日武裝勢力所散播的「流言蜚語」，更升高新統治者與原來住民之間的不信與不安感。尤其是經歷過日本軍隊無差別屠殺後的草屯地域住

切全集‧卷 1 里程碑（上）》，頁 67。

民而言，這些「流言蜚語」的影響實難以估計。因此，為了避免與防止這些「流言蜚語」在地域社會繼續流竄，殖民政府也不得不繃緊神經，一有風吹草動，立刻進行關謠與安定人心的措施[63]。這些措施雖與軍事作戰無直接相關，卻對於治安維持與避免民心受到抗日武裝勢力的影響，攸關重大之事。其間，如何讓這些流言蜚語的影響力降到最低，各地區長便扮演關鍵性的角色，而且這也成為區長的基本任務之一。

1898 年 1 月（農曆春節前後），南投辦務署突然接到草屯地域有「無賴之徒」散播「流言蜚語」的情資。為此，署長便向北投堡管下各區長傳達以下的通知：

> 敬啟者本署訪聞近日有無賴之徒劉姓者　到管下街衢偷貼告示　捏造謠詞　以本國軍隊如何虐民　臺民如何受苦天地為愁　草木皆悲之語　信筆妄談　以期煽惑民眾　實屬可惡已極　但未知北投堡各處有此等之事否　民心有無被其所惑　仰即刻速調查明確　來署回報　幸勿有緩　切切此致
> 明治卅一年一月十六日
> 　　　　南投辦務署長荒賀直順
> 第十一、二庄長洪玉麟殿[64]

---

63 「臺中縣告諭第六號匪徒謠言ニ惑ハサレサル件」（1896-12-04），〈明治二十九年臺灣總督府公文類纂乙種永久保存第十九卷文書〉，《臺灣總督府檔案・總督府公文類纂》，國史館臺灣文獻館，典藏號：00000088049。

64 「草屯洪氏家族文書」，明治 31 年 1 月 16 日。

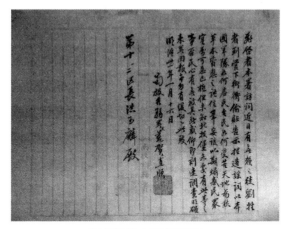

命查報誰在散播流言
資料來源：梁志忠先生提供，筆者翻拍。

被引用的流言當中提及「本國軍隊如何虐民　臺民如何受苦天地為愁　草木皆悲」等一味批判日軍暴行的言論可知，主要是要住民覺醒，以挑撥「煽惑」人心，動搖日本的殖民統治[65]。流言指出日本人對待臺灣人的殘暴讓臺灣人陷於悲慘的情況下，並呼籲住民要起來抵抗。

　　雖然統治者將此「流言」輕描淡寫形容為「捏造謠詞」、「信筆妄談」，但卻也明知這些流言的散布對於日本的殖民統治絕對有不利的影響。特別對草屯地域的住民來說，「乙卯日之戮」的記憶猶新，因此，署長荒賀直順特別要求北投堡各區長進行調查，以免影響民心。換言之，流言蜚語的散播確實是

65　據說當時斗六地區出現了以下的檄文，「焚殺淫掠者，兵也；騷擾家室者，警也；掊克聚歛者，吏丁也。願與縱惡者為敵，我兄弟也，大好男兒，死猶生也。」洪棄生，《瀛海偕亡記》，頁37。

當時抗日武裝勢力對抗異民族殖民統治所採行的抵抗手段之
一[66]，不過流言之所以被傳播複製本身，其實也可以印證地域
住民對這些流言蜚語和對殖民統治的一種沉默的抵抗，以及一
股對於異民族殖民統治的強烈怨恨，仍在地域社會中飄盪著。

（二）稅金的徵收

　　如前所述，為了催繳稅金，殖民政府當局接連地發出督促
令給北投堡各地的區庄長。因為臺灣已成為日本帝國殖民地，
因此基於帝國法律「一視同仁」，臺灣的住民自然也有納稅的
義務。在以往的研究中經常提到日本帝國政府與殖民政府，為
了如何達成臺灣財政獨立的目標而絞盡腦汁，終於在兒玉和後
藤這對搭檔下，廣開財源，收入大為增加，達成這項艱難的
使命[67]。殖民政府所徵收的財政開源項目除了「地租」、「國
課」之外，「糖腦各稅」的特別稅更成為臺灣住民繳稅的大
宗[68]。而負責協助徵收、催繳這些稅賦，便落在區庄長肩上。

---

66 駒込武指出 1910 年代的武裝暴動未遂事件（苗栗事件）的主角羅福
星，在批判臺灣總督府的暴政檄文中，更進一步連結「傳統的天命思
想和近代的自由平等理念」。駒込武，《殖民地帝國日本の文化統
合》（東京：岩波書店，1996），頁 140。

67 「在中日戰爭之後，日本獲得臺灣之初，臺灣的財政不得不仰賴日
本國庫的補助」、「……兒玉、後藤的臺灣財政獨立計畫，即臺灣
歲入增加政策的內容是土地調查、專賣、事業公債，以及地方稅的
實施。」矢內原忠雄，《帝國主義下の臺灣》（東京：岩波書店，
1988），頁 70-72。

68 「專賣計有鴉片、食鹽、樟腦、煙草及酒五種，鴉片專賣開始於明治
29（1986）年，食鹽及樟腦專賣開始於明治 32（1899）年，煙草為明
治 38（1905）年，酒為大正 11（1922）年。」矢內原忠雄，《帝國

　　不過，值得注意的是，徵稅之初「人民完納更屬寥寥」。其原因一方面可推測為一般住民對於新的稅制，以及徵收方式還不是很清楚；然而另一方面，更可能的原因是，地域社會住民藉由抗稅或拖延來表達出一種對日本殖民統治的抵抗或不滿。如前所述，即使連曾任總理一職的洪玉麟都說「家貧」，那麼一般住民的態度更是可想而知。

　　南投辦務署對此一則繼續對區長洪玉麟施加壓力，命其「一律趕催」督促住民完納；一則甚至使出殺手鐧，乾脆在北投堡街上設置臨時簡易徵收事務所（出張所），進行現地徵收。

逕啓者本署去年徵收南北投堡各項租稅　就兩堡比較唯北投一堡民人滯納尚多　殊有不合　故於未便之中設一便民之舉　茲定本年一月十日起至一月拾九日　遣派署員馳駐草鞋墩街設置徵收事務所　徵收北投堡內之地租官租及阿片烟膏納金等項事宜　以為民人繳納之方便起見　業經示諭民人知悉　為此馳函特達　希即通知管下各庄總理　竭力趕催　從速完納　幸勿再延　是為至要　望切望速
此致
明治三十一年一月
　　　　南投辦務署長荒賀直順
第十一二區庄長洪玉麟殿[69]

　　主義下の臺灣》，頁72。
69　「草屯洪氏家族文書」，明治31年1月。

從此封「特達」中可知，當時地方住民所必須繳納的租稅項目
包括「地租官租及阿片烟膏納金」等。而且值得注意的是，當
時南投辦務署轄內，北投堡住民納稅的情況與鄰近的南投堡相
較，不但不理想且始終未見改善，因此才有所謂臨時徵收事務
所設置的變通方法。

　　然而即使如此，北投堡的繳稅情況似乎仍未改善，而且不
是只有一次。此可從以下南投辦務署主計官僚所發出的通牒，
直接要求洪玉麟速來完稅的激越口吻中，窺探而知：

開設徵收所庄民仍遲不納稅
資料來源：梁志忠先生提供，筆者翻拍。

第十一、二庄長洪玉麟

　　茲本官自十七日開設徵收所在于草鞋墩第九庄長事務所
至今數日並不見你轄下之粮戶一人來完者何故也　又遣
書數回諭庄長力推粮戶來完而復不來　甚為不美也　今

再付書達知　限於明日十點鐘可速速來所　切不可再延也

明治三十一年九月廿日

南投辨務署主計桑原鹿次郎[70]

此特別引人注目的是，儘管徵收事務所特地到北投堡內開設，但洪玉麟管內的住民不但無人前往完納，連洪玉麟本身也未繳，且之前主管官僚已為此不下數次督促皆無下文。

綜合以上所述可知，洪玉麟所管北投堡第十一、十二區（「乙卯日之戮」時被焚燒所在的北投街）乃是南投辨務署管轄下完稅率最低的區域。雖然信中並未提及而確實的理由也不詳，但可以看到的是，當地住民拒絕繳納稅金的時間，長達一年以上，而且，區庄長洪玉麟的態度也不是那麼配合；反觀統治者方面，對徵稅一事可說窮盡一切辦法，不但地方主管官僚為此開設臨時徵收事務所，並不斷地以文書向區庄長督促催繳，使命必達的作法，甚至對區庄長洪玉麟本人發出了最後通牒。也許對洪玉麟而言，對於稅金催繳這樣的事情，如同在此之前擔任保良局長時一樣，必須向眾人集金不可，卻反而招致他人「誹謗」。因此，此時雖已擔任區庄長，如果是為了治

70　「草屯洪氏家族文書」，明治 31 年 9 月 20 日。又桑原鹿次郎，福岡縣出身，1896 年 11 月來臺赴任，1897 年 6 月起接任臺中縣辨務署主計。「非職中縣辨務署主記桑原鹿次郎（屬二任用）」（1899-04-01），〈明治三十一年臨時臺灣土地調查局永久保存第一一八卷庶務課〉，《臺灣總督府檔案・臨時臺灣土地調查局公文類纂》，國史館臺灣文獻館，典藏號：00004310019X001。

安維持，他願全力以赴；但有關於徵稅等錢的事，鑒於前車之鑑，他不僅不願積極配合，甚至採取「拖字訣」。

（三）以區為單位的基本調查事項

如前所述，1898 年後藤新平自從就任民政長官之後，便以臺灣全島為範圍臺灣總督府展開大規模的調查事業。但是在此之前，便已隨著軍政改民政、各地辦務署設立之後，展開各種基本調查，而且是以最小的行政單位——區——為調查對象。這樣的調查，與日後後藤新平時期所設立的舊慣調查會不同，而且與其說是日本帝國為了「理解他者所進行的田野調查（他者理解としてのフィールド調査）」[71]，毋寧說更是為了「統治他者（異民族）所進行的領土基本資料前置性調查」。

因此就在總督府所展開軍事討伐戰告一段落後，當時屬於臺中縣南投辦務署所轄的草屯地域，從 1897 年起便陸續收到臺中縣所發布的各項調查命令，並由南投辦務署轉達給各區庄長週知並執行後呈報。

當時通令調查的項目包括社寺宮廟調查、土地調查、匪賊被害調查、人口‧營業調查，以及防疫、饗老典、文武秀才和書房等。以下各項調查，將再度引用「草屯洪氏家族文書」中的史料，針對這些調查作業進行簡要的描述。

---

71 末廣昭，〈他者理解としての「學知」と「調査」〉，收錄於末廣昭編，《「帝國」日本の學知——地域研究としてのアジア》（東京：岩波書店，2006）。

1.社寺宮廟調查

　　1897 年 12 月 15 日，臺中縣內務部長指示南投辦務署進行管內社寺宮廟調查的任務，收到這項指令後，署長荒賀直順隨即於 12 月 19 日傳令轄內各區協助調查，同時並要求各區庄長必須在隔（1898）年 1 月 3 日前提出調查報告。

　　調查的項目包括「轄下社寺宮廟名稱　崇奉何神何佛　堂宇幾間　棟數幾多　廟地寬窄若干丈　有無配置祀產　住持信徒幾人」[72]等。草屯一地自清代以來，便有以四大姓為主興建的北投朝陽宮等村廟、祠堂和供奉文昌君的登瀛書院等[73]，因此這項調查作為新的外來統治者要如何掌握草屯地域社會，確實切中要點。尤其從調查項目的內容可以看出，透過這類的調查，不單只是對於統治不同民族——漢人社會之際——能有效了解其傳統文化與民間信仰，若從擴大財源與稅基收入的角度來看，還可同時掌握人（信者，即住民）和土地（「祀產」，主要是祭祀公業和學田等）的數量，一舉多得且不可或缺的調查作業。

2.土地調查

　　矢內原忠雄日後評價後藤新平所進行的土地調查事業與臺灣總督府財政收入間的因果關係時，曾指出：「土地調查使得甲數增加、地租率上升所帶來地租增收的結果，對於臺灣財政的助益可為大矣。[74]」而在後藤上任前，也就是 1898 年年

72　「草屯洪氏家族文書」，明治 30 年 12 月 19 日。
73　許錫專編，《草屯鎮的文化資產及震災紀實》，頁 14。
74　矢內原忠雄，《帝國主義下の臺灣》，頁 72。

初，南投辦務署長發布「南訓第三號」令，要求各區展開土地使用情形的實際調查，所要調查的細目如下：

> 為仰飭調查該管內留養租田園甲數　租額　小租戶　佃戶
> 座落　何庄□或田或園　幾甲幾分　租穀幾石　稅銀幾目
> 小租戶佃戶居趾何處　是何姓名[75]

從細目中可知，殖民政府希望藉此明確掌握地主所持有土地、小租戶（自耕農）和佃戶（佃農）耕地面積、生產、位置和持有人姓名等。而在條列這些細目之後，則加上「諭到速即隨時一律調查　逐一開明稟報本署」以及「勿得遲滯」等限期完成的強制命令語句，顯示調查任務的急迫性。但從「勿得遲滯」一語亦可推知，遲滯恐怕所在多有。

3.土匪侵害的受害調查

　　1897 年 12 月 10 日，臺中縣內務部長命令南投辦務署調查草屯地域遭受匪賊侵害的受害狀況。接到這道命令後，同月 20 日，署長荒賀直順便向各區庄長發出通達，並要求必須在 1898 年 1 月 5 日前提交調查報告。調查的內容如下：

> 本署于十二月十日
> 接奉　臺中縣內務部長函　聞去年六月間　轄下諸色民
> 人等突遭土匪騷擾　南北投地方該民人被擄被害　以及
> 橫奪家財物件幾多　水牛赤牛豬羊家禽等類幾多　因致流
> 離失所　田園耕植荒廢　其米穀雜糧并如茶蔗蔴苣花生砂

---

75 「草屯洪氏家族文書」，明治 31 年（月日不明）。

糖　如何怠種減收　希即按庄逐一勘查狀況詳記　限明治
三十一年一月五日彙報來署

　　值得注目的是文中所提「去年 6 月間」的這個時間點。
而去（1896）年 6 月正是「乙卯日之戮事件」發生的時期，
當時受害的不光只有北投堡，鄰近的南投堡亦受到牽連。

　　然而，如前所述，事件的起因並非文中所謂的「匪賊」，
而是日軍在討伐「匪賊」的過程中所引發的對當地住民無差別
屠殺事件，加害者正是日軍也就是殖民政府本身。但從這項調
查文中，非但不是追究殖民政府本身和日軍的責任，反過來只
是若無其事的以「土匪騷擾」受害為由。換言之，這道來自臺
中縣內部部長的住民受害調查命令，很明顯的企圖掩飾殖民政
府的責任，而且在經過一年後才以受匪害為由，並且還是以
「施惠」的方式來補償住民所受的損害。

　　由於北投堡等地住民對於日軍的怨恨似乎仍持續以抗稅
或拖延繳稅的態度表達，這道命令不無殖民政府欲藉此平息眾
怨的意圖。當然，如前述洪玉麟所言，即便在屠殺事件之後，
「匪賊」仍頻繁地出沒於南、北投兩地域，形成當地治安的一
大問題。

4.人口及營業調查

　　1898 年 3 月 28 日，南投辦務署發出通知，要求進行每季
的住民出生、死亡和傳染病調查；同時，針對從事各樣買賣
（生理）的業者，要求必須進行營業登記和申告。此命令全文
如下：

　　逕啓者日前面囑調查本年一月分起至二三月分止所有管內
人民或有生養或有死亡染受何病男女均要逐戶稽查　限兩
日內稟呈來署彙報勿緩　至該區內之市街無論何項生理有
販賣及製造各色營業者　仍須尅日飭令一律赴署申□以憑
核給証牌　方許開業[76]

文中要求區庄長必須在「兩日內」「逐戶稽查」後，提出調查
報告。同時對於該地域內的商業活動，則透過營業許可制和發
放營業證明書的方式，進行初步的調查和管控。

　　在此之後，這項人口調查幾乎每季便會以區為範圍，定期
實施。而這項掌握人口動態（包括出生、收養、死亡、病因）
的人口申報和稽查，便成為區庄長定期固定的行政業務。

人口及營業調查
資料來源：梁志忠先生提供，筆者翻拍。

76　「草屯洪氏家族文書」，明治31年3月28日。

5.傳染病的防疫工作

上述的調查項目中，包含病因這一項調查在內。對此，為了防止各種傳染病的擴大，在日治之初便在各區實施傳染病的予防注射（種痘）之防疫工作。1899 年 2 月 20 日，南投辦務署通知各區內凡 20 歲以下的男女為預防注射施打的對象，並預告將於 3 月 3 日實施。因此在此之前，要求區庄長必須週知區內住民，並將合乎施打條件的名單事先呈報[77]。

（四）懷柔政策與「尊士」政策

1.饗老典

如前所述，臺灣總督府為了在軍事討伐過程當中，降低以及消除臺灣住民尤其是各地域社會鄉紳階層的不安，特別在 1896 年 9 月公布施行紳章制度，積極拉攏鄉紳階層[78]。之後，當 1898 年 3 月後藤新平就任民政長官後，更進一步舉辦饗老典和揚文會，將漢人社會儒教傳統的剩餘價值巧妙地轉換為支撐日本帝國殖民統治的合法性和正當性[79]。為了讓這些懷柔手

---

77 「第十一庄長洪玉麟
  今者本官照會醫師口於管內施行種痘，擬定三月三日即舊曆正月廿二日八點鐘詣臨該區事務所施種，仰口庄長先行通知區內各庄人民願種者，自二十歲以下無論男女開具姓名里居番戶，至期齊集聽候，勿得延誤，切切此達
  明治三十二年二月二十日
  南投辦務署」
  「草屯洪氏家族文書」，明治 32 年 2 月 20 日。
78 吳文星，《日據時期臺灣社會領導階層之研究》，頁 63。
79 駒込武，《殖民地帝國日本の文化統合》，頁 62-63。

段能更貼近臺灣社會的脈動，在實施前，總督府便展開相關的基本調查作業。

饗老典於 1898 年 7 月 17 日在臺北首次舉行後，全臺各地也陸續舉辦。隔（1899）年 4 月 9 日則假中部的彰化文廟（孔廟）盛大舉行，當天兒玉總督更親自上臺演講[80]。而這場在中部舉辦的饗老典在舉辦前，各項籌備工作很早便已展開。為了即將到來的饗老典，1899 年 1 月 29 日，草屯地域（北投堡）的區庄長洪玉麟收到來自南投辨務署的命令，其文如下：

> 為仰飭調查速報事　現奉　臺中縣來文以臺灣住民推舉饗老典　應行調查管內男女人民八十歲以上均須列記　限二月十日即舊曆一月一日一律報告本署　幸勿延誤　切切此諭
>
> 明治卅二年一月廿九日
>
> 南投辨務署
>
> 何堡何庄何番戶　何某之祖
>
> 父母或父母男女　氏名
>
> 何年生幾歲了
>
> 以下做此列記
>
> 第十一庄長洪玉麟殿[81]

由此可知，饗老典主要以 80 歲以上的男女為對象。而經過洪

80　臺灣經世新報社編，《臺灣大年表》，頁 34。

81　「草屯洪氏家族文書」，明治 32 年 1 月 29 日。

玉麟的調查結果，該區內符合條件的住民只有兩位女性[82]。附帶一提的是，除了臺中縣之外，臺南地區則在同年 11 月 5 日舉行。

2.揚文會與具文武秀才以上功名之調查

若說饗老典所要懷柔的對象是鎖定 80 歲以上的一般住民，那麼 1900 年 3 月臺灣總督府假臺北淡水館所舉辦的揚文會，則可說是懷柔政策的集大成者。其鎖定的不是一般住民，而且必須是具有傳統科舉功名者。換言之，殖民政府看準漢族社會根深柢固的「尊士」傳統，揚文會正是其懷柔政策意圖最為凸顯的代表作。

當然，此時對於殖民政府而言，這些來自各地域的鄉紳階層並非只是政權轉換後行禮如儀的對象而已，更是其以新統治者之尊，直接面對面婉言相勸接受其教化（提倡實學和新學）和訓諭（奉行日本國體和國語教育）的對象。也就是說，揚文會也是一種重新向日本帝國宣示效忠的臣服儀禮。因此在揚文會正式登場之前，總督府便已曾針對全臺具有科舉功名的人數與資格，進行過前置性的調查。

就在揚文會舉辦的前一年，1899 年，地方制度再度調整，原來草屯地域的第十一區、第十二區改設為新庄區，街庄長則仍由洪玉麟擔任。同年 6 月 28 日，南投辦務署第二任署長由原任埔里辦務署署長矢野武平出任[83]。7 月 15 日，南投辦

---

82 「草屯洪氏家族文書」，明治 32 年 4 月 4 日。

83 「與倉東雄外數名弁務署長任命」（1898-06-28），〈明治三十一年臺灣總督府公文類纂甲種永久保存進退追加第三卷官規官職〉，《臺

務署便收到來自臺中縣的通達，要求調查該署轄區內具有文武秀才以上功名的住民調查。而在同一天，辦務署長便下達此項命令給各區街庄長，洪玉麟自然也收到了。此調查命令全文如下：

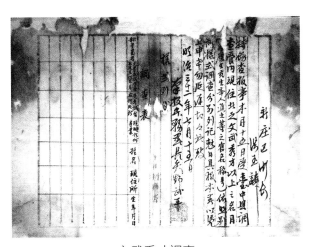

文武秀才調查

資料來源：梁志忠先生提供，筆者翻拍。

新庄區街長　洪玉麟

特飭查報事　本月十五日受臺中縣調查管內現住者之文武秀才以上之名目（如廩生貢生舉人進士等之官名稱號）依照別開樣式調查分別列記　剋日具報本署　以憑上申　幸勿延遲　切切此致

灣總督府檔案‧總督府公文類纂》，國史館臺灣文獻館，典藏號：00000334014。

明治三十二年七月十五日

　　南投辦務署長矢野武平[84]

樣式列後

調查表

稱號員名	文學或武學受取進在何年月	受考試者在何處所	現時作何事業	姓名	現住所	生年月日

　　到了隔（1900）年 3 月揚文會召開前一星期，中部地區參加揚文會的 16 位鄉紳們，連袂提前展開此番臺北之行。對此，《臺灣日日新報》報導如下（按：標點為筆者所加）：

掃徑以待

近聞臺中轄下有志揚文會者，均整束行裝先期就道矣。其來會諸紳則舉人莊士勳，貢生楊馨蘭、陳肇芳，廩生賴萬青、林峻堂、洪吉卿、洪聯魁、林朝榮、王學潛、黃子庚、林特如、陳培元、鄭照、湯登漢、吳德功、周紹祖等十六名。於近日揚旌北指，間有未載芳名者，或因病羈絆。然濟濟多士，群英畢至，實本島之榮光。謹錄之，俾東道者知所欵洽矣[85]。

從中可以確認的是，草屯地域的參加者之中，至少有洪吉卿和洪聯魁兩人北上赴會。至於在《列紳傳》所載具有科舉功名的

84　「草屯洪氏家族文書」，明治 32 年 7 月 15 日。

85　《臺灣日日新報》，第 553 號，1900 年 3 月 8 日。

人，包括洪姓同族洪玉麟、洪立方和洪獻章，以及李姓同族的李昌期無法確認最後是否參加了揚文會。

不過其中洪玉麟以「因病羈絆」的理由而未參加的可能性很高，何以故？一則當時中部到臺北之間的路程遙遠交通不便，加上洪玉麟身負一地治安維護之重任和區長一職，若長期間不在當地，地方當局亦不樂見。總之，就草屯地域而言，當時最有可能的是，共同推派參事洪聯魁與日後遭剝奪紳章的洪吉卿兩人代表與會的可能性相當高。此在草屯地域共 6 人具有參加資格的情況下，出席率為 3 分之 1，出席率不可謂高。

儘管如此，在全臺具有文武秀才以上功名的鄉紳階層並不算多的情況下，臺灣總督府仍用盡各種手段巧妙地將其編入殖民統治體制之中，令其擔任重新劃分後地域行政組織的末端首長，遂行推動殖民統治基礎所須奠定的各項「基礎工事」[86]，協助各種調查作業等。同時，藉由紳章制度、揚文會和饗老典等「尊士」、懷柔政策的推動施行，來博得一般住民和鄉紳階層對新帝國統治的正面認同。

然而，揚文會乍見之下，表面上好像是殖民統治者如何尊重和溫存殖民地社會漢人社會重視「士人」的傳統；但其背後，乃因有著近代國家暴力裝置──軍隊、警察和法律制裁（如匪徒刑罰令等）當後盾，因此對於這些鄉紳階層而言，揚文會正是在這種難以違抗殖民統治權力威逼下所合演出的一場秀。此與洪玉麟當初以各種理由欲推辭殖民政府的任命，卻無

86　矢內原忠雄，《帝國主義下の臺灣》，頁 23。

法如願的最大因素也在此。

揚文會舉辦後又隔了 3 年的 1903 年，總督府為了掌握「士籍」，再次下令各地方官廳通令區長，調查具有秀才以上功名的人物進行行蹤調查[87]。總而言之，揚文會雖可稱之為殖民政府「尊士」政策的代表作，但也不能無視其具有監控和掌握「士人」行蹤的作用。

以上針對殖民統治初期，臺灣中部草屯地域的鄉紳階層與住民的對應，以及檢視殖民統治權力體制是如何在地域社會展開和確立的實況，藉由出身草屯四大姓並且擔任清末以來地域社會領袖的鄉紳洪玉麟所新出土的個人文書，來重新考察與還原重建當時雙方互動的關係性。

綜合以上所述，可以歸納出以下幾點結論：

第一點，如同以往研究成果對於殖民統治初期的研究指出，殖民政府對於清朝時代的制度以及由鄉紳階層等原有的統治根基，乃採取「溫存」並巧妙地加以沿用，這種情況透過草屯單一地域社會的個案研究，重新獲得確認。然而，若單從「溫存」與「懷柔」的面向來看，可能無法確切掌握真實的狀態。

換言之，若將「懷柔」與「彈壓」比喻為藤鞭與胡蘿蔔的話，藤鞭所代表的殖民統治暴力性的陰影，在住民日常生活中幾乎無所不在，不僅是象徵高度懷柔攏絡政策的饗老典和揚文

---

87 〈揚文會與調查士籍〉，《臺灣日日新報》，第 1496 號，1903 年 4 月 29 日。

會如此，與一般住民直接而且息息相關的包括地方行政末端的人事任命，和各種事業的展開（如上述的各項調查事業、匪賊對策，以及稅金的徵收等等），其背後都有一道令人無法抗拒的權力機制潛藏其中，而直接進入住民的生活裡。而且為了降低來自住民或鄉紳階層的抗拒，暴力經常會以各種形態被暗示或明示其存在不可。

第二點，殖民統治初期所發生用武力屠殺的「藤鞭」手段，確實直接造成地域社會住民對於殖民政府的怨恨，而這股積怨久久不去的情況下，更容易招致新的「抵抗」。以草屯地域來看，為了抵抗日本的殖民統治，一開始就出現洪秀清和李朱氏的武裝抵抗。之後，發生了「乙卯日之戮」事件，殖民政府雖然透過洪玉麟和洪聯魁等鄉紳階層的協助，讓草屯地域的治安漸漸安定，同時也一步一步確立了殖民統治的根基。但如上所述，在殖民政府的軍事威逼的暴力性之下，包括洪玉麟等鄉紳階層和一般住民在內，對於來自殖民統治權力的要求協助不得不進行配合，但其內心無形的怨懟與不滿卻是逐漸累積。

從洪玉麟和一般住民應對的情況來看，事實上在殖民統治之初，他們確實沒有加入抗日武裝勢力，進行激烈而直接的抵抗；然而對於新帝國權力的要求，不管是鄉紳階層，或是地域住民，則藉著「年老家貧」的理由，或是遲繳甚至拒絕納稅的方式，持續地進行消極的、日常生活性的「頑抗」。

值得注意的是，日後草屯地域住民當中加入各式各樣抗日運動的事例層出不窮。雖然參與人數不詳，但最具代表性的包括受到 1912 年中國辛亥革命影響而投入抗日運動的洪淵，以

及呼應 1915 年西來庵事件的李象等,皆來自草屯[88]。甚至,如後所述,從 1920 年以後抗日運動邁向另一新里程時,草屯四大姓為主的非武裝抗日運動的新一代重要人物輩出這點來看,草屯地域可說不分新、舊鄉紳階層,對於日本的異民族殖民統治,可說始終不曾中斷與臣服。

尤其更令人玩味的是,在官方樣板人物中被形容為「先眾表誠」的洪玉麟之子洪元煌,到了 1920 年以後不僅是草屯單一地域,甚至成為臺灣全島性非武裝抗日運動的主將之一。這又該如何解讀和看待?若單從上述殖民政府藉由懷柔、「尊士」政府來攏絡鄉紳階層,透過任命其出任地域社會殖民統治末端的參事、區長、庄長等公職,並頒授紳章來維繫其社會地位等作法,終究無法全盤理解。何以故,因為要真正落實殖民統治,顯然無法單靠懷柔攏絡「舊士」,而必須更積極地創造和培育「新士」不可。換言之,當務之急,不在於費心取得只懂得漢文的舊鄉紳階層,而是如何將舊鄉紳階層的年輕世代,透過新式殖民地教育培養成具備「雙重語言讀寫能力」的人才。

因此以下將進一步檢視,在筆者既有草屯地域的新式學校教育如何從無到有的研究基礎上[89],持續探討在此過程中,

---

88 根據《草屯鎮誌》〈人物志〉,洪淵、李象與武裝抗日事件有關,各自被以「匪徒刑罰令」起訴,判決有期徒刑。洪敏麟總編輯,《草屯鎮誌》,頁 914-915。

89 請參閱陳文松,《殖民統治與「青年」》第 5 章〈總督府國語學校內、臺人校友在地域社會的角色──草屯的事例〉,頁 275-315。

舊鄉紳階層與地域社會中「受過殖民地學校教育的青年」新世代，在此夾縫中如何維繫傳統教養與民族意識於不墜。而白頭殼仔洪元煌的登場，就是最鮮明的案例。

二重奏

南投廳北投堡番仔田庄 洪元煌 年 20 才(歲)

一　明治 32 年 3 月草鞋墩公學校習業

一　明治 33 年仝庄仝校習業

一　明治 34 年仝庄仝校習業

一　明治 35 年 2 月草鞋墩公學校卒業

右之通

明治 35 年 4 月 9 日

　　　　　　　　　　洪元煌（元煌印）

洪元煌的「履歷書」，臺灣總督府公文類纂。

四、書房教育的「鹿港雙樵」

（一）登瀛書院與「民學師」的活躍

　　如前所述，一般所稱草屯地域的四大姓，便是指洪、李、林、簡等四個姓氏。而自從清代以來，草屯地域的傳統書房教育主要就是以此四大姓為中心所展開。到了日本殖民統治時期，則採取「尊士」政策以攏絡傳統舊文人，舊慣溫存，沒有馬上否定傳統書房教育的存在。這一點，也可以從「草屯洪氏家族文書」當中獲得實證。

　　首先，根據史料中的記載，草屯地域在清末日治初期仍延續著開設私塾、設帳授徒這項傳統。其中私塾的主要負責人包括秀才出身的洪聯魁、洪玉麟、李昌期，舉人出身的簡化成[1]，以及漢學程度高深的洪立方和洪四海等人。另外非草屯出身的文人也不時應聘來草屯地域擔任塾師，最為人所熟知的便是同樣來自鹿港的洪月樵（即洪棄生）、施梅樵和莊太岳等當時名震中臺灣的文人，都曾在草屯登瀛書院或私塾開帳授徒，對培養草屯地域年輕世代的漢學教育有相當大的貢獻。而在臺灣史相關研究中，對於這批清末舊文人或稱「遺民世代」[2]，或稱「一世文人」[3]。

1　參照林文龍，〈草屯李元光簡化成史蹟調查〉，《臺灣風物》，35：1（1985.3），頁 77-90。

2　周婉窈，〈代序〉，《海行兮的年代──日本殖民統治末期臺灣史論集》（臺北：允晨文化，2003），頁 8。

3　施懿琳，《從沈光文到賴和──灣古典文學的發展與特色》，頁 262-263。

如前引《列紳傳》一書當中，對於洪立方有如下的描述：

洪立方南投廳碩德也。資性寬厚。氣宇曠闊。人品頗不凡。其家世以儒成業。幼而受教于父鐘榮（即洪鍾英）。穎悟拔群童。既而繼承家學。開筵講書。秀才出於其門者亦不少。年二十六應縣試。考取廩生。馳名文場。明治四十一年登庸南投廳參事。鞅掌時務（後略）[4]。

洪立方

資料來源：梁志忠先生提供。

---

4 鷹取田一郎編，《臺灣列紳傳》，頁228。

　　洪立方是洪鍾英的兒子，在日本領臺前曾長期擔任草屯「四大姓局」的首局一職[5]，到了日本統治臺灣以後洪立方開設書房，繼承父志維繫漢文教育[6]。包括同族的洪元煌也出自其門下，至於其孫洪克紹日後則擔任新庄公學校的教師。

　　另外前述的洪四海（1849-1907 年），門生更是來自附近不同村落，對於四大姓子弟的交流融洽有很大的貢獻，而《瀛海偕亡記》的作者洪月樵，也在洪聯魁的盛情邀約下來到登瀛書院講授漢學，並將遺民意識傳授給下一代[7]。

　　所以在當時，書房（私塾）和書院的存在並不只是漢學知識的傳授，尤其在面臨異民族統治的大變局之中，如何藉此維繫並傳承漢民族意識和地域社會的傳統給下一世代，更是其存在的最大意義[8]。

　　而若想要進一步了解草屯地域傳統教育的實際狀況，就有必要先對該地域教育的中心——登瀛書院——有所了解。

　　登瀛書院位於現在的南投縣草屯鎮新庄里，清代的北投保新庄。1847（道光 27）年，經由莊文蔚、洪濟純等人的倡

5　清朝時代的草屯是由四大姓進行地方自治的組織，擔任其最高領導者的是洪立方。戴炎輝，〈臺中縣草屯鎮調查報告〉，同氏，《清代臺灣之鄉治》，頁 789。

6　參照洪敏麟，〈草屯茄荖洪姓移殖史〉，《臺灣風物》，15：1（1965.4），頁 3-22。

7　關於洪月樵與草屯地區的關係，程玉凰的著作中已進行分析。參照程玉凰，《嶙峋志節一書生——洪棄生及其作品考述》，頁 140-143。

8　施懿琳，《日據時期鹿港民族正氣詩研究》，國立臺灣師範大學國文研究所碩士論文，1986，頁 28。

議，向保內住民共籌募了 5800 元後於同年 11 月動工興建，隔（1848）年 12 月正式完工[9]。並以「十八學士登瀛洲」的典故，將書院命名為登瀛書院。此後有清一代，皆由書院內的碧峰社、玉峰社和萃英社等三個文社的成員負責經營，且擁有大批學田。其間 1883（光緒 9）年，因建物老舊而崩壞，續由鄉紳李定邦、林錫爵和簡化成等人捐款重建[10]。

原本清代臺灣的書院，「非僅課文詞，乃在造人才敦士品（臺灣兵備道徐宗幹之語，筆者）」[11]。自從登瀛書院完成以來，遂逐漸成為草屯地域儒學教養中心，其中四大姓子弟考中科考的秀才層出不窮。前述《臺灣列紳傳》中所引洪立方、洪玉麟、洪聯魁、洪獻章和李昌期等紳章授與者，皆足以說明。

而正是如此，草屯地域便以登瀛書院為中心，發揮儒學教育和道德教化的功能，不斷地從四大姓為主的鄉紳階層培養出科舉制度所須的人才。在日本領臺之後，這項民學書院的傳統同樣為四大姓的後代所繼承，且一貫保持著義學的性格。

隨著 1898 年公學校令的頒布施行，殖民政府也針對臺灣傳統教育機關頒布「有關書房義塾規程（書房義塾ニ關スル規程）」[12]（府令 104 號，以下簡稱「規程」）來進行管制，而

9　石田浩，〈臺灣中部における漢人村落の展開過程とその社會構造——南投縣草屯鎮加老里の洪同族の調查事例〉，收錄於石田浩，《臺灣漢人村落の社會經濟構造》，頁 10。

10　林文龍，《灣的書院與科舉》，頁 48。

11　伊能嘉矩，《臺灣文化志（中）》（東京：刀江書房，1928），頁 32-33。

12　〈二十八年九月　三十一年六月　伊澤修二氏教育に関する上申〉，

在草鞋墩公學校建設經費和土地取得過程當中，更有一大部分是由登瀛書院捐出學田才得以順利解決。即使殖民政府限縮傳統教育的企圖昭然若揭，但是四大姓的鄉紳階層，包括洪玉麟、洪聯魁和李春盛等人，在出錢出力興建公學校的同時，仍不惜重資禮聘洪月樵為代表的鹿港知名文人到草屯地域的書院或私塾講學，以戮力維繫儒教傳統和漢學教育於不墜。

（二）個人書房的維持

1896 年，臺灣總督府一方面進行軍事討伐，一方面陸續任命鄉紳階層擔任各地方官廳等地方行政末端的參事和區長等職，並且基於「一視同仁」的政策指針，透過各地主管官廳（草屯地域歸南投辨務署長管轄），逐步將近代學校教育導入。而當時公學校所遭遇到最大的競爭對手，便是傳統教育機關——書房[13]。因此，如何處置和應付來自傳統書房教育的挑戰，被認為是殖民政府在殖民地臺灣推動近代學校教育時，一開始便橫阻於前的最大難關[14]。而草屯地域的情況，也沒有例外。

《マイクロフィルム版 後藤新平文書 目錄》（東京：雄松堂フィルム，1980），R32-87-4。

13 有關當時書房與公學校之間相互較量的情況，參照許佩賢的論文。並且，1904（明治 37）年，公學校的入學人數首次超越了書房。許佩賢，《灣近代學校的誕生——日本時代初等教育體系的成立（1895-1911）》，國立臺灣大學歷史學研究所博士論文，2001，頁 208-214。

14 吉野秀公，《臺灣教育史》（臺北：自刊本，1927），頁 104。

　　1898 年 7 月 28 日勅令第 178 號的臺灣公學校令公布之前，前述由殖民政府所推動的相關調查事業當中，其中有一份便是由南投辦務署發出要求對書房的實態進行調查的命令。1898 年 3 月 1 日，南投辦務署在此之前便曾經命令洪玉麟等區庄長進行書房普查，然而洪玉麟所負責調查的第十一、十二區竟然都已超過期限卻仍未提報，因此南投辦務署再次發出督促令，要其速速回覆[15]。

　　從殖民政府地方官廳所發出的這份督促文書可知，殖民政府早在公學校令發布以前，便已展開針對傳統書房教育機關的前置性調查。而調查的內容則包括在最近一年以內，各主管官廳境內所開設的書房名稱和其他相關事項，同時要求區長速向辦務署回報。而藉由這項書房普查，亦成為殖民政府日後推動「書房公學校化」[16]的基礎。

　　為了嚴格限制書房設置的條件，以達到書房公學校化的效果，臺灣總督府進而頒布「規程」，而根據這項「規程」的精神，1899 年 1 月南投辦務署再度命令區長對區內書房展開全面性普查的〈通達〉：

　　仰查明治卅二年一月現在所設書房依照左開條目列記剋日
　　報呈
　　察核切切此達

15　〈明治三十一年三月一日南投辦務署發第十一、二庄長洪玉麟殿宛〉，「草屯洪氏家族文書」，明治 31 年 3 月 1 日。

16　吉野秀公，《臺灣教育史》，頁 234、353。

今開

一　書房名

一　設置地點

一　開學年月日

一　學科課程

一　教師姓名□□

一　學生姓名（男女分別）年歲幾何

一　一年一人束金贄節若干

明治卅二年一月四日

南投辦務署

第十一庄長洪玉麟殿[17]

書房調查

資料來源：梁志忠先生提供，筆者翻拍。

17　「草屯洪氏家族文書」，明治 32 年 1 月 4 日。

從上引史料可看出調查的項目非常細。而基於這項詳細的調查
所做成的報告書，很幸運的，有兩份留存下來。這兩份報告書
同樣來自第九區事務所所提，而透過洪玉麟「抄寫轉送」回報
的調查報告書。

　　第一份報告書所記載的內容，是第九區內月眉厝庄教育齋
的現況報告，其內容如下：

奉諭照式抄寫轉送
第十一‧二區長洪玉麟殿
三月十一日
第九區事務所[18]

月眉厝庄教育齋　民學師曾清芬　年三十五歲　住內轆庄

生徒　鄭清江	年十四歲　住月眉厝	束金貳元
林□溪	年十三歲　同上	同上
林破裘	年十二歲　同上	同上
林阿罩	年十四歲　同上	束金壹元
林春英	年十三歲　同上	束金壹元
林阿泉	年十四歲　同上	束金貳元
林瑞雲	年十八歲　同上	束金參元
簡阿海	年十三歲　同上	束金貳元
林官和	年十三歲　同上	束金壹元
林老友	年十二歲　同上	束金貳元
林平王	年十七歲　同上	束金參元

18　「草屯洪氏家族文書」，（按：應為明治32）年3月11日。

月眉厝庄教育齋現狀

資料來源：梁志忠先生提供，筆者翻拍。

至於第二份報告書是同屬第九區內的北投堡北投埔庄道修齋的現況報告，其內容如下：

北投堡北投埔庄道修齋學師林振坤

生徒名數列左

林淵泉　林廣德　林廣英　林正心　林鴻正　林順安

林倚宗　林倚利　林秋金　林朝書　林玉壺　林坤見

其生徒年齡最長十六歲最幼十歲

其金年謝金三十元　其米油薪足用[19]

19　「草屯洪氏家族文書」，未註明年月日。

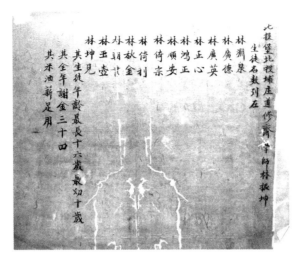

北投埔庄道修齋調查現狀
資料來源：梁志忠先生提供，筆者翻拍。

雖然在這兩份報告書當中並未詳細記載書房的教育內容，但是有關書房的名稱、所在地，教師的姓名和年齡，以及就讀子弟的姓名、年齡、人數和學費（束金、年謝金）等，都有詳細的記載。從這些基本資料，可以概略整理歸納出殖民統治初期臺灣地域社會書房教育的幾項特色：

1. 書房的名稱以「～齋」[20]命名可知，草屯地域這兩處書房（私塾）的規模並不大，而實際上招收的子弟人數也分別只有 11 和 12 位。

---

20 所謂「齋」指的是，「學習的地方。學舍。書齋。《宋史・選舉志》外學為四講堂、百齋，齋列五楹，一齋可容三十人。」諸橋轍次，《大漢和辭典・卷 12》（東京：大修館書店，1989 修訂二版），頁1091。

2. 在年齡方面，教育齋從 12 到 18 歲，而道修齋則是從 10 到 16 歲之間。

3. 學費的收取可分為月謝和年謝兩種形式。教育齋採月謝制，每個月依照不同程度收取 1 到 3 元的月謝金；道修齋則採年謝制，年繳 30 元，包含其他各種雜費在內。

4. 從子弟姓名可知，多半來自第 9 區月眉厝庄和北投埔庄的林姓同族，因此這兩間書房具有很強的以草屯地域林姓子弟為主要對象的私塾性格。而根據人類學者林美容的研究指出，月眉厝和北投埔便是供奉林姓信仰的龍德廟（天上聖母）和祖廟的所在地[21]。

　　從以上歸納的四項特色當中，筆者認為其中第 2 和第 4 項最值得關注。亦即從第 2 項可知，書房中就讀子弟的年齡層為 10 到 18 歲之間，這個年齡層也是日後公學校設置初始積極爭取的對象，因為這些人都具有「一定的漢學教育程度」。其次，傳統書房教育規模雖小，卻都以同族子弟為中心，對於維繫同族的向心力扮演重要角色。而整體來看，雖然沒多久殖民政府便公布公學校令，但包括林姓一族在內的草屯地域四大姓，對於維持傳統書房教育仍是不餘遺力，可見殖民政府雖極力推動近代學校教育，但並無法瞬時改變地域社會深植已久的教育傳統。

21　林美容，〈草屯鎮之聚落發展與宗族發展〉，《中央研究院第二屆國際漢學會議論文集（民俗與文化組）》，頁 338-339。

　　透過以上的論述，已可大略掌握草屯地域，在殖民統治初期傳統書房教育經營的實際情況。其間可以看到清末遺民世代所扮演的角色，以及草屯地域所擁有獨特的四大姓自治之傳統，又是如何藉由書院和書房教育的維繫來傳授給下一世代。如今，此一世代同時面臨來自外來殖民政權，所全力推動的殖民地新式學校教育的衝擊。就結論來說，殖民統治初期就讀公學校的學生，幾乎都是受過一定程度書房的儒學傳統教育的年輕世代。換言之，他們即是第一批具備雙語讀寫能力的「殖民地青年」[22]。

　　其次，如本書一開始所提到，草屯出身的戰後知名臺灣文學家張深切，在其回憶錄《里程碑》當中曾經有一段真實生動描述小時後在當地書房念書的經驗和情景（張深切當時只有6、7歲，而書房就在李春盛的自宅），有助於讀者了解草屯地域的書房教育，是一段非常珍貴的史料。

　　張深切回憶錄中所提的李春盛書房[23]似乎存在的時間並不長，但除了外聘之外，有時候更由李春盛親自講授漢學，還提供場地。與李春盛書房相同，登瀛書院也從鹿港陸續邀請洪月樵、施梅樵等舊文士來傳授「漢詩文」，當然這些舊文士不僅

22　此概念援用自班乃迪克‧安德森《想像的共同體》一書，詳細請參閱陳文松，〈序論〉，收錄於《殖民統治與「青年」：臺灣總督府的「青年」教化政策》（臺北：臺大出版中心，2015）。

23　據《草屯鎮誌》記載，「日本統治初期，富豪李春盛招聘鹿港秀才施天鶴（字梅樵），於自宅開設書房，教導學生漢文。大約維持半年期間。」洪敏麟總編輯，《草屯鎮誌》，頁626。

以「詩文」聞名,更有著過人的民族意識和高尚的人格。而即使出生於日本領臺後的張深切都能親炙「鹿港雙樵」的漢學和人格教育的雙重洗禮,可見即使到了 1900 年代草屯地域的書房教育仍相當普遍。

1920 年代草屯地域出現了多位跨地域性的非武裝抗日運動家,包括洪元煌、李春哮和張深切等人的活躍,其背後形成的原因,並不能單單只注意到諸如歐美民族自決思潮、日本本土的大正民主思潮和中國本土的五四運動等外部因素的影響,更不能忽視自清末遺民世代的漢學者——尤其是洪月樵、施梅樵的存在,以及草屯地域鄉紳階層苦心經營書房來維繫四大姓自治傳統的苦心。其間最明顯的聯結點,便如後述洪元煌與當地年輕世代所共同組織的漢詩社「碧山吟社」,更直接受到他們共同的塾師——分別以「文」、「詩」稱譽於當世的「鹿港雙樵」——洪月樵和施梅樵的影響和指導而成。

儘管如此,書房教育在殖民政府揮舞著無所不在的權力面前,只能以移花接木的方式苟延殘喘。何以故?因為從一開始,殖民地學校教育便同樣以鄉紳階層的子弟為招生的對象,主要就是這些受過書房教育經歷的年輕世代。因此殖民政府積極透過書房教育實況的實地調查,以利推動新式「殖民地教育」。但必須注意的是,這並非單一政策,而是臺灣總督府「青年」教化政策中的一環。總言之,臺灣總督府將作為國家教育機關的公學校獎勵各地新設,而另一方面則針對既存的書房、義塾等私人傳統教育機關頒布「規程」加以嚴格限制,令其走向「書房公學校化」的死胡同中,而草屯地域不過是在殖

民政府這個大方針下一個具體而微的事例[24]。

　　以上透過「草屯洪氏家族文書」來重新檢視和還原殖民統治的樣貌、青年教化政策的企圖，以及地域社會鄉紳階層努力維繫書房教育的苦心等不同角度，重新省思殖民統治與被統治之間雙方的角力關係，可歸納出以下六點結論：

1. 殖民統治初期的所謂教育政策，雖然祭出「一視同仁」的同化方針的大旗，但實際執行的原則卻以盡量貼近殖民地事情和傳統的作法，亦即如同筆者另書所引「帝國創設公學校依古法以折衷之」[25]所言那般，強調延續、仰賴儒學傳統的正統地位，同時並標榜「同文」而將漢文、漢學發揮最大限度的殖民地效益。

2. 殖民政府為了將「青年」教化政策落實在地域社會中，一開始便鎖定曾受過書房教育且資產中等以上的鄉紳階層子弟為對象。臺灣總督府除了讓他們接受基本的國語傳習所或公學校外，更將其中成績優秀者選拔推薦就讀國語學校，一方面培養初等教育機關的師資，另一方面則企圖從地域社會中培養更多殖民統治所需擁有「雙重語言讀寫能力」之人才，分發至殖民

---

24 據曾有這方面經驗的陳錦標（1917 年國語學校師範部乙科卒業）指出，廢止科舉制度之後，書房教育的性質往兩個方向改變，一是作為就讀公學校以前的的預備設施，另一則是作為公學校教授漢文的補習機關。陳錦標，《陳錦標回憶錄》（新竹：竹市文化，1999），頁55。

25 陳文松，《殖民統治與「青年」》，頁 290-291。

統治體制當中近代職業之部門任職。為了吸引殖民地住民就讀，殖民政府當局不但表現出充分尊重臺灣地域社會傳統的低姿態，還提供各種優惠待遇，甚至保障就業等種種特權。

3. 在殖民地近代學校教育的確立過程中，地域社會的鄉紳階層直接面臨殖民統治權力的請求，不管是巨額建校經費的捐贈乃至於學生的招募等等，都處於非加以協助不可的處境之中。其中學務委員洪玉麟除了負擔巨額的捐款之外，還必須以身作則將自己的子弟送到當地第一所公學校就讀且成為該校第一屆唯一的畢業生，便是一個最典型的事例。

4. 即使協助殖民地教育的確立，但包括洪聯魁、李春盛和洪玉麟等草屯四大姓的鄉紳階層仍全力維繫作為堅守民族意識據點的書房和漢學教育。換言之，在殖民政府標榜殖民地學校教育乃依循「古法」和「折衷」的同時，其實也意味著殖民政府所面臨另一場「青年」爭奪戰──書房與公學校間、鄉紳層與殖民政府間──已正式交鋒。

5. 殖民政府透過公學校這套殖民地教育體系，將各地域社會鄉紳階層的子弟納入學校教育，以培養殖民統治所須的「殖民地青年」。在此一過程當中，臺灣總督府派遣國語學校的內地人畢業生深入各地，以便把近代教育的套餐（know-how）和殖民地教育方針，藉由這批內地人教師得以貫徹並傳達到地域社會。和以往

地域住民既存對殖民地軍隊和警察的「憎恨」和「恐懼」相互對照，透過學校教育，內地人教師和地域住民之間卻反而構築出一道親密的「師生情誼」。這份「師生情誼」已經超脫出以往「統治者──被統治者」這種上下、二元對立的模式。

6. 最後令人注目的一點是，在地域社會扮演著土皇帝般的國語學校內地人校友的角色[26]。他們比起殖民政府中央層級的高等官僚，更貼近並扎根在臺灣這片海外殖民地之上。與清一色畢業自東京帝大的高等官僚不同，他們之間除了一部分畢業自日本本土師範學校外，更大多數都是國語學校的畢業生。年紀輕輕便渡海來臺，大半生都生活在臺灣。雖然他們以殖民統治體系官僚的身分（朝衣）而遭受反殖民統治運動者的批判，但是另一方面，他們卻又因為與地域社會住民構築出親密的「師生情誼」，能以一「布衣」之姿受到來自地域住民的敬慕。對他們自身而言，後者的關係更是令他們將地域社會（草屯）視為自己「第二故鄉」的主因。

　　綜合以上所述，殖民統治初期的草屯地域，當殖民政府欲將近代學校導入之際，當地鄉紳階層不僅出錢，還出人，扮演

---

26 參閱陳文松，〈總督府國語學校內、臺人校友在地域社會的角色──草屯的事例〉，《殖民統治與「青年」：臺灣總督府的「青年」教化政策》，頁275-315。

著重大的角色。其中，國語學校內地人畢業生的角色格外令人注目；但在另一方面，雖然明知殖民政府對於書房和書院教育採取限縮壓制的方針，地域社會的鄉紳階層和一般住民仍然在協助近代學校導入的同時，戮力維繫傳統的書房教育。殖民統治者與被統治者之間既合作又對立的現象同時並存。

五、青年洪元煌與碧山吟社

如前所述，草屯地域從清末到日治初期，包括中部的漢學名家施梅樵、洪月樵（以上鹿港出身）和地域社會中的漢學者洪立方、洪四海等人，以當地書房教育的中心——登瀛書院為據點，讓這些清末的「遺民世代」將傳統的儒學教養以及地域社會的傳統，透過漢學教育傳授給年輕世代。其中《草屯鎮誌》對於洪四海（1849-1907）的描述，最為生動而具有代表性。「執教終生，振興文風，首創大型私塾，本鎮各庄頭人皆出其門」，洪元煌便是其中之一。

洪元煌於 1902 年從公學校畢業，習得日語能力，而在書房教育中則前後受業於「亡國遺民」鹿港詩人洪月樵和施梅樵，並在辭退通譯的公職後不久，便在草屯當地和其他年輕一輩共同設立碧山吟社，此詩社成立可說受到當時中部文人的直接影響。日本統治之初，鹿港即有由洪月樵與施梅樵為中心於 1897 年成立的鹿苑吟社[27]，在臺中則有櫟社（1902 年）和

---

27 施懿琳，《日據時期鹿港民族正氣詩研究》，頁 78-80。

萊園詩會（1907 年）[28]的成立，而碧山吟社成立推測亦在此時期。

（一）「雙重語言讀寫能力」與初就公職

1899 年由殖民政府所推進的近代學校教育也被引進草屯地域，超齡（17 歲）入學的洪元煌肄業三年後成了第 1 屆唯一的畢業生。洪元煌在 1902 年 2 月從草鞋墩公學校畢業，而同年 4 月洪元煌在應徵總督府公職時所提親筆寫成的「履歷書」中，對於自己的學歷是這樣描述的（原文）：

> 南投廳北投堡番仔田庄　洪元煌　年 20 才（歲）
> 一　明治 32 年 3 月草鞋墩公學校肄業
> 一　明治 33 年仝庄仝校肄業
> 一　明治 34 年仝庄仝校肄業
> 一　明治 35 年 2 月草鞋墩公學校卒業
> 右之通
> 明治 35 年 4 月 9 日
>
> 　　　　　　　　　　　　洪元煌（元煌印）[29]

28　廖振富，〈臺大圖書館藏櫟社詩稿的外緣問題考察〉，《櫟社研究新論》（臺北：國編館，2006），頁 57-131。而近年，廖振富對於臺灣中部文人的研究，有更完整深入的研究梳理，可參閱廖振富，《以文學發聲：走過時代轉折的臺灣前輩文人》（臺北：玉山社，2017）。

29　臺灣總督府公文類纂（1902 年 4 月 9 日），〈辭令案　洪元煌ヲ雇ニ採用〉，《明治 35 年-36 年臨時臺灣土地調查局公文類纂》，國史館臺灣文獻館藏，永久保存第 274 卷。

對於傳統鄉紳階層而言，原本所謂的「履歷」乃指自宋代以來科舉制度中「作官之出身、作官之地方及如何保舉，均謂之履歷」[30]。但自日本統治臺灣後，履歷書的內容成為表示「公學校畢業」——於殖民統治者所設學校中受教育的履歷[31]，並具備「國語」能力的學歷證明而別具新意。亦即象徵臺灣人年輕世代精通「國語」能力的學習經歷和資格證明，而成為殖民政府推薦「保舉」其從事近代性職業時的重要依據。

　20 歲自公學校畢業的洪元煌，馬上被推薦就任公職。一開始的第一份工作就是擔任臺灣總督府臨時臺灣土地調查局[32]調查課的「通事」（即通譯）。這是一份「月薪制」[33]的公職，其任用條件中明確要求需具備公學校畢業的「學歷」以及推薦。因此除了「履歷書」之外，洪元煌的「推薦書」的內容是這樣的（原文）：

　　洪元煌　年齡 20 才

30　諸橋轍次，《大漢和辭典·卷 4》，頁 171。

31　日本近代所謂的學歷，乃指「學問、教育ニ就キテノ履歷（有關學問和教育的履歷）」。天野郁夫，《學歷の社會史——教育と日本の近代》（東京：平凡社，2005），頁 262。

32　鄭政誠，《臺灣大調查——臨時臺灣舊慣調查會之研究》，頁 56。

33　天野郁夫指出，「這個時期（指明治 10 年代）的月薪制，具體來說是指官僚，教員和巡查，若以廣義來說就是指『官員』」。天野郁夫，《學歷の社會史——教育と日本の近代》，頁 72。臺灣人在日本統治初期的公職以通譯居多，但在殖民體制逐步確立後，則是以攸關殖民地社會統治和教化所須的教師、醫師和低階官僚等月薪制的公職為主。

右者草鞋墩公學校二於テ3ケ年ノ課程ヲ履習シ國語二精
通セルモノ
ニテ本局通事志願二候條御採用相成度推薦仕候也
明治35年4月9日　　屬　後藤政次郎
臨時臺灣土地調查局長後藤新平殿[34]

由此可知，洪元煌被採用與受「推薦」的理由無它，即具「國
語二精通（精通國語）」之語言能力。教育被殖民者「精通
國語」乃公學校設置時最主要目的；何以故，此乃因殖民政府
一開始就設定這些接受近代學校教育的「殖民地青年」，必須
分發至殖民政府所屬部門任職為前提所致。所以「學歷」被
視為一項「資格」的所謂學歷社會的原型，其實在日本殖民
統治臺灣初期便已形成。而洪元煌不但具有傳統書房的漢學
教養，更於殖民統治後所展開的殖民地教育體制，經由公學
校教育所教授的「國語」而兼具漢文與日文「雙重語言讀寫能
力」，而成為對殖民統治有用且值得被「推薦」的「殖民地青
年」。

　　洪元煌的漢文程度如後所述，但「國語」程度又是如何？
稱洪元煌為「三姑丈」的林莊生，自小便經常接觸別人口中的
「洪先生」、「元煌仙」，因此曾回憶道：

　　我特別驚愕的是洪元煌的日語，完全沒有臺灣腔，像日本

34　臺灣總督府公文類纂（1902年4月9日），〈辭令案　洪元煌ヲ雇二
　　採用〉。

人講日語，非常流暢而得體。我從沒有在臺灣人口中聽到
這樣典雅的對話。我想這除了要靠他語學上之天份外，更
是因為他日常接觸的對象。他的接觸面主要是總督府的高
級官吏，自然而然地學到日本上流社會的慣用法。如果對
象是地方警察，或糖廠的社員，斷無法做到這個水準。難
怪林獻堂等要訪問總督時，總要請他做同伴，因為要找到
比他好的翻譯者，是不大可能[35]。

確實如同林莊生晚年所回憶，若翻閱洪元煌盟友林獻堂的日
記，當臺灣文化協會成立前後，先後陪同蔣渭水與林獻堂面見
臺灣總督田健治郎的翻譯，確實經常可見洪元煌的身影[36]。可
見，林莊生的體驗與描述並非誇大其詞。而且不僅如此，1920
年 6 月，洪元煌與同族洪清江同時獲頒紳章，在南投廳呈報
給臺灣總督府的洪元煌「調查書」當中，在「學力及經歷」和
「資望」兩項目中，都提到他「精通日語（文中稱國語、內地
語）」[37]，當時即已獲得官方認證。換言之，洪元煌的「雙語
讀寫能力」，絲毫未遜於到日本留學的臺灣留學生。

35　林莊生，〈洪元煌的政治生涯〉，《回憶灣的長遠路程：林莊生文
　　集》，頁 45。

36　「林獻堂為通譯伴洪元煌來禮訪」、「午後，蔣渭水、洪元煌、林子
　　瑾、賴石傳、蔡玉麟、鄭永南來面喜多秘書官，云近日將開設臺灣文
　　化協會，代表發起人表敬意於總督云云。」詳見田健治郎著，吳文星
　　等主編，《臺灣總督田健治郎日記（中）》，1921 年 4 月 29 日、10
　　月 2 日，頁 155、338。

37　臺灣總督府公文類纂（1920 年 6 月 1 日），〈南投廳廖振秀外六名紳
　　章交付報告〉，國史館臺灣文獻館藏，永久保存第 59 卷。

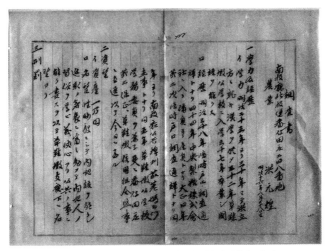

洪元煌獲頒紳章評價對日語能力讚譽有加
資料來源：國史館臺灣文獻館檔案。

（二）去職與漢詩社「碧山吟社」之創設

　　洪元煌成為草屯地域殖民政府刻意培養的「殖民地青年」第 1 號，且在「精通國語」的條件下，於畢業後馬上被推薦擔任臺灣近代土地調查事業的公職——通譯；然而工作不到十天，洪元煌便以其父洪玉麟年老病弱需要照顧為由，「擅自」辭去公職而遭到殖民政府的「懲戒」處分[38]。洪元煌何以執意且甘願不顧殖民者的面子辭去此項公職，原因不詳。此時老父洪玉麟已 72 高齡確已年邁，而同年元煌也成婚迎取霧峰林氏市為妻，因此家務之繁雜可能導致無法勝任必須離家前往彰化

38　臺灣總督府公文類纂（1902 年 4 月 24 日），〈辭令案　雇洪元煌懲戒解雇〉，《明治 35 年-36 年臨時臺灣土地調查局公文類纂》，國史館臺灣文獻館藏，永久保存第 274 卷。

任職的原因。當然，也不能排除洪元煌不願在殖民政府差別待遇下任職公職而別有所圖，即籌組碧山吟社，以倡文運。

筆者為了解碧山吟社成立的宗旨和背景，曾根據在 1999 年臺灣中部大地震後與《碧山吟社詩稿》幾乎同時「出土」的臺大館藏櫟社詩稿相參照[39]，更確認《碧山吟社詩稿》中詩作大部為洪元煌親作以及與霧峰萊園詩會互動的關係。而《碧山吟社詩稿》的詩題所言及櫟社和萊園詩會的中部文人，包括業師施梅樵以及林癡仙、林獻堂、林階堂、施家本和陳子敏等；至於南投草屯一地的詩友則包括張玉書、黃雪樵、林克弘、李春盛、李春塗和李春哮等人。而張玉書、黃雪樵和林克弘與中部文士交流之密，更不下於洪元煌，張玉書且於 1920 年 9 月成為草屯地域首位櫟社成員的文士[40]。

不過也許便因張玉書文名過盛，以及碧山吟社詩稿無存，致後人皆以張玉書於 1925 年創立的「南陔吟社」為今日南投境內最早的漢詩社[41]。不過碧山吟社的活動，最晚亦可溯及

39　1999 年臺灣中部大地震後於臺中縣霧峰林家古厝所出土的史料。《櫟社詩會十週年大會詩稿》，現藏臺灣大學圖書館特藏資料庫（「霧峰林家頂厝捐贈手稿 LIN001」），請參照廖振富，〈臺大圖書館藏櫟社詩稿的外緣問題考察〉，《櫟社研究新論》，頁 57-131。

40　傅錫祺，《櫟社沿革志略》（臺北：臺灣銀行經濟研究室，1963），頁 17。

41　根據林文龍的研究，南投縣最早設立的詩社為 1925 年，由櫟社社員張玉書（號笏山，草鞋墩人）所成立的「南陔吟社」。林文龍，〈南投縣學藝志稿文學篇〉，收錄於劉枝萬，《南投縣志稿》，頁 80-81。

1913 年，仍有詩作刊登於《臺灣日日新報》上[42]，其中洪漁山所作〈敬步見贈原韻〉一詩亦收錄在《碧山吟社詩稿》第 139 首，題〈次子敏詞兄見贈原韻〉。由此可推測，洪漁山可能是洪元煌當時所使用的筆名。而洪元煌以本名最早公開發表的詩作，更早在 1911 年即已見報[43]。因此，筆者推測碧山吟社設立的時間點，乃在洪元煌辭掉公職且完成婚事的 1902 年之後，而從詩題來看，成立於 1907 年而與萊園詩會同時期的可能性最高，而活動期間至少可下推至 1913 年。

碧山吟社詩稿 1
資料來源：梁志忠先生提供，筆者翻拍。

---

42 陳子敏，〈席上呈碧山吟社諸詞兄〉、洪漁山，〈敬步見贈原韻〉，
《臺灣日日新報》，1913 年 1 月 23 日。陳子敏為鹿港出身的文人，
當時也是櫟社吟友。參見傅錫祺，《櫟社沿革志略》，頁 8。

43 〈客中喜晴〉、〈夏日雜詠〉兩首，收錄於《臺灣日日新報》，1911
年 8 月 3 日。而此兩首詩亦見於《碧山吟社詩稿》，原題為〈久雨初
晴〉（第 9 首）和〈夏日雜詠和霽南原韻〉（第 10 首）。

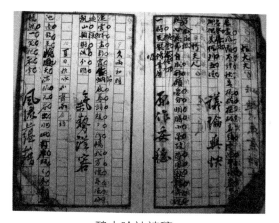

碧山吟社詩稿 2
資料來源：梁志忠先生提供，筆者翻拍。

　　至於《碧山吟社詩稿》內的作品，大部可推斷為洪元煌之作品。但是究竟有多少作品不是或無法從詩題和內容上確定為洪元煌所作，確實有必要留待日後進一步查考。目前僅知確定不是洪元煌所作的詩文，為編號第 48 首〈與諸友談及詩界偶感〉，此乃洪清江刊登於 1911 年 8 月 4 日《臺灣日日新報》詞林的詩作[44]，另一首即為上述疑似洪元煌以「洪漁山」的筆名刊在 1913 年 1 月 23 日《臺灣日日新報》的〈次子敏詞兄見贈元韻〉。

　　而這本《碧山吟社詩稿》既名為「詩稿」，乃屬於習作初稿，因此詩文中修鑿堆砌之修訂處處可見，並有師匠（應為施梅樵）所下之眉批和評語，所以亦可視為洪元煌與其他同宗年

44　洪清江，〈與諸友談及詩界偶作〉，《臺灣日日新報》，1911 年 8 月 4 日。

輕世代共同習作之創作初稿，或是洪元煌將其他同宗年輕世代
之佳作一併錄入其初稿中亦未可知。然而不論如何，《碧山吟
社詩稿》中大部為洪元煌之作，縱使非全屬洪元煌個人之作，
亦可反映出當時草屯地域社會年輕世代的共同心境。而洪元煌
正是日治時期草屯新舊世代交替之際，最具有象徵性和代表性
之人物，此點則是毋庸置疑。

　　臺灣古典文學研究者廖振富曾經針對 1999 年臺灣中部大
地震後出土的霧峰林家有關櫟社和萊園詩會的相關史料進行分
析[45]，但論文當中除了提及洪元煌曾參加 1912 年的公開徵文
所寫的詩作外，對於洪元煌及其活動並未有所描述[46]。但在萊
園詩會的相關論述過程中，卻與同一時間出土的草屯《碧山吟
社詩稿》（以下簡稱《詩稿》），冥冥之中形成互證的局面。

　　《詩稿》當中有洪元煌所寫兩首以萊園詩會為題的詩
作，分別是「十月十五日萊園詩會折柬來招約往不果書此誌
感」（第 95 首）和「十月十六日往赴萊園詩會即事」（第 96
首），由此可確認，洪元煌乃萊園詩會的會員之一無誤。廖振
富亦指出萊園詩會設立的時間應為 1907 年，此後每年陰曆的
10 月 15 日都在林獻堂的萊園舉辦詩會，廣招各地詩人，而且

45　1999 年臺灣中部大地震後於臺中縣霧峰林家古厝所出土的史料。《櫟
　　社詩會十週年大會詩稿》，現藏臺灣大學圖書館特藏資料庫（霧峰林
　　家頂厝捐贈手稿 LIN001），參照廖振富，〈臺大圖書館藏櫟社詩稿
　　的外緣問題考察〉，《櫟社研究新論》，頁 57-131。再者，本書的引
　　用根據洪元煌的〈詩稿〉。
46　廖振富，《櫟社研究新論》，頁 89-90。

至少到 1917 年為止，都沒有停過[47]。而令人玩味的是碧山吟社的設立也可能是 1907 年左右，因此洪元煌與林獻堂的交流往來，很有可能藉由婚姻關係[48]便已在此之前展開。

　　同時與鹿港文人之間的交流往來，如前所述，可追溯到日本領臺初期草屯登瀛書院聘請於 1897 年設立鹿苑吟社的洪月樵擔任山長以來，更早已展開這層關係匪淺的異地師生情誼[49]。

　　換言之，如後所述，1920 年代初期臺灣文化協會設立展開一連串的文化啟蒙運動之後，集結在洪元煌所率領的草屯炎峰青年會旗下的當地四大姓為主的青年世代，其主要成員早在碧山吟社時期就已經是親密的同志了。例如同族的洪清江，以及李姓同族的李春盛、李春哮和李春塗兄弟便是其中最明顯且最關鍵的人物。也就是說，如同向來研究者所做的比喻，櫟社與臺灣文化協會所從事的民族運動表裡合一的關係那樣，草屯地域的碧山吟社與炎峰青年會間對於民族自治運動的追求，也

47　廖振富，《櫟社研究新論》，頁 96。
48　梁志忠先生陳述洪元煌的妻子林市出身霧峰林家。關於林市的資料，根據林莊生所撰〈洪元煌的政治生涯〉，收錄於林莊生，《回憶臺的長遠路程：林莊生文集》，頁 37 所述，「洪元煌是我母親（按：林燕）的姨丈」；同時參考吳萬成日記等來推測，林市是霧峰吳厝林阿華家出身的可能性高。兩人於洪元煌 1902 年公學校畢業那一年結婚，根據《草屯鎮的文化資產及震災紀實》的照片「護龍前洪元煌結婚三十週年全家福（昭和 7 年 11 月 30 日）」確認。參照許錫專編，《草屯鎮的文化資產及震災紀實》，84 頁。換言之，林獻堂、莊垂勝和洪元煌之間，彼此有著「妻緣」端的姻親關係。
49　施懿琳，《日據時期鹿港民族正氣詩研究》，頁 71。

是互為表裡而相互連結的。

　　總之，年輕時代的洪元煌藉由漢詩與包括南投、臺中、霧峰和鹿港等合稱素有臺灣文化中心地——中部地域的文人相互交流，在此期間最為重大的一件事，首推 1911 年 4 月中國近代著名思想家同時也是文人的梁啟超的訪問臺灣[50]，而梁啟超當時訪臺所造成的影響，更被視為是臺灣人近代民族意識的起源。而當梁啟超抵達臺灣受邀前來霧峰林獻堂萊園（五桂樓）訪問時，在目前所留存的文獻史料中無法確認洪元煌是否出席這場為梁啟超接風洗塵的歡迎會；然而可以明確指出的是，洪元煌也深受感銘，並參加隔年（1912 年）櫟社所舉辦的徵文活動，且收錄在《櫟社詩會十週年大會詩稿》中，「以詩代言」[51]。而在這首以梁啟超在歡迎會所出的詩題「追懷劉壯肅公」[52]寫成的詩文裡，可清楚顯露出洪元煌的民族意識：

————————

50　戰後，王詩琅曾回憶戰前一段與洪元煌交往的因緣，其中正是描述這些中國近代思想家對臺灣人的影響。「記得日據時期，筆者尚屬弱冠，一夕偶與當時臺灣民族運動的健將洪元煌同席，偶爾談到祖國新文化對臺灣的影響時，洪氏曾說：『你們這一代是受著胡適、陳獨秀的影響，我們這一輩則受梁啟超的影響最大。』他這句話說得實在中肯。當年飲冰室文集是孺慕祖國的老一輩知識分子的必讀書，而筆者這一代文化人則幾乎個個都看過胡適文存、陳獨秀文存。」王詩琅，〈臺灣民族運動史〉，《華學月報》，7（1972.7.1），頁 36。

51　櫟社的詩人，把「以詩自晦」作為座右銘，不過，自梁啟超訪臺之後，受到他的「以詩代言」的影響，開始通過詩表示抗日的意思。葉榮鐘，《日據下臺灣政治社會運動史（上）》（臺中：晨星，2000），頁 34-35。

52　洪元煌，《詩稿》，第 115-116 首。參照張麗俊著，許雪姬、洪秋芬解讀，《水竹居主人日記（三）1911 至 1914》，頁 37；廖振富，

六載戎軒淹頭留。撫蕃拓殖自為謀。平生政策規模壯。到
處黎元喜氣浮。萬里河山非我有。多情風月繫人愁。得教
今日將軍在。羈虜何須唱石州[53]。

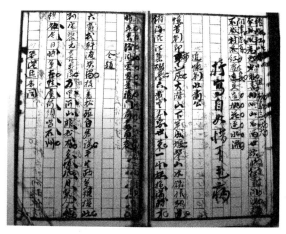

碧山吟社詩稿 3
資料來源：梁志忠先生提供，筆者翻拍。

其中所述「得教今日將軍在。羈虜何須唱石州。」這組詩句，
堪稱直接反映出當時受著異民族統治下臺灣人的普遍心聲。

1911 到 1913 年之間，正好是洪元煌 30 歲迎接而立之年
的階段，從其詩作當中可以清楚感受到內心的震盪波動。何以
故？這段期間也剛好是殖民地臺灣的故國，也就是滿清中國滅
亡，而漢民族革命成功宣布建立中華民國的政局動盪的時期。

〈第 4 章日治時期臺灣古典詩中的劉銘傳——以櫟社徵詩（1912）作
品為主的討論〉，《櫟社研究新論》，頁 175-240。
53　洪元煌，〈追懷劉壯肅公〉，《詩稿》，第 116 首。

在《詩稿》的最後，有著洪元煌親手所抄錄的岳飛[54]〈滿江紅〉留著。其中大家所熟悉的辭句「三十功名塵與土」、「莫等閑。白了少年頭」、「靖康恥。猶未雪」[55]，對於 30 歲卻已白髮蒼蒼的「白頭殼仔」洪元煌來說，毋寧將自己內心的苦悶和鬱鬱不得志，藉由與南宋矢志恢復舊山河驅逐韃虜的岳飛遙相呼應，以抒發面臨異族殖民地統治下的無奈心境[56]。

從傳統書房教育到透過近代學校教育習得雙重語言讀寫能力的「殖民地青年」洪元煌，成為殖民政府眼中有助於其統治地域社會的有用人才。儘管如此，洪元煌在完成殖民地教育後不久，辭去殖民政府所編派的官職，毅然地重回振興傳統漢文的「回頭路」，參與草屯碧山吟社的創設，並藉此展開與當時最具規模的櫟社傳統文人，甚至與振奮殖民地人心，掀起臺灣漢族意識貢獻匪淺的梁啟超也進行了心靈上的邂逅。

到 30 歲為止，年輕時期的洪元煌雖然沒有在行動上直接反抗殖民統治，但從他的詩作當中仍可強烈感受到一股對異族統治下的「舊恨新愁[57]」，且隨著年過三十日益增幅。此間，

54　岳飛（1103-1142），南宋的抗金名將。〈滿江紅〉的詞表示他欲恢復領土和復興漢族的意思。龔延明，《岳飛評傳》（南京：南京大學出版社，2001），頁 374。

55　洪元煌，〈滿江紅〉，《詩稿》，第 169 首。

56　迎接了「三十歲」的洪元煌，開始表現出自己內部的不安和反省。例如，以下的詩作，「秋霜染鬢尚風塵。何處桃源得隱淪。自愧閒身虛一世。更難戲彩博雙親。蕭蕭細雨催寒近。庄庄芳梅照眼新。故國江山已焦土。年將三十怕逢春。」洪元煌，〈歲暮述懷〉，《詩稿》，第 99 首。

57　「舊恨新愁撥不開。十年書劍二毛催。晚來獨倚雕欄望。頓使雄心一

日後從「殖民地青年」轉身成為近代民族主義意識「臺灣青年」的身影，已然成型[58]。

草屯地域公學校第一屆唯一的畢業生洪元煌，當恩師渥美寬藏 1913 年從校長一職退下來之際，還提了一首文情並茂的漢詩相贈[59]。這首可推斷為洪元煌在渥美寬藏卸下草屯公學校校長一職時所寫的漢詩，收錄於《碧山吟社詩稿》中，而以「贈渥美業師這回辭職從農」為題。

這首詩一開始便以「手栽桃李門前滿」[60]破題，一語道破渥美校長與草屯地域年輕世代間深厚的師生情誼。其實，這樣的詩句並非只是代表洪元煌一個人的心情而已。因為參加傳統漢詩社——碧山吟社的這些當地的「青年文士」，大都是同樣出自於渥美寬藏校長的門下。

只是如後所述，洪元煌日後投身反殖民專制統治運動，並在 1924 年成為臺灣議會設置請願運動的上京代表之際，毅然脫下「朝衣」（辭去草屯庄協議會員一職）改以「布衣」之身，專心致力於啟發臺灣人自覺和自治思想的政治社會運動之

　旦灰。故國旌旗想漢家。此身猶寄海天涯。雞蟲得失等閑事。腸斷樓頭聽暮笳。」洪元煌，〈倚樓〉，《詩稿》，第 136 首。

58　詳論請參閱陳文松，〈從傳統士人到「近代青年」的文化交錯與轉換——「不倒翁」洪元煌與草屯碧山吟社〉乙文。

59　參閱陳文松，〈總督府國語學校內、臺人校友在地域社會的角色——草屯的事例〉，《殖民統治與「青年」：臺灣總督府的「青年」教化政策》，頁 275-372。

60　其中一篇詩作：「手栽桃李門前滿。日上樓臺眼界明。世態炎涼思小隱。朝衣那及布衣輕。」洪元煌，《碧山吟社詩稿》（詳後述，推測作成年代為 1907-1913 年前後。「草屯洪氏家族文書」）第 146 首。

中。甚至，同年 10 月 28 日，洪元煌更在草屯創設了殖民政
府所宣稱的臺灣文化協會外圍青年團體之一的炎峰青年會。令
人玩味的是，當時又穿上「朝衣」的渥美庄長，一直到 1927
年 8 月炎峰青年會變成臺灣民眾黨南投支部，「變質」為支持
階級運動的青年團體為止，才公然站出來反對炎峰青年會，而
在此之前則採取接納，至少是容忍的立場。這可以下列發生於
這段期間的事例為證。

早在炎峰青年會設立前一個月，臺灣文化協會在草屯曾以
援助北部災害義捐活動圓滿成功為由舉辦大型慰勞會，並邀請
當時首位取得東京帝大文學士學位的臺灣人林茂生發表有關文
化劇在教育上和社會上的意義，對此當時媒體報導如下：

> 先由渥美庄長。述開會辭。次文學士林茂生氏。就文化劇
> 意義。述其經驗。李春孝（按：哮）氏述謝辭。洪元煌氏
> 作感想談。又自七時半起。草屯庄文化協會員主催演講
> 會。聽眾四百餘名。先由林野氏述開會辭。竝紹介林茂生
> 氏略歷。次林茂生氏登壇。就教育的社會的意義講演十一
> 時始散會云[61]。

由於當時臺灣文化協會所舉辦的講演會引起青年層的廣大
共鳴，因此挑起殖民政府當局的敏感神經，經常出現警察出面
干預甚至取消的案例。但是這場演講會似乎已取得渥美庄長的

---

61 〈臺中特訊　文化劇慰勞〉，《臺灣日日新報》，1924 年 10 月 6
　　日，第 8763 號，漢文。

背書或理解，因此圓滿結束。

後來，當炎峰青年會成立大會當中，渥美庄長更親自獻上祝辭，相關報導並出現於官方喉舌的《臺灣日日新報》上。其報導內容如下：

> 草屯庄青年團　成立大會
>
> 既報南投郡草屯庄新成立的草屯青年團於上個月二十八日上午九點起，在當地公學校操場舉辦成立大會，共有會員105 名，並推洪元煌氏擔任團長。入坐前，與會者先合唱君之代，之後由洪團長述開會辭，來賓吉田警察課長、渥美庄長等人發表祝辭，最後由團員總代致答辭後結束[62]。

由此可看出殖民政府當局對於以標榜文化運動為主的團體仍採取容忍的態度；然而當日後臺灣文化協會分裂，並由原文化協會成員蔣渭水、洪元煌等另組臺灣民眾黨，並將炎峰青年會作為民眾黨南投支部轉而支持階級運動時，此時君臨草屯地域的渥美庄長，對該會似乎已到了忍無可忍的地步。因此就在1927 年所召開草屯地域官製青年團指導總會中，渥美庄長致詞時轉而大肆抨擊炎峰青年會是一個「有名無實，只是逞其口舌之利」，「像這類的青年會完全沒有存在的價值，並且有百害而無一利」[63]。

62　《臺灣日日新報》，1924 年 11 月 3 日，第 8791 號。

63　〈庄長的暴言〉，《臺灣民報》，1927 年 10 月 16 日，第 178 號，漢文。

　　相對於此，如後所述，自炎峰青年會創設以來，包括洪元煌和炎峰青年會的青年有志們則將火力集中在抨擊草屯庄政，以及草屯庄長——恩師——渥美庄長的一舉一動。結果，洪元煌與渥美從 1899 到 1924 年之間，維持長達近四分之一世紀的師生情誼，終於成了昔日美談，而在洪元煌送給渥美校長的漢詩中所言「有時得共聽流泉」的約定，也成為過往雲煙。

三重奏

我們努力付出的真正目的未必僅只於企求
有形的成功，追求無形的成功也是重要之
事。回顧我們推動臺灣議會設置運動以
來，已經帶給本島人思想上極大的刺激，
並喚起其自重自愛的觀念。

〈洪元煌的心情〉，收錄於臺灣總督府，《臺
灣人ノ臺灣議會設置運動卜其思想‧後編》

六、1924 年創設炎峰青年會

　　1919 年第一次世界大戰後，年滿 36 歲的洪元煌離開草屯這個中部小鄉村，遠渡東京。而在這個殖民地宗主國的首都，這位來自地域社會的青年與許多同樣來自殖民地臺灣，並且對殖民統治的「舊恨新愁」心有共鳴的「青年」們邂逅。洪元煌與作詩吟對的好友之一的林獻堂一起加入了「新民會」[1]，決心以行動進行「臺灣的政治改革」並直接挑戰殖民政府。而對於新民會這個組織，當時殖民政府當局認為是「雖其（按：新民會）表面高舉『專以考究臺灣一切應革新事項，圖文化之向上』為綱領；然而實際上卻在於實踐民族自決主義的立場，同時推動臺灣島民的啟蒙運動，企圖伸張合法的民權，此意圖乃毋庸置疑的事實」[2]。換言之，是一個以抵抗殖民統治為目的的政治團體。

　　為了防範這類海外抗日民族運動的浪潮波及島內，同年，殖民地臺灣的最高首長臺灣總督改由文官總督出任，帝國政府並對殖民地臺灣宣示實施「漸進的內地延長主義」[3]的統治方針。作為落實此方針的具體政策包括：自 1920 年 10 月起實施臺灣地方制度改正、設置以實施市街庄自治為目的的官製

1　「新民會」是 1920 年 1 月 11 日在東京成立致力於臺灣政治改革的團體，會長為林獻堂。葉榮鐘，《日據下臺灣政治社會運動史（上）》，頁 105。

2　臺灣總督府警務局，《臺灣總督府警察沿革誌第 2 編領臺以後的治安狀況（中卷）臺灣社會運動史》，頁 25。

3　若林正丈，《臺灣抗日運動史研究‧增補版》，頁 58-59。

地方自治制度（協議會）[4]等措施。而洪元煌就是在這個方針下，被任命為草屯庄協議會員。且在同年稍早，洪元煌更以「盡瘁於公共事業」的地方有力者、唯一的新智識者和名望家的風評而獲得南投廳長御廚規三、田健治郎總督認可，獲頒紳章[5]。

　　然而殖民地住民顯然並未因此而滿足。更諷刺的是，自1921 年 1 月起，由臺灣人所發動以追求「臺灣自治」為目標的臺灣議會設置請願運動正式從帝都移轉回臺灣島內[6]，洪元煌還成為核心人物之一。田總督為了澆滅這股風潮，隨即在同年宣布設置作為「總督輔佐機關」的臺灣總督府評議會[7]，以此回應臺灣人對於自治的要求。這個評議會由官吏 7 名、臺

4　田健治郎著，吳文星等主編，《臺灣總督田健治郎日記（上）》，1920 年 10 月 1 日，頁 462-472。

5　臺灣總督府公文類纂（1920 年 6 月 1 日），〈南投廳廖振秀外六名紳章交付報告〉，國史館臺灣文獻館藏，永久保存第 59 卷。

6　若林正丈，〈第 1 篇大正デモクラシーと臺灣議會設置請願運動〉，《臺灣抗日運動史研究・增補版》，頁 17-163；周婉窈，〈臺灣議會設置請願運動的發端與理論基礎〉，《日據時代的臺灣議會設置請願運動》（臺北：自立報系文化，1989），頁 27-68，以及同氏，〈臺灣議會設置請願運動再探討〉，《臺灣史料研究》37（2011.6），頁 2-31。

7　田健治郎著，吳文星等主編，《臺灣總督田健治郎日記（中）》，1921 年 1 月 30 日，頁 38-39 劉夏如，〈日本殖民地主義と臺灣總督府評議會——法社會史の觀点から見た支配・抵抗・協力（1921-1945）〉，東京大學總合文化研究科相關社會科學專攻碩士論文，1995。

灣人 9 名[8]和內地人 9 名（全為官選）合計 25 名的有識者所組織而成，但並未擁有決議權，結果只不過是總督的諮問機關罷了。這個標榜「廣納民意」、象徵「內臺融和‧一視同仁」的臺灣總督府評議會，於同年 6 月 11 至 15 日間召開第 1 屆評議會。而林獻堂因為是總督親自指定的官選臺灣人評議員之一，也出席會議。

本次評議會的主題乃是評議作為內地延長主義方針的架構：包括義務教育的實施，以及內地商法和民法移入相關的諮問案，以便向總督提出建議，為此，安排了為期 3 個月的審議期[9]。這段期間，洪元煌不僅曾到會場旁聽，更在審議期過後、第 2 屆評議會召開前夕，針對上述兩項諮問案的看法投稿《臺灣日日新報》，公開呼籲殖民政府應該早日在臺灣實施義務教育。由於論述中不乏批判殖民政府的言詞，但竟然可在殖民政府的機關報上連載三期，實堪稱異數。

（一）對義務教育實施的呼籲

有關實施臺灣人義務教育的議論，前人研究指出 1921 年 3 月由東京留學生鄭松筠發表在《臺灣青年》和文版[10]題為

8　官派臺灣人評議員 9 名，分別是林熊徵、顏雲年、李延禧、簡阿牛、辜顯榮、林獻堂、許廷光、黃欣、藍高川。參見田健治郎著，吳文星等主編，《臺灣總督田健治郎日記（中）》，1921 年 6 月 11 日，頁 210。

9　田健治郎著，吳文星等主編，《臺灣總督田健治郎日記（中）》，1921 年 6 月 15 日，頁 216。

10　《臺灣青年》，2：3（1921.3），被臺灣當局禁止發行。

〈臺灣と義務教育〉一文是為先聲[11]。但同期刊物一出版便遭禁，反觀洪元煌這篇有關要求實施臺灣人義務教育的長篇大論，竟然可以在第 2 屆臺灣總督府評議會召集前夕連續刊登於總督府的御用新聞《臺灣日日新報》漢文欄上，著實十分令人玩味。

洪元煌所發表的〈對於諮詢案之管見〉（以下簡稱〈管見〉）分別刊登在 1921 年 9 月 10 日、12 日和 14 日，分成上、中、下三次連載，全文約計 2500 字。其主張一言以蔽之，便是要求殖民政府早日實施臺灣人義務教育，同時針對內地民法施行於殖民地之際，應該同意將「家督相續法」（戶長繼承法）予以除外。

首先，〈管見〉上編中，開張明義地針對過往對於臺灣實施義務教育的反對意見，逐一加以駁斥，並直言臺灣實施義務教育之時機是「已到且熟」，根本已經沒有爭議是否為期尚早（時機尚早）的餘地；而且只要真的實施義務教育，臺灣人必定感謝殖民政府「一視同仁」的德澤。世界先進國家之所以富強，以及科學和文化的發達皆拜實施義務教育之所賜，所以為了展現殖民政府所標榜「一視同仁」的最終價值，並且為了臺灣社會的發展，洪元煌強調早日實施義務教育乃是先決條件。

另一主要反對臺灣實施義務教育的理由是將增加財政負擔，對此洪元煌指出，自從日本殖民統治以來，臺灣在物質方

---

11 陳培豐，《「同化」の同床異夢——日本統治下臺灣の國語教育史再考》（東京：三元社，2001），頁 272。

面的建設已經相當發達，然而為了進一步促進精神的發達，義
務教育的實施乃是不可或缺的。為達此目的，即使增加臺灣島
民的負擔也在所不惜。最後，洪元煌回過頭來批判實施義務教
育的最大障礙其實是來自內地人的反對，主張如果不實施義務
教育的話，不但有礙於內臺人融和與臺灣人的同化，更是造成
日中親善、東亞和平的障礙。

在這樣的立論基礎之上，洪元煌提出一項早日實施義務
教育的具體方案。一、為了表示內臺人平等（一視同仁），首
先應該廢除公學校的名稱，實施內臺人共學。二、在教育的內
容上，一律以小學校的程度為基準。據此，不僅可促進內臺人
融和，更可省去新建校舍等相關費用以及省下其他相關開支。
三、有關修業年限部分，臺灣總督府評議會所公布的諮問案當
中，提出 3 年制、4 年制和 6 年制的三種制度，洪元煌認為其
中 3 年制過短效果無法彰顯。至於原本最希望的 6 年制，酌
量當前臺灣的經濟狀況恐無法實現，因此權宜之計應首先實施
4 年制，待日後經濟狀況改善後再轉換成 6 年制也無不可[12]。

此外，在〈管見〉的中、下編當中，洪元煌則表達反對
將內地民法中的家督繼承制移入臺灣施行。洪元煌在此指出，
「基本上我臺灣與內地有特殊之關係，言語異、風俗異、習慣
異。」而臺灣人財產繼承分頭制（諸子共同繼承）已是漢民族
數千年來的習慣，若一旦將其廢止恐有導致倫理喪失的危機，

---

12 〈對於諮詢案之管見（上）〉，《臺灣日日新報》，第 7641 號，
1921 年 9 月 10 日。署名為「番仔田洪元煌」。

因此洪元煌主張民法應該制定除外的排除條款[13]。

　　隨後在同年 10 月總督府評議會的審議結果，有關民法施行之際臺灣人諸子共同繼承的舊慣應加以維持的意見經多數贊成而過關[14]；而另一方面，關於義務教育實施的諮問案，由於和臺灣教育令改正的審議撞期，所以一直等到隔（1922）年 1 月臺灣教育令改正通過並且又經過 5 個月的 6 月 19 日，總督府評議會才做出決議，也就是照評議會所提原案──亦即早日實施、節省經費和修業年限 4 年制案的方針通過[15]。

　　換言之，總督府評議會兩項諮問案，即有關義務教育的實施與民法繼承制除外的最終結論，可說與洪元煌在《臺灣日日新報》上所發表的〈管見〉若合符節。

　　然而仔細端詳之後，可以看出洪元煌的思考和論述與殖民政府的論理間，有很大的差距存在。其中又以洪元煌指出，原本讓義務教育無法早日實施的阻礙乃在於內地人抱持著「母國殖民之差」的偏見所致，絕對不是臺灣人社會仍處於「文化尚低，民力不足」[16]的狀況。此外，對於內地戶長繼承法中的排

13　〈對於諮詢案之管見（中）〉，《臺灣日日新報》，第 7643 號，1921 年 9 月 12 日。

14　田健治郎著，吳文星等主編，《臺灣總督田健治郎日記（中）》，1921 年 10 月 24 日，頁 355。

15　田健治郎著，吳文星等主編，《臺灣總督田健治郎日記（中）》，1922 年 6 月 19 日，頁 601。但是，殖民地臺灣的義務教育終於在1943 年實施，參見陳培豐，《「同化」の同床異夢──日本統治下臺灣の國語教育史再考》，頁 274。

16　洪元煌，〈對於諮詢案之管見（上）〉，《臺灣日日新報》，第 7641號，1921 年 9 月 10 日。

除條款，洪元煌則是基於維繫所謂「漢民族的固能性」所需，
這樣的看法相較於當時更為激進的主張，確實稍嫌保守。由於
同一時期在日本內地，正由共產主義者和階級運動者掀起一陣
主張廢除戶長繼承法的風潮，因此有人主張也許該法不久便可
能遭到廢除。既然如此，基於內地延長主義的方針，臺灣不妨
暫時先將戶長繼承法施行，待內地正式廢除該法之際，臺灣也
立即跟進廢除即可。

　　對於這種看法，洪元煌在文中不假辭色地予以強烈批判，
洪元煌表示：

> 嗚呼此言未免過於偏頗。豈不迂且愚哉。凡事窮即變之即
> 通。可變即變。不可變即止。不論事理如何。惟以迎新棄
> 舊之思想。強行改造。勢必破壞民族之固能性。擾亂吾人
> 之心理。請思之。夫分頭制度正合新舊潮流。可稱為理想
> 的之制度者也。故無不可存之理。亦無可廢之例。人所共
> 知。毋用多贅[17]。

同時，在〈管見〉的末尾，洪元煌也再次提及與臺灣人財產繼
承諸子共同繼承制密不可分的螟蛉子（養子緣組）也應被列入
民法適用中的排除條款。換言之，由以上的論述可以看出洪元
煌認為這些乃是「不可變」的用以維繫「漢民族固能性」的重
要風俗，絕對必須捍衛不可。同時，由此也可以強烈感受到洪

17　洪元煌，〈對於諮詢案之管見（下）〉，《臺灣日日新報》，第7645
　　號，1921年9月14日。

元煌的「變通」思想。即為了維護「漢民族的固能性」，必須
經常保持變通的思想不可。所以在文中，洪元煌把一般所用的
「固有性」一辭特別改用「固能性」藉以凸顯其一方面避免因
為使用可能招致內地人批判的「固有性」，而改以能營造出漢
民族順應時勢和環境變化所具有的「能動性」之苦心。

　　而這種「變通」的思想也顯示在洪元煌所提的義務教育實
施建議案中，亦即就算心中切盼殖民政府能夠馬上實施 6 年制
的義務教育，然而鑒於現實的經濟條件無法如願，因此暫時接
受率先實施 4 年制義務教育也無妨這種不流於理想化而能顧及
實際的現實主義的一面。這點在面對民法繼承法的引進贊成與
否的討論當中，洪元煌再次展現出審時度勢、臨機應變和不拘
小節的態度，可說如出一轍，其中最具代表性的一句話便是文
中所言：「凡事窮即變之即通。可變即變。不可變即止。」

　　洪元煌的同鄉，同時也是 1920 年代反殖民統治的年輕社
會運動家張深切，在晚年的回憶錄當中曾以「善變」[18]一辭來
形容洪元煌的性格，其原因便在於此。「善變」在臺語的語意
當中，其實帶有性格難以捉摸和牆頭草的負面看法。但對於面
對專制獨裁的殖民統治下的洪元煌而言，在其「善變」之中其
實仍有著「不可變」的原則和一貫的思想。若先從結論來說，
此正是作為臺灣青年洪元煌所自始至終一貫追求的臺灣人自治
（反殖）思想，而為本書所欲闡釋的核心論述。

18　張炎憲、陳芳明、黃英哲等編，《張深切全集〔卷 2〕里程碑
　　（下）》，頁 516。

　　簡言之，隨著日本殖民統治的展開，在臺灣中部一個叫做草屯的地域社會中，一位率先接受殖民地近代學校教育的「青年」洪元煌，在而立以後前往殖民地宗主國的首都，轉身成了「臺灣青年」，且自從 1919 年加入新民會以後，便與其他來自殖民地的臺灣青年共同投入反抗殖民政府的政治運動。並且在 1921 年，針對當時文官總督最自豪的兩項同化政策──義務教育實施案和商法、民法的移入案進行公開審議之際，投稿總督府御用新聞《臺灣日日新聞》，以連載方式闡發一己之見。其主張最後雖與總督府案若合符節，然其中論理可謂南轅北轍。更何況若從事後來看，義務教育一案最後是一延再延，若非戰爭所需，恐怕仍為空中樓閣。

草屯公學校高等科第五屆畢業生合照（1928.3.23）（前排左三）
資料來源：梁志忠先生提供。

以下，筆者將進一步剖析洪元煌的思想如何展開，並落實在實際的政治實踐行動上。

（二）參與臺灣文化協會與八駿事件

就在《臺灣日日新報》發表了〈管見〉後不久的 1921 年 10 月 2 日，洪元煌為了籌備臺灣文化協會[19]設立的相關準備工作，當天與蔣渭水等人一同前往面見總督進行表敬訪問，並於同月 21 日以林獻堂代理人的身分出席臺灣文化協會創立大會發表祝辭，隨後亦被選為理事之一。隔（1922）年 1 月之後，又為了進行以臺灣文化協會為主體所發動的第 2 次臺灣議會設置請願運動，再度與林獻堂等人一起上京[20]，不僅在臺灣政治運動一展開便積極參與其中，且始終扮演著重要的角色。

面對這次來自島內外臺灣青年激烈的政治活動所造成的影響，首任文官總督田健治郎一方面擺出尊重臺灣人「民意」的形式利用評議會以攏絡上層階級，並且大力宣揚將繼續推動第 2 次臺灣教育令改正，以徹底落實內地延長主義和一視同仁的政策方針[21]。然而在另一方面，則採取嚴厲措施，不但禁止《臺灣青年》在島內發行，對於蔡培火、林獻堂等人所推動的

---

19 臺灣文化協會的目的在於「促進臺灣文化的發達」。臺灣總督府警務局編，《臺灣總督府警察沿革誌第 2 編領臺以後の治安狀況（中卷）臺灣社會運動史》，頁 140。

20 田健治郎著，吳文星等主編，《臺灣總督田健治郎日記（中）》，1921 年 10 月 2 日、1922 年 1 月 4 日，頁 338、434-435。

21 田健治郎著，吳文星等主編，《臺灣總督田健治郎日記（中）》，1922 年 2 月 2 日，頁 470。

政治運動也不假辭色，屢屢對當事人嚴加訓誡[22]。

　　而在歷次「訓誡（訓諭）」中的最大成果，「八駿事件（或稱「犬羊禍」）」[23]（1922 年 9 月）可說最具代表性。這也凸顯出殖民政府企圖從內部分化臺灣人，以達成其瓦解臺灣議會設置請願運動的野心。對於當天的面會，東道主的田健治郎在日記當中，也相當平實地記錄著：

> 容常吉臺中州知事之請，午後二時半，引見左記八人：
> 　　楊吉臣、林獻堂、李崇禮、林幼春、甘得中、林月汀、王學潛、洪元煌。
> 　　其真目的在楊吉臣悟林獻堂臺灣議會請願運動之無好結果，隱然依予之指導，希使林翻然開悟，絕念該運動也。然為保林之面目，不能露骨明言之[24]。

22　田健治郎著，吳文星等主編，《臺灣總督田健治郎日記（中）》，1921 年 12 月 7 日、1922 年 4 月 6 日，頁 404、530。

23　八駿指的是楊吉臣、林幼春、甘得中、李崇禮、洪元煌、林月汀、王學潛和林獻堂 8 人。八駿事件，1922 年 9 月，由於彰化街長楊吉臣（林獻堂的妹婿、臺灣文化協會的元協理）的建議，林獻堂等臺灣文化協會幹部共 8 人訪問田健治郎總督。雙方進行會談的時候，總督傳達了要求中止臺灣議會設置請願運動。那時林獻堂的對應被認為是議會請願運動支持立場軟化的發言，臺灣青年在雜誌《臺灣》稱之為「犬（林獻堂）羊（楊吉臣）禍」，強烈譴責林獻堂。臺灣總督府警務局，《臺灣總督府警察沿革誌第 2 編領臺以後の治安狀況（中卷）臺灣社會運動史》，頁 354-355。

24　田健治郎著，吳文星等主編，《臺灣總督田健治郎日記（下）》，1922 年 9 月 29 日，頁 118。

結果，在此事件爆發之後，當時扮演臺灣政治運動領袖人物角色的林獻堂發表聲明從此退出請願運動，而臺灣青年內部也有留學生批判林獻堂的立場軟化。一時間，臺灣議會設置請願運動陷入群龍無首的境地，而當時身為林獻堂「代理」的盟友洪元煌，則挺身為林獻堂辯護。

　　而從該事件爆發前後當時總督府方面所留下的監視資料（跟監報告）來看，洪元煌的論述可說再次印證其「變通」，亦即隨機應變的行動原理。有關當時洪元煌的思考理路，殖民政府官方的資料是如此記載著：

> （洪元煌最近從南投到臺北之際，曾向北部好友賴金圳〔按：草屯同鄉〕在談到臺灣議會運動時說：「我們正為著議會請願問題非常苦心焦慮，同志之間有人主張應該中止，有人主張應該繼續進行，現在連林獻堂的立場也曖昧不明，甚至一般人都認為林獻堂希望應該撤消請願的看法等。就我個人看法，獻堂真正的想法是自己不要公開站在浪頭上，暗中另起爐灶繼續這項運動乃為上策。[25]」

換言之，洪元煌認為林獻堂的脫退聲明其實隱含著「面從腹背（面從腹誹）」的戰術運用，以讓運動得以持續推動的空間，

25　〈洪元煌的心情〉，收錄於臺灣總督府，《臺灣人ノ臺灣議會設置運動卜其思想・後編》（臺北：臺灣總督府，1922），頁 20-21。這份史料由若林正丈教授提供，謹致謝忱。原件現可見數位化史料，網址：http://tais.ith.sinica.edu.tw/sinicafrsFront/browsingLevel1.jsp?xmlId=0000272166#，2016.4.2 瀏覽。

反而是一個良策。對此，洪元煌進一步闡述了自己的定見：

> 蓋其實我只是想將以此運動作為本島人的政治教育機關，藉以一洗本島人的奴隸根性，使其成為具有政治意識的人而已。因此，我們努力付出的真正目的未必僅只於企求有形的成功，追求無形的成功也是重要之事。回顧我們推動臺灣議會設置運動以來，已經帶給本島人思想上極大的刺激，並喚起其自重自愛的觀念。[26]

這段等同於洪元煌對於臺灣政治運動的真心告白，何以會流入殖民政府之手雖無法得知；然而從這份相當珍貴的真情告白當中，卻可窺探出當時包括洪元煌在內從事臺灣議會設置請願運動的領導階層的深層思考。換言之，這項運動的最終目的未必在於臺灣議會的設置，因為在當時的政治情況下實現的可能性很低，因而毋寧退而求其次，藉此運動來達成文化啟蒙以真正落實對臺灣人進行政治教育的目的。同時洪元煌等人也早已認清，為了達成這項「無形的成功」，不可能採取類似西來庵事件那樣的武裝對抗，這些臺灣青年毋寧認為必須採用「間接牽制主義」[27]這樣的戰略，透過文化啟蒙和政治教育運動的手段來達到重新改造臺灣人觀念的最終目標。

如所周知，伴隨著第 2 次臺灣教育令的施行而導致臺灣

---

26 〈洪元煌的心情〉，收錄於臺灣總督府，《臺灣人／臺灣議會設置運動卜其思想・後編》，頁 20-21。

27 若林正丈，《臺灣抗日運動史研究・增補版》，頁 43-44。

青年層升學管道遭受更嚴酷的壓縮，臺灣青年並藉此在臺灣各地積極舉辦各類演講會，宣洩青年層的不平不滿，且獲得廣大迴響；為了防止影響繼續擴大，殖民政府更加強對於政治性臺灣青年團體的嚴格取締和企圖中止臺灣議會設置請願運動的進行。

1923 年 12 月 16 日，號稱臺灣史上最大的思想取締事件——治安警察法違反事件（或簡稱「治警事件」[28]）爆發，臺灣知識青年遭受全面性的舉發和逮捕，「着寓後即聞本日午前五時全島臺灣議【會】主腦者皆被檢舉，幼春、資彬留置龍泉閣，季園、松筠在中津宅外，皆各有特別場所」[29]。洪元煌雖未直接遭到檢肅，但也沒有閒著，一方面參加同志入獄壯行會，一方面因被選為第 5 次臺灣議會設置請願運動的上京代表，而於隔（1924）年 6 月前往日本內地，繼續推動議會設置請願運動。對此，殖民政府當局有如下相關的記載：

（按：因治警事件被拘留）獲得保釋的蔡培火與蔣渭水，與最近才辭去庄協議會員和保正等公職積極投入運動的洪元煌和李山火等 4 人，此番擔任上京代表，6 月 14 日在臺中舉辦盛大的歡送會，而在受到田總督訓誡後曾一時雌伏不出的林獻堂，這陣子又決定重出江湖，除出席盛會

---

28 若林正丈，《臺灣抗日運動史研究‧增補版》，頁 25。
29 黃旺成作，許雪姬等解讀，《黃旺成先生日記》，1923 年 12 月 16 日。

外，並對上京代表發表激勵之詞[30]。

在這次的請願案當中明確追加「臺灣官憲對於請願人士的壓迫」一項，以控訴殖民當局治警事件的非法逮捕。儘管審議的結果並沒有太大斬獲，但卻非以不採擇而是以無限期延期的決議，並且報告當中也指稱請願運動在日本內地「呈現出往年不曾有的活絡氣氛」[31]。

由於嚴禁庄協議會員、保正和教職員等公職人員參加文化協會以及臺灣議會設置請願運動，乃是殖民政府所頒布的既定方針[32]，而洪元煌卻選擇在上京請願前夕刻意宣布辭去協議會員一職，這項舉動可解讀是針對治警事件所進行的強烈抗議[33]。此間，盟友林獻堂的公開重返請願運動，對洪元煌等人來說，無疑是一劑最大的強心針。辭去公職擔任上京代表的洪元煌，也趁著這次（第5次）臺灣議會設置請願運動停留日本期間，拜訪了日本友人，事後並將當時的心境和殖民地臺灣的處境，藉由漢詩發抒如下：

東海潮流非復古　扶桑氣象更新初　匡時賴有董狐筆　憂

30 臺灣總督府警務局，《臺灣總督府警察沿革誌第2編領臺以後的治安狀況（中卷）臺灣社會運動史》，頁365。
31 臺灣總督府警務局，《臺灣總督府警察沿革誌第2編領臺以後的治安狀況（中卷）臺灣社會運動史》，頁366。
32 臺灣總督府警務局，《臺灣總督府警察沿革誌第2編領臺以後的治安狀況（中卷）臺灣社會運動史》，頁353-354。
33 〈大正十三年六月二十六日願ニ依リ協議會員ヲ免ス　草屯庄協議會員洪元煌〉，《臺中州報》，第683號，1924年6月28日。

世豈無賈詡書

讜議難容言尚早　民情未洽願猶疎　可憐瀛島天將壓　正
義人權遠不如[34]

　　詩文中從臺灣人遭受殖民地官憲壓迫的角度出發，洪元
煌引用中國上古春秋時代的史家和西漢時代的諫士——董狐和
賈誼，來凸顯臺灣人追求政治革新並享有言論自由的民選議會
政治（董狐與賈詡〔按：應為誼〕兩人乃分屬春秋時代晉國和
西漢時代不畏權勢仗義執言的史家和諫士），而這些在當時大
正民主期已經實現，洪元煌一方面羨慕，一方面則反過來批判
殖民政府卻以「讜議」（原指正論。此洪元煌應是指稱臺灣議

洪元煌擔任臺灣議會設置請願運動第五回上京代表
資料來源：國立清華大學葉榮鐘數位資料庫授權。

34　「敬步小村俊三郎先生韻　洪元煌未定稿」「詩壇」，《臺灣民
　　報》，第 2 卷第 14 號，1924 年 8 月 21 日。

會）的實施「時期尚早」而加以反對，同時也透露出當時臺灣的「民情」尚未充分理解而顯得憂心忡忡。因此，生活在「瀛島」（臺灣）的臺灣人所遭逢的處境，與堪稱自由民主樂土的「扶桑」（日本內地）相較之下，簡直是毫無「正義人權」可言的蠻荒之地。

（三）炎峰青年會與陳獨秀《新青年》理念的移植

當洪元煌結束了此次上京請願代表的任務返臺後的 1924 年 10 月中旬，正好是治警事件進行法院第 2 審的審議公判。而就在公判即將宣判的前一天 10 月 28 日，洪元煌在家鄉草屯正式創設炎峰青年會，該青年會乃是為了掃除臺灣人的「奴隸根性」，以及推動政治教育而設。

有關炎峰青年會反抗殖民專制統治的相關活動，前述駒込武的論文中已有精要的描述，在此不再贅述。而此主要強調在 1920 年代臺灣各地一窩蜂所設立的青年會或青年團，幾乎都是由官方主導具有公式民族主義色彩的社會教化青年團體[35]，而當中，草屯炎峰青年會是其中極少數自主並具有強烈臺灣人自治色彩的青年團體。

---

35 宮崎聖子，〈殖民地期臺灣における青年団の研究（1910～1945）〉，お茶の水大學人間文化研究科博士論文，2004（本論文已出版中、日文版本，中文版書名為《殖民地臺灣之青年團與地域變貌（1910-1945）：殖民地期臺灣における青年團と地域の變容》，臺北：臺大出版中心，2019）；陳文松，〈青年の爭奪：1920 年代殖民地臺灣における青年教化運動──文教局の設立を中心にして〉，東京大學大學院總合文化研究科地域文化研究專攻碩士論文，2000。

　　明乎此，以下將更進一步根據新出土的第一手史料——
「炎峰青年會趣旨書」與「炎峰青年會會則」（按：原文漢
文。以下簡稱「趣旨書」和「會則」），重新思考當時包括洪
元煌在內的臺灣人反殖民運動中所提臺灣人自治思想究竟具有
何種深刻的意涵。首先附帶一提的是，這裡所稱「炎峰」，乃
是指草屯地域中的九九峰，而洪元煌以「炎峰」為該青年會之
名稱，並將青年會的位址設置在當時草屯庄行政中心庄役場
內，蓋以此代表整個草屯地域之故[36]。

　　「趣旨書」是以 B5、11 行以手膳寫的印刷品，全部共有
4 張。值得注目的是，趣意書的內容乃是直接引用中國近代思
想啟蒙和政治家陳獨秀[37]，1915 年 9 月創刊的《青年雜誌》上
所刊登的豪文〈敬告青年〉[38]之前半段，只將「國」改為「地
方」，並在末尾多了一句「是以有青年會之創也云爾」這樣的
字眼而已[39]。日本中國近代思想史學者野村浩一的研究指出，

36　戰後臺灣地方行政區劃再編，炎峰成為草屯鎮的炎峰里（行政村）。
　　炎峰青年會故址在今天的「南投縣草屯鎮聯合里辦公處」（地址：
　　草屯鎮炎峰街青年巷 1 號），鄰近原炎峰青年會館的周邊有「炎峰
　　街」、「青年巷」、「館前路」等地名。許錫專編，「草屯炎峰青年
　　會館」，《草屯鎮的文化資產及震災紀實》，頁 122。
37　值得注意的是，陳獨秀自 1921 年在共產國際的協助下創立中國共產
　　黨，並進行國共合作，共連任五屆的總書記。1929 年被共產黨開除黨
　　籍，1942 年去世。唐寶林，《陳獨秀全傳》（香港：中文大學出版
　　社，2011）。
38　野村浩一，《近代中國の思想世界——「新青年」の群像》（東京：
　　岩波書店，1990），頁 2。
39　「竊以少年老成中國稱人之語也（中略）決不作牽就依違之想，是以

陳獨秀〈敬告青年〉的問世，對於當時中國思想界具有雙重的創新意涵。亦即「〈敬告青年〉的創新意涵，在此至少是有兩個層面的。首先第一個層面是針對傳統文明的固有型態，展開一種全面性的批判，這是前所未有的；其次，另一個層面來看，為了遂行這項任務而創造出作為推動者的『青年』這樣的範疇，這也是空前的創舉。[40]」

炎峰青年會趣意書 1　　　　　炎峰青年會趣意書 2
資料來源：梁志忠先生提供，筆者翻拍。

有青年會之創也云爾。」見〈炎峰青年會趣意書〉，為「草屯洪氏家族文書」之一部分。1923 年 9 月《臺灣民報》轉載陳獨秀的〈敬告青年〉，見陳獨秀，〈敬告青年〉，《臺灣民報》，第 7 號，1923 年 9 月 1 日。將「國」改為「地方」乃張家綸學兄之提示，特此一併致謝。

40　野村浩一，《近代中國の思想世界──「新青年」の群像》，頁 4。

炎峰青年會趣意書 3
資料來源：梁志忠先生提供，筆者翻拍。

那麼洪元煌為何在設立炎峰青年會之際，要特地引用陳獨秀的〈敬告青年〉呢？其實，這是否意味著，由於在此之前已經有過臺北青年會被殖民政府禁止結社的處分，再加上設立的時間點適逢治警事件公判的關鍵時期，洪元煌等有志之士體察殖民政治處境，深感有種不能「直接表明內心裡所抱持的某種不同的政治立場」[41]的狀況下，乾脆間接利用〈敬告青年〉的筆鋒來進行一種另類的諷諭和批判，同時更重要的目標是創造出作為推動者的「臺灣（炎峰）青年」範疇為目標。

而且對於洪元煌來說，他所要批判的目標不是別的，正是臺灣總督所強加於殖民地人民的獨裁專制政治，以及對於殖民地人民嚴重而全面性差別待遇的本質。換言之，與陳獨秀不同的是，在異民族直接統治下的洪元煌主要批判的對象在於

41　野村浩一，《近代中國の思想世界──「新青年」の群像》，頁 3。

「殖民統治的本質」，至於陳獨秀認為棄之如敝屣的中國傳統文明，在此毋寧是作為抵抗異民族同化政策下漢民族所獨具的「美風」，也是「炎峰青年」必須積極加以維繫的[42]。

其次，我們可進一步來檢視攸關青年會如何組織和運作的「會則」之主要內容。會則乃直接抄錄於「趣旨書」之後，不過筆跡並不相同。由於尚未發現會員名簿，無法對於會員的結構有更清楚的掌握；然而透過會則的條文，仍可從中窺探此一近代青年政治結社的精神與原則。

炎峰青年會會則 1
資料來源：梁志忠先生提供，筆者翻拍。

---

42 關於這樣的現象，羅志田銳利的分析指出，「殖民地人因傳統已面臨打壓殆盡的情景，而前景實不容樂觀，故一般更多地回向傳統；在領土主權基本保持的所謂『半殖民地』（或孫中山所謂『次殖民地』）國家，士人似乎更傾向於憧憬一個美好的未來。」羅志田，《民族主義與近代中國思想》（臺北：東大，1998），頁 20。

 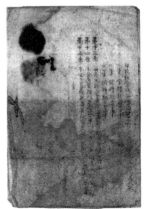

炎峰青年會會則 2　　　　　炎峰青年會會則 3
資料來源：梁志忠先生提供，筆者翻拍。

　　會則全部共有 15 條，其中第 2 條中規定，入會會員必須
年滿 18 歲以上，而對於學歷、性別等並無限制。換言之，與
以通學範圍為限、以每一公學校的畢業生為主要對象的官製青
年團不同，炎峰青年會不分學區，是以全草屯庄的住民為對
象，只要年滿 18 歲以上的青年男女[43]皆可加入成為會員，與
官製青年團相較，是一種相當異質性的青年團體。因為炎峰青
年會希望聚集當地 18 歲以上的「青年有志」為對象，並以包
括洪元煌等近代青年知識分子為核心，來致力於對草屯庄民推
動政治教育和文化啟蒙。因此，炎峰青年會可說是以洪元煌為
首的地方有志之士，遂行其提升社會文化、推動臺灣人政治教

43　女性會員確認完成的只有林金釵，見張炎憲、陳芳明、黃英哲等編，
　　《張深切全集〔卷 1〕里程碑（上）》，頁 278。林金釵是草屯公學
　　校第 3 屆畢業生，見《同學錄》，頁 1。

育的培訓機構，同時更是渠等政治實踐的根據地。

　　而在第 3 條，則更可明確顯現出炎峰青年會的創會精神。條文當中規定必須遵守「眾議」，並培養「自治和協同精神」[44]，為了提升文化，會員間應相互扶持等，以期每位青年會員都能成為地域社會的中堅人物。此外，為了維持青年會的運作，除了有志者不定期的捐款外，條文中也規定每名會員必須繳納每年 2 円的會費。綜合以上所述可知，會則當中對於如何維持財務經費的安定、對會本身的向心力（第 10 條）、追求尊重「自治和協同精神」，以及相關事業的推動等都有明確規定。就這樣，殖民地時期一個由地域社會自發性創設的炎峰青年會，於焉誕生。

（四）炎峰青年會與「四大姓自治」的傳統

　　那麼，炎峰青年會究竟是怎樣的青年團體呢？

　　在成立不久之後，當時臺灣人唯一的言論機關《臺灣民報》（及日後改稱的《臺灣新民報》）的報導中，便經常以「輿論喚起」[45]的姿態來大力報導炎峰青年會的相關活動。從這些一連串的活動報導當中，可以看出經常被提到的主要核心人物有洪姓家族的洪獻章、洪獻奎、洪元煌、洪清江和洪應用

44　〈草屯炎峰青年會設立〉，《臺灣民報》，第 2 卷第 25 號，1924 年
　　12 月 1 日。

45　李承機，〈臺灣近代メディア史研究序說──殖民地とメディア〉，
　　東京大學大學院總合文化研究科地域文化研究專攻博士論文，2004，
　　頁 144。

等[46]，以及李姓家族的李烏棕、李春哮和李春盛兄弟等[47]。尤其一些曾在島都臺北或帝都深造獲得高學歷的草屯「四大姓」臺灣青年，與洪元煌一樣，為了改革草屯腐敗的庄政而成為炎峰青年會的核心人物。例如曾經到日本內地留學的李烏棕，留日期間便已是新民會的一員[48]，歸國後在草屯當地開業當醫生[49]；李春哮是李春盛的胞弟，是國語學校國語部畢業生，當1927 年廣東革命青年團事件爆發之際，與同樣出身草屯的張深切[50]等知識菁英，由於被懷疑牽涉其中而一度遭到舉發[51]。更有趣的是，來自林姓家族的林野，則是與蔣渭水同樣畢業於臺灣總督府醫學校，其間與蔣渭水共同組織臺北青年會和讀書會等，相當活躍[52]。回到家鄉後，也加入了炎峰青年會。

---

46 洪敏麟總編輯，《洪氏族譜》（南投：重修洪氏族譜編輯委員會，1994），頁 110-111、126-127、204，總編輯洪敏麟乃洪應用的哲嗣。

47 石田浩，《臺灣漢人村落の社會經濟構造》，頁 144。

48 洪敏麟總編輯，《草屯鎮誌》，頁 897-898。李烏棕是草屯公學校第10 屆畢業生，見《同學錄》，頁 1。

49 李烏棕經營草屯崇仁醫院。林燕飛編，《新中州の展望》，頁 295-296。

50 洪敏麟總編輯，《草屯鎮誌》，頁 921-924。張深切也是炎峰青年會的會員，見黃英哲，〈總論・張深切的政治與文學〉，收錄於張炎憲、陳芳明、黃英哲等編，《張深切全集〔卷 1〕里程碑（上）》，頁 37。

51 李春哮被宣告「證據不足不起訴」。臺灣總督府警務局，《臺灣總督府警察沿革誌第 2 編領臺以後の治安狀況（中卷）臺灣社會運動史》，頁 136。

52 林野是臺北青年會的常務幹事，臺灣總督府警務局，《臺灣總督府警

　　如前所述，洪元煌在臺灣文化協會設立以前，便與林獻堂奠下深厚的情誼；而當臺灣文化協會設立後，在思想上則與蔣渭水有相當程度的共鳴和親交。當 1922 年 10 月，蔣渭水設立了以研究民族自決主義、共產主義、中國國民黨革命運動，以及無產階級運動的學術研究團體「新臺灣聯盟」，並擔任主幹。當時，這個並未實質運作的思想學術團體，共有 19 個會員，其中之一便是洪元煌。不過由於這個團體非常有企圖心，因此連殖民政府都認為這個團體在「當時民族主義統一戰線之中，是個相當進步而特異的存在」[53]。

　　因此，由此可知，林野和李春哮等人的加入炎峰青年會並非唐突。而且從活動所需經費的獲得來看，在草屯市街富有一方的李春盛、李春哮兄弟的出錢出力，以及收入穩定的開業醫師林野[54]和李烏棕等的入會，都對炎峰青年會的常態性運作在財務來源上扮演著重大的角色，也讓洪元煌免去無米可炊的後顧之憂。其中，最具體的例子便是關於炎峰青年會館的興建。炎峰青年會的辦事處原設在庄役場，後來李春盛和李春塗兩兄弟捐出位於庄役場對面占地百坪左右的土地，興建了當時全臺

　　察沿革誌第 2 編領臺以後の治安狀況（中卷）臺灣社會運動史》，頁 186、188。再者，林野是草屯公學校第 10 屆畢業生，見《同學錄》，頁 1。

53　臺灣總督府警務局，《臺灣總督府警察沿革誌第 2 編領臺以後の治安狀況（中卷）臺灣社會運動史》，頁 315、337-340「臺灣議會設置請願運動關係主要の各種結社關係」。

54　林野經營草屯碧峰醫院，參見〈廣告欄〉，《臺灣民報》，第 169 號，1927 年 8 月 14 日。

可說開風氣之先的炎峰青年會館，當時負責興建會館的建設委員包括洪姓家族的洪元煌、洪承箕和洪汝祥，以及李春哮[55]。而炎峰青年會館興建完工後，便成為當地文化、政治運動最重要的地標，許多大型演講和活動皆在此舉行。

炎峰青年會的幹部以及參與該會活動的核心人物，大多出自「草屯四大姓」傳統領導階層的年輕世代。因此可以說，有別於上一代屈從協力的角色，四大姓的年輕世代一方面透過近代政治結社，對於殖民統治的獨裁專制展開強烈的批判和抵抗；但在另一方面，仍戮力維持著四大姓「眾議」和「自治與協同精神」的傳統，並以炎峰青年會的新面貌來凝聚共識。

如前所述，1910 年前後，洪元煌等四大姓的年輕子弟即使大都受過殖民地近代學校教育，仍與來自鹿港和中部的遺民世代為了維繫漢民族意識，共同成立了漢詩社——碧山吟社，同時藉由創作漢詩及投稿媒體漢文欄，來發抒個人的新仇和舊恨，這也算是當時抗日思想和遂行「非」政治實踐行動原理的最卑微展現；然而 30 歲過後的洪元煌，繼碧山吟社之後，終於得以創設炎峰青年會，從此展開其反殖民統治的政治不歸路。

接下來，筆者便將以 1920 年代後半到 1930 年代前半之間的洪元煌，一方面要面對殖民政府用盡各種手段來鎮壓臺灣人的反殖民統治運動，另一方面則親自經歷抗日民族統一戰線

---

55 〈炎峰青年會館將出現〉，《臺灣民報》，第 103 號，1926 年 5 月 2 日。

從分裂到重整的過程當中，如何實踐其政治理念並展開對殖民統治權力核心的批判，進行詳細的分析描述。

七、籲建立全民政黨

（一）臺灣民眾黨的創立與洪元煌

1927 年臺灣文化協會的主導權被左派的王敏川和連溫卿等人所奪取之故，右派的民族運動者蔣渭水以及土著資產地主階級的林獻堂等人，便積極籌組新的政治結社，最後一波三折終於成立了臺灣民眾黨。

其實早在 1927 年新年期間，蔣渭水便到臺中拜訪林獻堂，並提出自己成立政治結社的相關計畫與林獻堂商議。會談當中，蔣渭水將此新組織命名為「臺灣自治會」，而且希望林獻堂能夠擔任此新組織的總理一職，然而被林獻堂嚴詞以拒，甚至說出不惜和蔣渭水絕交的話[56]。蔣渭水之後仍積極籌組新組織，其間政治綱領的內容數度遭臺灣當局要求修改，至於政治結社的黨名也從一開始屬意「臺灣民黨」被拒，到最後終以「臺灣民眾黨」為名，而其綱領也終於受到認可。

臺灣民眾黨開章明義以確立「民本政治」為目的，一方面在某種程度上延續了臺灣文化協會以開展臺灣地方自治運動的精神，但另一方面則積極參與並介入階級運動。可能因為後者之緣故，導致從一開始林獻堂便與民眾黨保持著相當的距離。

---

56 林獻堂著，許雪姬等註解，《灌園先生日記（一）1927 年》，2 月 11 日，頁 78。

然而，始終與林獻堂同進退的洪元煌卻是積極參與，不僅出任臺灣民眾黨社會部主任，並且在草屯成立臺灣民眾黨南投支部（或稱草屯支部），以炎峰青年會為根據地舉辦臺灣民眾黨的相關活動，並且與 1927 年 8 月 15 日創立的大甲支部有相當密切的聯繫。

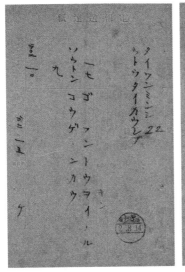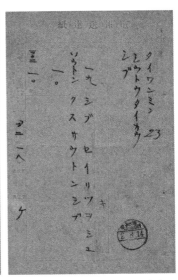

草屯支部主幹洪元煌賀大甲　　民眾黨草屯支部賀大甲支部
支部成立電報送達紙　　　　　成立電報送達紙
資料來源：國立臺灣歷史博物館館藏授權。

當時應邀出席大甲支部創立政談講演會的莊垂勝因連夜失眠和咽喉不適，故特別去信大甲支部發起人王錐推薦楊肇嘉與洪元煌，信中稱：「貴郡下有新歸朝之楊肇嘉氏草屯有元老洪

元煌先生皆一騎當千之宿將，是日請勿使漏脫[57]」云云，而創立當天洪元煌雖未赴會，仍拍賀電祝賀大甲支部創立[58]。而在同樣因咽喉不適婉謝出席大甲支部創立大會演講的黃旺成，則在寫給王錐的信中提到：「（按：前略）僕自草屯回來咽喉受傷至於出血，醫師云當分間要絕對休養，不可酷用聲帶，因此不能遵約赴會，抱歉良多。[59]」由此可知，當時為了啟發臺灣社會大眾，許多辯士都因「演講職業病」咽喉受損而臨時告假無法披掛上陣。

　　黃旺成這裡所提前往草屯之事，就是參加同月 7 日臺灣民眾黨南投支部創立大會的政談講演會。對此，黃旺成 1927 年 8 月 7 日的日記當中如此寫著：

　　草屯行

　　謝春木　　三十五分中止

　　陳旺成　　四十五分中止

　　蔡式穀　　一時二〇分無事

　　彭華英　　一時二〇分

　　早上出蔡蓮舫宅　搭九時十五分汽動車草屯行　途逢階堂

57　蔣朝根編著，「莊遂性辭卻大甲支部政談講演會」，《從大甲支部看臺灣民眾黨：杜香國史料藏品彙編》，頁 34。

58　蔣朝根編著，「草屯支部（按：即南投支部）賀電大甲支部成立」、「洪元煌賀電大甲支部成立」，《從大甲支部看臺灣民眾黨：杜香國史料藏品彙編》，頁 49-50。

59　蔣朝根編著，「陳旺成婉謝出席大甲支部發會式」，《從大甲支部看臺灣民眾黨：杜香國史料藏品彙編》，頁 48。

> 要往送三浦知事　十時半抵草屯　在李春哮君家寫了四張
> 原稿　然後中食　蔡式穀、謝春木兩君午后一時來　一仝
> 再全民眾俱樂部小酌　午后三時半起在炎峯青年會館開民
> 眾黨支部結黨式　對支部會則大有議論　老人洪憲〔獻〕
> 章的祝詞被中止　晚在信用組合樓上開祝宴三席　八時起
> 仍在青年會館開政談講演　辯士四名　至過十二時閉會
> 予先回入浴　夜泊俱樂部[60]

雖然當晚政談演講會因遭警察命令中止而未上臺[61]，但之後幾天日記都有黃旺成分別接受張順臣、蔣渭水「抹咽喉」的治療[62]，顯然已屬「舊疾」，到了 8 月 14 日顯未痊癒，故「大甲電報來要求予政談講演，作書辭之[63]」，這便是上述給王錐的那封信函。至於黃旺成日記當中所提到的草屯李春哮、洪獻章、李春盛、吳萬成、林野等人[64]，都是草屯炎峰青年會的核心成員，同時可見黃旺成與草屯炎峰青年會的核心成員李春哮、吳萬成並有著國語學校「校友」的密切關聯。他們也是洪元煌的基本班底，南投支部就是炎峰青年會的化身，且擁有全

---

60 黃旺成作，許雪姬等解讀，《黃旺成先生日記》，1927 年 8 月 7 日，頁 270-272。

61 黃旺成作，《臺灣民報》第 169 號，1927 年 8 月 14 日，頁 3。

62 黃旺成作，許雪姬等解讀，《黃旺成先生日記》，1927 年 8 月 8、9、10 日，頁 272-276。

63 黃旺成作，許雪姬等解讀，《黃旺成先生日記》，1927 年 8 月 14 日，頁 279-280。

64 黃旺成作，許雪姬等解讀，《黃旺成先生日記》，1929 年 5 月 24、25 日，頁 183-186。

臺首創的青年會館。至於此時的洪元煌，更已被視為「一騎當
千」的「元老」，並與剛留日返臺的新星楊肇嘉並列。對此，
稱「元煌仙」為三姑丈的林莊生，有相當生動而感人的比喻：

洪元煌與楊肇嘉不僅是臺灣地方自治的
盟友也是終生摯友
資料來源：中研院臺史所授權。

我沒有聽過洪元煌的演講。不過從楊肇嘉之表演彷彿可見
其情況。因為他們兩個人之思想，風格很相似。演講之風
采大概也是一樣。洪元煌兩個孩子結婚時都請楊肇嘉來做
證婚人。他去世時也是楊肇嘉來主祭，可見兩人生死不渝

的友誼[65]。

1928 年，被總督府官僚稱為臺灣民眾黨「白頭領袖」[66]的洪元煌，為了爭取臺灣「地方自治改革」而帶領其他民眾黨的幹部一起到總督府，與臺灣總督、總務長官和內務局長等進行會談[67]。根據日後官方出版《臺灣社會運動史》的記載，當時雙方會談的內容主要是向總督府呈遞民眾黨所提九項改革基礎方案的建議書，改革的基本精神乃在於指出，當前包含朝鮮在內的世界「各殖民地都展現出尊重被統治民族意願」的趨勢中，「唯獨臺灣仍僅設置相當於官選諮詢機構的州市街庄協議會」，因此「臺灣應本於立憲政治的精神趕快確立自治行政的基礎」，打破現狀，以符合世界之潮流[68]。

　　本於該建議書的精神，洪元煌當時與豐田長官代理之間的

---

65 林莊生，〈洪元煌的政治生涯〉，《回憶灣的長遠路程：林莊生文集》，頁 40。

66 洪元煌的「白頭殼仔」，不只有在臺灣人之間，在政府機關也有名。前引〈クチナシ〉，《臺灣日日新報》，第 9990 號，1928 年 2 月 15 日。

67 當時也一同前往的黃旺成，在日記中如此寫著：「午前十時地方自治委員八人及老蔡一同從高義閣分乘自動車二台，先要訪豐田內務局，遊遍三市街還找不見他的官舍，最後乃發見於築地町，會見不上十分，他有先約要出，很倨傲。」黃旺成作，許雪姬等解讀，《黃旺成先生日記》，1928 年 2 月 12 日，頁 58。之後改約十四日上午再詳論，當日下午續訪總督上山滿之進。參見《臺灣民報》第 196 號，1928 年 2 月 18 日，頁 3。

68 臺灣總督府警務局，《臺灣總督府警察沿革誌第 2 編領臺以後的治安狀況（中卷）臺灣社會運動史》，頁 441-442。

談話，如下被記錄下來：

> 洪元煌：大正 9 年施行的地方制度雖然仍是權宜的辦法，
> 但也算是本島地方制度的一大里程碑。因此對於這項修正
> 官民間應相互協力以努力達成不可，可惜下級官吏對於制
> 度修正的宗旨缺乏認識，不但不好好地讓島上住民早日適
> 應這項制度的運作，反而有暗中倒行逆施欲阻礙其施行的
> 傾向。實在非常遺憾。
>
> 豐田長官代理：在大多數官吏當中，這只是極少數的行
> 為。拿這些芝麻小事來談，實在不值一顧。
>
> 洪元煌：本島人的協議會員幾乎完全不懂國語，何以會選
> 上他們呢？
>
> 豐田長官代理：國語的能力確實是一大難關，而因為國語
> 的問題無法順利進行議事討論，誠屬過渡時期中不得不
> 然。同時，吾人亦感遺憾。不用說，地方制度必須要順應
> 社會文化的狀況，如何誘導使其與內地達到同等狀態，實
> 為統治的真諦。然有鑒於臺灣社會的現狀，無可諱言的，
> 社會環境畢竟尚未達到施行普選的境界。不過，讓臺灣的
> 地方制度能與時俱進，盡快地達到完滿的境界，乃本官的
> 責任，吾人將盡其所能令其早日實現[69]。

可知在對談當中，洪元煌提到當時地方官吏經常妨害臺

---

69 臺灣總督府警務局，《臺灣總督府警察沿革誌第 2 編領臺以後の治安
狀況（中卷）臺灣社會運動史》，頁 444-445。

灣人爭取地方自治，同時官選協議會的臺灣人協議會員有不少根本不會說國語，根本不適任等問題。但豐田長官代理對此先以少數官吏的個人行為並不能代表總督府為由迴避了第一個問題，其次又以臺灣社會民度未開，仍無法像內地那樣實施「普選」，因此將以漸進的方式讓臺灣早日「與內地達到同等狀態」的方針，再度重申為期尚早來回拒臺灣民眾黨早日實施臺灣自治的要求。

另一方面，洪元煌對於臺灣議會設置請願運動的熱情並未因加入民眾黨而稍減。當時仍身兼臺灣民報社顧問（相談役）的洪元煌，為了臺灣民報社的新舊合併與遊說林獻堂擔任社長等事熱心奔走。因為在臺灣文化協會被左派所奪之後，對於林獻堂等人而言，臺灣民報社與其核心幹部，反而成為延續臺灣議會設置請願運動的主要推手。他們採取和臺灣民眾黨分進合擊的方式，爭取臺灣地方自治。就在 1929 年 8 月 31 日臺灣民報總會結束後，林獻堂便帶領主要幹部「陳炘、羅萬俥、林階堂、楊肇嘉和洪元煌」等人前往拜訪臺中州水越知事，針對在臺灣早日實施「地方自治」的要求進行了一個小時的會談[70]。

同年 11 月，由臺灣民眾黨南投支部主辦的大型政談講演會於霧峰林獻堂的萊園舉行。有關演講會的情形，在林獻堂的日記中有如下的記述：

---

70 林獻堂著，許雪姬等註解，《灌園先生日記（二）1929 年》，8 月 31 日，頁 237。

政壇（按：談）講演會

晚元煌、右、萬成、先於、逢源、渭水陸續而來，以外之
辯士尚有成龍、茂鉡。七時在戲園開政談講演會，以民眾
黨南投支部主催，支部長洪元煌為司會者。聽眾約有三、
四百人，頗呈盛況。余述開會辭，水來述閉會辭。諸辯士
唯元煌被中止，而萬成因無時間不講演，十一時閉會。
渭水、元煌等俱往宿於阿華處，先於、逢源、金鐘返臺
中[71]。

　這場萊園的政談演講會與民眾黨在其他各地所舉辦的活動
相較，格外具有意義。首先，主辦單位是該黨的南投支部。此
乃因林獻堂從一開始就與臺灣民眾黨保持距離，因此後來霧峰
並未設置臺灣民眾黨支部。其次，這場政談演講會中，洪元煌
以及草屯炎峰青年會幾乎精銳盡出，並且跨越地域來到素有臺
灣文化中心之稱的萊園。其中尤其是他的乘龍快婿吳萬成，更
成為他重要的搭檔，吳萬成也成為日後臺灣地方自治聯盟的主
要辯士[72]。

　隔（1930）年 1 月，林獻堂等人開始構想設立一個與臺
灣民眾黨不同的政治團體。提案人蔡式穀，主要的目的在於推
動「臺灣自治」。但是要如何處理與臺灣民眾黨之間的關係，
始終是林獻堂百思不得其解的困擾。因此，林獻堂為了避免雙

71　林獻堂著，許雪姬等註解，《灌園先生日記（二）1929 年》，11 月
　　30 日，頁 330。
72　陳文松，《殖民統治與「青年」》，頁 349-365。

方陣營的分裂，認為以爭取地方自治為單一目標，來作為新政
治結社設立的依據[73]。

林獻堂首先召回人在東京的楊肇嘉回臺，希望由他出任新
組織的領導者。同年 3 月，林獻堂等人特地前往臺灣民眾黨本
部，與蔣渭水直接面談。首先，林獻堂等人針對臺灣民眾黨中
央執行委員會稍早所做出黨員不得參加其他政治結社的決議，
表達有待商榷的立場。當天會談的情形，林獻堂日記如此寫
著：

> 到民眾黨本部開懇談會，討論前月中央執行委員會決議黨
> 員不得參加別個政治結社，欲以促成與地方自治聯盟分裂
> 之不妥處。出席者培火、渭水、式穀、萬俥、旺成、春
> 木、進平、其昌、慶珍、逢源、元煌等十餘人。余先述地
> 方自治聯盟之動機及將來之作法，不但與民眾黨無衝突之
> 虞，反有助民眾黨之作事，以促其反省。培火、式穀、逢
> 源、元煌皆有陳述意見，余因倦甚先退席[74]。

這場會談的重點在於，林獻堂等人明確表達臺灣地方自治聯盟
的成立，不但與臺灣民眾黨沒有衝突，甚至有助於民眾黨，同
時希望蔣渭水能夠理解。不過從日後的發展來看，林獻堂等人
的期望落空了，同時這場會談也成為雙方最後的會談。

73　林獻堂著，許雪姬等註解，《灌園先生日記（三）1930 年》，1 月 12
　　日，頁 14。

74　林獻堂著，許雪姬等註解，《灌園先生日記（三）1930 年》，3 月 21
　　日，頁 94。

　　儘管如此，5 月由臺灣民眾黨主辦的全島地方自治演講會的南隊，最後一場演講會又在霧峰舉行。主要上場的辯士仍由南投支部洪元煌、洪右等炎峰青年會的成員挑大樑。不過這場演講會原計有 6 位辯士要輪番上陣的，卻有三人受到中止的處分而告終[75]。隨著地方自治聯盟籌組行動的加速，這場演講會便成了林獻堂對臺灣民眾黨的臨去秋波。

　　也是在 5 月時，日後成為臺灣地方自治聯盟核心人物之一的葉榮鐘從東京返臺，並在林獻堂的推薦下進入臺灣新民報社。當時洪元煌也應邀出席了林獻堂為葉榮鐘所辦的歡迎會[76]，此後，洪元煌、吳萬成和葉榮鐘三人，幾乎成了臺灣地方自治聯盟政談演講會的鐵三角。

　　從 6 月 16 日到 19 日之間，臺灣地方自治聯盟的籌組行動，以林獻堂為中心緊鑼密鼓地進行。包括洪元煌在內，蔡培火、楊肇嘉、莊遂性、陳逢源和葉榮鐘等核心分子接連到霧峰，與林獻堂彼此交換意見。而當臺灣民眾黨幹部黃旺成到訪時，曾當面向林獻堂詢問何以非得組織臺灣地方自治聯盟不可的問題。對此，林獻堂舉出了三項理由，其內容如下：

　　十時旺成來，元煌亦來，肇嘉、雲龍同元煌往吳厝。余與
　　培火說明此次勸誘肇嘉歸臺組織地方自治聯盟之原因，

75　林獻堂著，許雪姬等註解，《灌園先生日記（三）1930 年》，5 月 3 日，頁 148。
76　林獻堂著，許雪姬等註解，《灌園先生日記（三）1930 年》，5 月 12 日，頁 158。

使旺成反省。其原因：一、民眾黨之色彩已明，凡無色
彩之人皆不敢參加。二、無分堦給〔階級〕，以全臺民
合作。三、援助民眾黨之政策，非與之對立。旺成亦發
表其意見，議論約近兩時。午後三時餘肇嘉、元煌歸，又
再與旺成議論三時間，他頗能了解，言明此後不反對，若
有機會亦欲向中執委員疏通，六時三十分歸去。肇嘉、元
煌七時歸去。余與培火、榮鍾〔鐘〕、雲龍同在五弟處晚
餐[77]。

亦即林獻堂仍再次強調其不分階級並且與民眾黨不相衝突
的立場，而黃旺成雖然表面上不便表示反對，但實則傾向同情
階級運動[78]。

而自 6 月 22 日起，楊肇嘉與洪元煌兩人為了招募臺灣地
方自治聯盟的發起人，不分官民地進行全島性的拜訪，後來並
於 8 月 5 日召開了由所有發起人共同參加的創立準備會議。
然而沒多久（8 月 10 日），臺灣民眾黨終於忍無可忍，而公

---

77 林獻堂著，許雪姬等註解，《灌園先生日記（三）1930 年》，6 月 19
日，頁 202。

78 當天黃旺成在日記中寫著：「午前八時半出中和館　坐車訪華英談々
置下手篋包　出付 9：45 台中發五分車往霧峰　十時半着　直訪獻堂
培火在　三人互相交換自治促進會意【見】　各大披陳　午飯後臥了
一點多鐘不成寐　起來要歸　強被獻、培留下　待至三時半　受阿華
請的肇嘉、元煌回來　再於別室交換意見　嘉大吐露對蔣的不滿　並
表示決心他定不作階級運動　予乃大明白其心事　遂不再發表　他們
極力求予諒解　予全不表示　六時霧峰發回台中」。黃旺成作，許雪
姬等解讀，《黃旺成先生日記》，1930 年 6 月 19 日，頁 260-261。

開指稱「謂自治聯盟是第二公益會,並對式穀、培火、肇嘉、元煌、明哲之人身攻擊」[79],展開對臺灣地方自治聯盟的強力抨擊。雖然如此,就在一週後的 8 月 17 日,臺灣地方自治聯盟成立大會假臺中醉月樓正式召開,並選出「臺北蔡式穀、新竹李良弼、臺中楊肇嘉、臺南劉明哲、高雄李瑞雲」5 名常務理事,晚上則在樂舞臺舉辦聯盟成立後第一場的講演會。但過程並不平順,林獻堂日記寫著:

> 辯士式穀、肇嘉、清耀、朝清、元煌、遂性、榮鐘,無一人不受文協、農組、工友總聯盟之惡語相傷,聽眾千餘人,而搗亂之分子僅有二十餘人,會場因之不能靜肅,警察取締之,反與抗辯,被檢束十餘人云云[80]。

可知,不贊同地方自治聯盟運動方針的,並非只有曾為盟友的民眾黨,而包括更為激進的文協等左派勢力,而隨著聯盟的成立,雙方的對立更為表面化。

終於在 9 月 4 日,臺灣民眾黨中央執行委員會再度做出決議,「勸告參加臺灣地方自治聯盟的黨員主動退黨」[81],到了 12 月 5 日,包括洪元煌在內的原臺灣民眾黨員 16 名被宣

---

79 林獻堂著,許雪姬等註解,《灌園先生日記(三)1930 年》,8 月 10 日,頁 266。

80 林獻堂著,許雪姬等註解,《灌園先生日記(三)1930 年》,8 月 17-18 日,頁 276-278。

81 林獻堂著,許雪姬等註解,《灌園先生日記(三)1930 年》,9 月 9 日,頁 305。

布除籍[82]。不樂見雙方分裂的洪元煌，遭除籍後便全心全力投入臺灣地方自治聯盟所推動的地方自治運動之中。

（二）臺灣地方自治聯盟的創立與洪元煌

出任臺灣地方自治聯盟委員長的楊肇嘉自 1931 年初起便經常前往東京，向內地的國會議員和政治人物進行遊說和尋求支持。而另一方面，擔任臺灣地方自治聯盟本部主任（主幹）的洪元煌，則同時兼任出身地的聯盟南投支部主任（主幹），經常親自帶領聯盟的辯士們前往全島各地支部，輪番上陣進行車輪式的演說以示聲援，並尋求民眾的支持。

1930 年 8 月 17 日臺灣地方自治聯盟全島發起人大會
資料來源：中研院臺史所授權。

---

82 葉榮鐘，《日據下臺灣政治社會運動史（下）》，頁 472。

臺灣地方自治聯盟演講會中的楊肇嘉與洪元煌
資料來源：中研院臺史所授權。

　　本部的辯士和當地的辯士連成一體，面對著熱情四溢的聽眾，談論著攸關臺灣地方自治的各種議題，辯才無礙地進行對民眾的「政治教育」。而來自本部的主力辯士，包括自治聯盟委員長楊肇嘉、主任洪元煌，以及吳萬成、葉榮鐘和張景源等人。其中又以洪元煌和吳萬成這對翁婿配，最令人注目。附帶一提的是，洪元煌所領導的草屯炎峰青年會中的「核心分子」，也是巡迴演講隊中的常客，例如洪錦水、洪右和林野等。

　　以下，將以洪元煌和吳萬成這對翁婿配在有關臺灣自治的
「政治教育」中，所從事的活動及言論的內容為主，進行更深
入的分析和論述。

　　如上所述，洪元煌不但出任本部主任，同時還兼任以炎峰
青年會為主體的聯盟南投支部主任。因此，包括炎峰青年會以
及 1928 年成立的稻香村共榮會在內，除了舉辦臺灣地方自治
聯盟在當地的政談講演會之外，洪元煌、吳萬成和洪右等兼任
聯盟幹部的成員，更跑遍全臺各地的聯盟支部成立大會上，和
另一位核心人物葉榮鐘等一起宣揚自治運動的理念，擔任兩種
不同的角色。

　　在這些到各地宣揚聯盟理念的政談演講會當中，洪元煌和
吳萬成究竟都談些什麼？要言之，洪元煌演講的內容主要環繞
著「地方自治與民眾生活」上，而教師出身的吳萬成演講的內
容，則主要緊扣著「地方自治與教育問題」方面，作為他們向
民眾進行政治教育的核心議題[83]。

　　前面也曾提及，洪元煌和吳萬成在進行聯盟的政談演講活

83　〈地方自治聯盟　北門支部成立　並開紀念演說會〉，《臺灣新民
　　報》，第 348 號，1931 年 1 月 24 日。而根據吳新榮日記記載，1935
　　年 7 月楊肇嘉造訪佳里，率領臺灣地方自治聯盟北門支部幹部一行，
　　造訪吳新榮和臺灣文藝聯盟佳里支部。「午後石錫純君同伴，楊肇嘉
　　氏引率臺灣（地方）自治聯盟佳里支部諸幹部──莊珍、蔡國良、陳
　　蠻諸氏──來訪。楊氏是為準備自聯大會，現在正歷訪諸支部之中，
　　順來佳里並訪臺灣文藝聯盟支部。今日此佳里有臺灣史上的二個人物
　　來往（一者為政治問題，二者為藝術問題），總是佳里也漸浮出文化
　　上的地界了。」吳新榮著，張良澤編，《吳新榮日記全集》（臺南：
　　臺灣文學館，2007），1935 年 7 月 10 日，頁 124。

動時，經常受到警察當局的中止處分，而同時另一方面，也必須面臨以堅持階級鬥爭為理念的臺灣民眾黨和農民組合等不同政治團體的干擾，或衝進會場或大聲喧鬧。對此，吳萬成在親筆所寫的日記之中有詳細的描述。例如 1931 年 7 月 19 日晚上，由聯盟臺南州北門支部所舉辦的支部大會[84]，吳萬成等人如同以往地前往聲援，並輪番上陣進行政談演講會，結果又受到干擾：

> 農曆 6 月 5 日　新曆 7 月 19 日　星期日。北門支部會召開。晴。
>
> 與會者：北門支部的諸位。
>
> 前往地：佳里。學甲。
>
> 下午兩點半起在樂春園召開支部大會。晚上搭乘汽車前往學甲庄，參加政談講演會。反對人士現身，並且有人鬧場。夜宿內地人經營的佳里屋，不但態度差而且骯髒不堪，我等一行人頗受虐待[85]。

84　〈地方通信〉，《臺灣新民報》，第 374 號，1931 年 7 月 25 日。

85　「舊曆 6 月 5 日　新曆 7 月 19 日　日曜。北門支部會開催。晴。
　　相會者＝北門支部の諸君。
　　往所＝佳里。學甲。
　　午後二時半より樂春園にて支部大會開催。夜は自動車にて學甲庄へ赴く。政談講演會に行く。反對分子出で、やじをする者あり。宿泊は佳里屋で內地人經營。不親切不清潔至極。我等は頗る逆（原文）待された。」吳萬成，《吳萬成　昭和六年當用日記》，1931 年 7 月 19 日。

　　隔沒多久，自治聯盟的臺中州南屯支部舉行支部大會，當時主講的辯士和演講題目條列如下：

一　開會詞　林清雲

二　現行制度施行後的臺灣農民　吳萬成

三　立憲政治與地方自治　蔡先於

四　地方自治是立憲政治下當然的權利　楊肇嘉

五　地方自治之特色　張景源

六　十年來之政治的消長　洪元煌

七　閉會　林友仁

這場演講會由於頻頻遭到警察「濫發」中止命令，而導致會不成會[86]。

　　然而即使演講活動經常受到妨害，洪元煌和吳萬成等人依舊不屈不撓地四處宣揚臺灣人自治運動的理念。那麼對於「自治理念」本身，洪元煌又有多少程度的理解和認識呢？如前所述，對於臺灣議會設置請願運動的推動，洪元煌便曾將此運動視為「臺灣人的政治教育機關」，藉此來追求「無形的成功」。而此時的洪元煌，在政治情勢更為緊迫的 1930 年代，不僅一本初心且更顯激情。

　　作為政治實踐的場域，洪元煌自 1920 年代之初臺灣文化協會推動臺灣議會設置請願運動以來，便率領著文化、社會與

86　〈自治聯盟　南屯支部大會　講演被濫發中止〉，《臺灣新民報》，第 375 號 1931 年 8 月 1 日。

政治性團體炎峰青年會以及提倡農村自治和農村改革的稻香村共榮會等當地青年有志，先後作為臺灣文化協會、臺灣民眾黨到後來的臺灣地方自治聯盟的外圍團體或支部，洪元煌以其自己的出身地草屯為根據地，持續貫徹自己對「臺灣人自治的理念」的堅持。

在此期間，後人可清楚看到洪元煌巧妙地連結本地與外地不同立場的勢力，至於炎峰青年會更是作為當地培育有志青年的「臺灣人的政治教育機關（本島人ノ政治教育機關）」，而洪元煌本身無疑是其中最典型的「政治人（政治人間）」。這裡所謂的「政治人」，是一種擁有著臺灣人「自覺」並為此而「奮鬥」的人，亦即當時所稱的「青年有志」，他們乃是作為地域社會的「中堅人物」。這便是洪元煌當時所堅持的「自治理念」的精髓所在。

然而當時殖民統治體制的實情卻是反其道而行，因此，在批判現有殖民政府所實施的「假自治」之前，除了盡可能地將民眾教育成一個個擁有「自治理念」的「政治人」不可之外，如何同時爭取「民眾」的支持共同來推動「自治理念」，乃是洪元煌等人批判殖民政府並爭取臺灣人自治的運動過程中，不可或缺的要素。

1931 年臺灣民眾黨遭到臺灣總督府解散的命運。其中最主要的原因，乃在於民眾黨堅持階級鬥爭的立場無法見容於當局。其實即使一開始，「土著地主資產階級」的核心人物林獻

堂，也是因為這個因素而與臺灣民眾黨始終保持著距離[87]。然而，同樣被歸類為「土著地主資產階級」的洪元煌卻是從一開始便積極參與，並與蔣渭水籌辦臺灣民眾黨，並擔任該黨成立後的社會部主任，直到被開除黨籍為止的一年多，舉全草屯之力從南到北支持臺灣民眾黨的相關活動。這到底又基於何種原因呢？

（三）設立以「群眾力量」為基礎的全民政黨

　　《臺灣新民報》以「地方自治」為題在報端開設「紙上議會」，接受讀者投書。這個時候，洪元煌兩次而且是以國語來宣揚自己的主張。簡言之，文中洪元煌最為重視的便是所謂的「群眾力量（民眾の力）」以及在此基礎之上所凝聚出來的「政黨力量（政黨の力）」。

　　首先，針對殖民政府宣布將自 1931 年起，在同為日本殖民地的朝鮮實施地方自治。聽聞這項政策後，臺灣人紛紛感到不平。因此 1930 年 7 月，洪元煌在《臺灣新民報》便提出以下的主張：

> 當前對於進行自治制改革的呼聲，彌漫全臺各角落。然而臺灣當局卻好像當作馬耳東風般，到今年九月任期改選之際，很難期待有何作為。若是有所改革也只侷限七市，街庄層級亦復如故。終究臺灣主政者中沒有一位堪稱政治

87　林獻堂著，許雪姬等註解，《灌園先生日記（三）1930 年》，6 月18-19 日，頁 201-202。

家，完全缺乏政治手腕。而朝鮮即將從明年起實施自治
了，這並非朝鮮人的要求。是因為朝鮮的為政者作為一個
政治家，當民眾的要求未釀成風波時，決定先行實施。如
果臺灣有政治家的話，這時就應該馬上賦予臺灣住民國民
權和公民權，可惜臺灣沒有這樣的政治家。有關於臺灣地
方自治的問題，臺灣當局完全等閒視之，反觀中央政局主
政者卻是大大地加以研究[88]。

文中強烈諷刺臺灣主政者都不夠格稱為政治家，甚至比朝鮮和
日本內地官僚都不如。而且若臺灣真有高瞻遠矚的政治家的
話，此時的臺灣就不僅是現階段朝鮮那樣的自治而已，應該馬
上賦予「國民權、公民權」了，顯示當時臺灣人眼中臺灣是
比朝鮮更為先進的。結果不但不是如此，臺灣甚至連自治都沒
有，而其間最主要的絆腳石，不在於日本本土的帝國議會，而
是在臺灣殖民政府當局。

確實如同洪元煌所言，自從臺灣議會設置請願運動展開以
來，臺灣總督府的立場幾乎一成不變地加以反對，但反觀日本
本土的國會議員和學者，甚至原臺灣總督府官僚之間，都有一
些人長期地支持臺灣人的主張[89]。因此，既然深知阻礙臺灣實
施自治的最大敵人不是左右請願受理與否的帝國議會，而是連
進行請願連署都加以反對的臺灣當局，那麼應該要採取何種措

---

88 〈地方自治の完成　民眾の力で　得られよう　洪元煌氏談〉，《臺
　　灣新民報》，第 323 號，1930 年 7 月 26 日。
89 葉榮鐘，《日據下臺灣政治社會運動史（上）》，頁 285。

施來與之對抗呢？洪元煌接著提出如下的看法：

> 基於上述的現實條件，對我臺灣而言，一定要所有民眾一
> 起站起來要求不可，如果要等到臺灣主政者自行改革，如
> 同等待黃河的水變乾淨一樣。只要所有民眾一起行動，提
> 出要求。也許今年任期改選時也無法改變了，但只要我等
> 勇往直前持續提出要求，那麼即使主政者如何頑冥不靈，
> 再過五年後，終究不得不施行等同內地民選議會制度的時
> 機必定會到來[90]。

　　洪元煌從過往與殖民政府交手的經驗深切體認到，要期待
臺灣主政者有所作為根本是緣木求魚。今後只有藉由「群眾力
量」來與「冥頑不靈的臺灣主政者」正面相抗，才能在不遠的
將來實施「民選議會」的可能性。所以洪元煌呼籲不要再對臺
灣主政者有所期待，要憑藉己力悍然爭取，若然五年後必能實
現。而且不僅止於此，洪元煌更指出「待我等臺灣住民能獲得
內地同等自治的地位後，臺灣住民將更進一步提出下一階段的
要求吧」。

　　由此可看出洪元煌與臺灣當局對抗的態度絲毫沒有動搖，
自始至終堅持臺灣人自治的立場。甚且，文中洪元煌儘管對日
本中央政治家有所期待，但仍認為彼等不足恃，最大的憑藉還
是要依賴臺灣民眾的力量。這也是為何洪元煌每次政談講演會

---

90 〈地方自治の完成　民眾の力で　得られよう　洪元煌氏談〉，《臺
　　灣新民報》，第 323 號，1930 年 7 月 26 日。

的主題總是不離「地方自治與民眾生活」這樣的內容，足證他寄望於民眾的期待可見一斑。

不過日後的發展卻與洪元煌的期待背道而馳，隔（1931）年，自與臺灣文化協會左派分道揚鑣而於 1927 年 7 月 10 日以確立「民本政治」為政綱的臺灣唯一合法政黨臺灣民眾黨，也因為 1931 年 2 月 18 日第 4 次全國黨員大會正式將「階級鬥爭」納入政綱之故，而在同一天遭受臺灣當局「結社禁止」的解散令[91]。就在全臺緊張氣氛彌漫之中，同年 3 月 28 日，《臺灣新民報》（第 357 號）的「紙上議會」，主編特別刊登一則「議案」，議案的詳細內容如下：

> 臺灣民眾黨已被禁止了。今後為了爭取臺灣人的政治自由，應否組織成立合法政黨、又該如何做？
> 一、主張有必要組織合法政黨之依據。
> 二、應該組織何種合法政黨？
> 三、主張沒有必要再組織合法政黨之依據。
> 四、若不組織合法政黨的話，今後要如何推行運動比較好呢？[92]

---

91 葉榮鐘，《日據下臺灣政治社會運動史（下）》，頁 489。
92 「臺灣民眾黨は禁止されたが臺灣人の政治的自由を獲得する為に、今後も合法政黨を作るべきか否か。将又どうすべきか。
一、合法政黨を作る必要だとする論據。
二、どんな合法政黨を作るべきか。
三、合法政黨を再組織する必要なしとする論據。
四、合法政黨を作らなかったら、今後はどうして運動を進めたら好

這項議案很顯然地是針對臺灣今後的政治運動要如何延續的徵稿活動，並且透過廣徵民意，以喚起輿論的重視和討論。而就在同期的版面上，同時刊登了包括洪元煌在內的 5 篇投書[93]。

然而這 5 篇投書當中，除了臺中州大肚楊維命的投書在臺灣當局的檢閱時便已遭全文塗消之外，竹南蔡國查、彰化周天啟、草屯洪元煌和（大甲）蔡年亨的 4 篇投書則皆全文刊登。竹南的蔡國查雖然主張目前應該組織「無產政黨」，但因不可能實現，因此可先由各階級組織平民聯盟，最後再成立平民總連合；彰化的周天啟則認為組織合法政黨並無利益可言，不過各個不同產業之間有必要確立不同的階級指導方針。因此上述兩人可說相較於組織合法政黨，更重視階級組織。至於蔡年亨的投書是其中唯一以漢文書寫的，他認為為了「指導大眾」有必要組織合法政黨。最後，洪元煌的投書不像上述 3 人都是以條列式的方式，而是一篇完整的文章，這也讓洪元煌的主張更具理論性。

曾經擔任臺灣民眾黨理事同時也出任臺灣地方自治聯盟幹部，後來因此被臺灣民眾黨開除黨籍的洪元煌，對於臺灣當局最終還是解散臺灣民眾黨，在投書中絲毫沒有因此感到挫折，反而更呼籲在臺灣當局的「高壓統治下」，更有組織「以全民為基礎的政黨」之必要性。

いか。」〈紙上議會〉，《臺灣新民報》，第 357 號，1931 年 3 月 28 日。

93　〈紙上議會〉，《臺灣新民報》，第 357 號，1931 年 3 月 28 日。

重建合法政黨的必要性，我想今天更毋須贅言。過去以
來，由於臺灣人對於政治方面知識的欠缺，欲使其接受政
治訓練，捨政黨而別無他途。對照日本當前的國情，若非
合法政黨幾乎不可能從事政治運動，這也是近年來日本內
地各種社會運動團體之所以幾乎政黨化的主因，若有鑑於
此，那麼組織合法政黨的必要性也就不言自明了[94]。

文中一開始便指出組織合法政黨的必要性。其主要的理由在於
「過去以來臺灣人政治方面知識的欠缺」，而必須有一「政治
訓練」機關，此捨政黨以外別無他途。這不僅是理論，更是洪
元煌身經百戰後的肺腑之言。

　　如前所述，針對臺灣議會設置請願運動的成功與否，一
聯想到當時洪元煌所描繪出的「無形的成功」的話，那麼不管
是臺灣民眾黨，就算是日後成立的合法政黨，都是臺灣人抵抗
殖民政府專制統治下，不斷地對臺灣人施行政治訓練的政治機
關，而這項任務只有透過組織合法政黨始能名正言順地進行政
治運動。如果看看當時內地社會運動的狀況，便可一目了然。
這也是洪元煌獨鍾於政黨政治的原因所在。

---

94 「合理的政黨を再建する必要のあることは今更贅言を要しないと思
　ふ從来臺灣人が政治的知識が乏しいので政治的訓練をさせるにはさ
　しあたり政黨に依る外に道がないのである。日本現今の國情に照ら
　して合法的政黨にあらざれば殆んど政治運動に從事することはでき
　ないこれは內地に於ける各種の社會運動團體は近来殆んど政黨化し
　て来たことを見れば自から明白になる事である。」洪元煌，〈紙上
　議會〉，《臺灣新民報》，第357號，1931年3月28日。

　　至於有人認為臺灣文化協會與臺灣民眾黨造成臺灣社會階級分裂的不良影響，所以今後根本不需要政黨。對此，洪元煌首先質疑「或有人認為不需要組織政黨也可以從事政治運動，但是這樣的說法果真能夠實現嗎？」並且更進一步強化自己的主張。洪元煌接著如下回應上述的說法：

> 同樣生活在高壓政治下的臺灣民眾，各自分立去組織階級性的政黨，必須加以深思不可。若各自組織階級性政黨的話，勢必相互攻訐，所謂喧嘩兩成敗，其鬥爭的力量相互抵消的結果，不僅難以達成各自的目標，甚至陷入分裂政策的陷阱之中。因此之故，不得不說組織以全民為基礎的政黨之必要性，乃是處於過渡時期的臺灣民眾最理所當然的結果[95]。

換言之，洪元煌並非全盤否定組織階級性政黨的必要性，然而迫於臺灣目前乃處於高壓政治下的「過渡時代」，若然很容易就掉進「喧嘩兩成敗」和「分裂政策的陷阱」之中，所以並不適於當前而有所保留。因此洪元煌極力主張，此時臺灣最迫切需要的是組織「以全民為基礎的政黨」。同時，針對上述「紙上議會」的「議案」，吳萬成也在下期的投書中，提出與洪元煌相互呼應的主張。

　　綜合上述，縱觀這段臺灣抗日運動統一戰線不斷地分化的歷史發展過程，洪元煌一路走來，最後強力主張階級性政黨的

---

95 〈紙上議會〉，《臺灣新民報》，第 357 號，1931 年 3 月 28 日。

不合時宜，以及組織以全民為基礎的政黨之必要性這點，格外引人矚目。

　　而就在他發表這項主張後不久，從 1931 年後半年起，日本內地與殖民地之間，由於稻米生產過剩而引發限制外地米輸出內地的管制措施，以致造成殖民地社會強大的衝擊。包括地主、自耕農和佃農，此時不分階級團結一致，在臺灣全島掀起一波波的反對運動。此時，針對農業問題的解決，洪元煌仍堅持必須實施自治[96]。同時，要解決農村經濟不景氣的問題，就必須促進產業。洪元煌認為首先必須徹底改革官營農協（農會）和製糖會社等這些中間剝削機關，並且農協中的代表必須民選，這些才是解決農村不景氣問題的先決條件[97]。

　　洪元煌自 1919 年投入新民會，參與臺灣議會設置請願運動，歷經臺灣文化協會、臺灣民眾黨和臺灣地方自治聯盟等團體並身兼要職，即使面臨著臺灣人政治運動遭到殖民政府徹底的鎮壓，此時仍寄望於全民政黨的出現。雖然在早期仍對總督府保持些許期待，但等到臺灣民眾黨也被解散之後，洪元煌可說完全覺醒，不再對當政者抱持一絲奢望。然而即便全島性政治局勢如此緊縮，為了達成臺灣人完全自治的目標，在地方街庄層級，洪元煌仍持續推動臺灣人的政治訓練和政治教育，團結炎峰青年有志並進行跨域連結，繼續與地方執政當局和寄生

96　〈臺灣米穀問題座談會〉，《臺灣新民報》，第 362 號，1931 年 5 月 2 日。

97　〈擬問求答──對不景氣的感想〉，《臺灣新民報》，第 396 號，1932 年 1 月 1 日。

地方的日本大資本家相頑抗，為爭取地方自治和農民權益而奮
鬥。

八、拼「庄政」爭自治

　　接著，將再次深入從 1924 年草屯炎峰青年會設立之日起
到 1930 年代前半為止，地域社會與殖民地文化和政治運動之
間的互動關係，藉此來分析參與炎峰青年會的地域社會青年的
多元面貌及其所扮演的角色為重點。因此除了探討「炎峰青
年」的不同面貌外，將貼近庄政的層次，探究君臨草屯地域的
在臺日人所代表的殖民統治當局與該地域社會具有代表性的
草屯四大姓間具有「雙重語言讀寫能力」的「臺灣（炎峰）青
年」之間，究竟發生何種糾葛和衝突等為論述分析的焦點所
在。

　　如筆者研究所示，國語學校畢業生不分其為內地人或臺
灣人，在整個殖民統治時期於地域社會中扮演著相當重要的角
色。以草屯地域的洪姓一族為具體案例，從殖民統治初期一開
始為因應治安維護、軍事征討等措施而同時展開推動的所謂
一連串的懷柔（尊士）政策之際，殖民政府也將培育殖民統
治所須人才列為急務，積極展開透過近代殖民地學校教育以遂
行其「青年（造士）政策」。青年教化政策推動後可明顯看
出，以臺灣鄉紳階層為中心且受過傳統書房教育的年輕世代，
不少人以擔任教師這份職業的身分被大量地納入近代學校教育
體系——國語學校之中，並且被殖民政府賦予作為「新領土經

營者」——殖民地青年的角色和任務[98]。於是，這些人畢業之後，殖民政府再讓他們重新以「臺灣人訓導」之姿，返回出身地的母校任教，並期待他們能發揮殖民地社會教化以及協助殖民地行政末端的補助者角色。

而從上述論證可知，這些臺灣人教師大部分在長期擔任訓導一職後，或轉而擔任地方行政官僚體系中的助役、街庄役場的職員，抑或擔任地方產業資本密切相關的組合長或日本大企業掌控的糖廠原料委員等，從公學校到街庄役場，協助內地人的校長、庄長、街長讓殖民政策順利在地域社會落地生根。

而在本章當中，筆者將繼續針對在草屯四大姓之中，洪姓一族之外的地域社會青年，又是如何為了堅持維繫自治傳統而不惜出錢出力，與洪元煌並肩作戰來和殖民體制相抗衡的過程加以分析論證[99]。因此以下論述的焦點，將放在洪元煌日常生活行動的場域——亦即當地的地域社會——草屯的「庄政」。而當時，《臺灣民報》、《臺灣新民報》當中經常將草屯庄政的一舉一動呈現在「地方特訊」的公共議題當中。

歸納分析當時被臺灣人言論機關視為殖民統治問題的屬性，草屯一地的「庄政」內涵可以整理出以下五個面向：1.攸關草屯庄政自治問題核心的庄長和庄協議會的政治問題；2.攸

---

98 陳文松，《殖民統治與「青年」：臺灣總督府的「青年」教化政策》。

99 陳文松，〈地域社會「青年」的多元面貌及其政治實踐——草屯洪姓一族的事例〉，《殖民統治與「青年」：臺灣總督府的「青年」教化政策》，頁 317-372。

關道路、水利建設等經濟問題，而此問題同時也牽涉到草屯單一地域與周邊地域間共同利益的問題；3.攸關警察和教育的相關問題；4.攸關產業和農民業佃的問題；以及，5.新、舊信用組合的合併問題。

　　以下，將以上述不同層面的問題及相關新聞報導出發，來檢視當時洪元煌等「炎峰青年」對於渥美庄長代表的殖民政府採行的官製假地方自治所進行的批判，以及藉此來省思炎峰青年又是如何堅持其地域社會中地方自治的傳統。

（一）攸關草屯庄自治的政治議題：以庄長和庄協議會為核心

　　洪元煌自東京新民會、臺灣文化協會所展開的臺灣議會設置請願運動起，到後來積極參與包括臺灣民眾黨、臺灣地方自治聯盟等政治團體，對於爭取「臺灣人自治」的要求等「島政」層次的運動（包括擔任臺灣議會設置請願運動的上京代表等）幾乎是無役不與；但是與「島政」層次知識菁英最大的不同點乃在於，非僅如此，洪元煌在自己的出身地──草屯，對於「庄政」自治的要求和政治實踐，也是一路走來始終如一，結合有志的青年向地方行政當局據理抗爭。

　　如前所述，草屯庄長渥美寬藏不但是洪元煌等草屯地域年輕世代們的師長，自日治之初以來於該地歷任校長、庄長和街長等地方教育和行政的首長，長期君臨當地。渥美從日本內地渡海來臺進入國語學校就讀，1899 年畢業後便被分發到草屯地域第一所公學校──南投公學校草鞋墩分教場（不久後升格為草鞋墩公學校）的第一任校長，且前後長達十多年。1920

年地方制度改正，渥美又出任第一任草屯庄庄長（除 1933 至
1934 年之外，直到 1937 年為止），後草屯庄升格為草屯街，
又從庄長變成了第一任的街長（1938 年起），直到 1940 年卸
下公職為止。就這樣，不管是當地的教育、教化事業，也不管
是地方行政的推動，可說集所有地方行政權力於一身。而從公
學校到街庄役場，長期一起輔佐他，並由他一手所提拔的助
役，也是同樣畢業自國語學校的臺灣人校友洪清江。若說洪元
煌是他所教授出來的第一位公學校畢業生，那麼洪清江不僅是
他的學生，同時也是學弟（後輩）。

　　而且由於渥美長期擔任公學校校長，因此日治前半包括
跨越乙未戰爭前後出生的草屯地域新世代，幾乎都出自他的門
下。從校長到街庄長，並且長期任職生活在同一地域的特點，
也可說是作為「新領土經營者」所扮演的重要角色。當然，
在這種殖民統治體制下，即使渥美與洪清江兩人可說系出同
源（總督府國語學校），但作為統治者的內地人「校友」之地
位，絕非臺灣人「校友」所能雨露均霑的，更何況兩人原本就
有著師生關係，因此長達半世紀的殖民地時期，渥美寬藏與洪
清江間上對下關係始終不曾改變。

　　而對於這位草屯地域新式教育的恩師渥美寬藏校長，第一
屆唯一的畢業生洪元煌，如前所述，曾以漢詩來表達對渥美寬
藏校長的敬意和期待。然而，原本褪下「朝衣」（校長）換上
「布衣」（退職）的渥美，不久後重新披上「朝衣」，以庄長
之姿君臨草屯地域，且不再是「臺灣（炎峰）青年」和住民崇
敬的對象，而是他們爭取臺灣人自治的最大敵人以及抨擊和批

判的對象。

1926 年的「聖廟移轉問題」開其鋒，而在 1928 年渥美庄長公開批判炎峰青年會後，環繞著「庄政」種種問題的攻防，更成為雙方爭議的焦點所在。而且 1928 年有關昭和天皇「御大典奉祝問題」，更演變成時任保甲聯合會長的洪元煌[100]與昔日恩師渥美庄長直接對壘的政治戲碼[101]。

其間，殖民政府當局欲強化對地方統治的一舉一動，更是直接挑動地域社會的敏感神經，一有風吹草動馬上成為臺灣人攻擊的標的，因為這些關於「庄政」的舉措，往往也深化臺灣人街談巷議時，對於殖民政府當局差別待遇的反彈。例如以下的這則報導：

> 草屯庄役場、照從來的慣例採用吏員、是一定的期間經過、即任命做書記。但是這番因意見不合、強迫書記陳某退職。後來該庄長不知道甚麼打算、就任命了一內地人、前屬警察界的人為高給的書記。庄民議論紛紛、恐怕不久會對本島人的吏員、發出驅逐令也未可料。該庄長自就任以來、如住宅問題、協議員任命後被州拒否的問題等、不當的處置甚多、庄民甚為憤慨、聞近日將開庄民大會、攻擊他的不當並勸告他自決辭職云[102]。

---

100 洪敏麟總編輯，《草屯鎮誌》，頁 298-299。

101 〈街談巷議〉，《臺灣民報》，第 237 號，1928 年 12 月 2 日。

102 〈地方通信草屯　將開庄民大會　攻擊庄長不當〉，《臺灣新民報》，第 308 號，1930 年 4 月 12 日。

只因為庄長的一項內地人書記任命為開端，卻引發了草屯庄民長期對於庄政諸多舉措不滿的爆發。其中，甚至將批判的對象直指渥美庄長，公開舉發庄長多項的「不當處置」，號召庄民召開庄民大會並呼籲庄長應自行引咎「辭職」。而這裡所提所謂渥美庄長的「不當處置」，之後甚至成為全臺輿論抨擊和糾彈的樣板罪狀：

> 在這十月一日（按：1930年）的市街庄協議會員的改選期、各市街庄民自九月初起就漸呈出改選的氣分〔氛〕了。同時對於街庄長問題、亦逐漸議論起來、雖是任期未到大有非同時改選不可之概、以下略記臺中市附近數庄的庄長問題：
> 一、草屯庄長問題
> 草屯庄長現在是渥美某當任、起初是以他有該地的公學校長的緣故、頗得一般的信任、後來逐漸扶植勢力、又有其他種種的問題、故一般庄民大鳴不滿、漸露出排斥運動云。據查其排斥的理由：
> （一）宿舍料問題
> （二）宿舍修繕料問題
> （三）文廟移轉問題及下水溝改築被控敗訴等些失政
> （四）任用執行猶豫的某信託會社專務為協議會員而參列御大典的問題。
> 以外還有種種問題、故一般庄民已漸舉起反對的烽火的樣

子（後略）[103]。

　　沒多久，草屯庄渥美庄長又因下水道工程招標問題，引發內臺人差別待遇的爭議，《臺灣新民報》日文欄遂以〈這裡又有內臺人差別待遇的證據　郡土木技師的專橫與庄長的無能（茲にも又內臺人の差別待遇の事實あり　郡土木技手の專橫に庄長の無謀）〉為題，揭發渥美庄長的不當處置（按：譯文）：

　　這次南投郡草屯庄下水道工程招標，又再度出現對內臺人投標者的差別待遇，可說也正如實地暴露出內地人庄長的心態。話說該工程招標乃由郡土木技手一手掌控，當天庄長便在該技手的指使下到現場審定。這時有一位被指名來自臺中的本島人投標者不知因著何事而稍微遲到，卻因此被該技手禁止投標；然而同樣遲到的內地人投標者，竟然一點事情都沒有似地進場投標，簡直是一種民族差別待遇。對此，內地人庄長竟連眉頭都不皺便附和該技手審定本島人投標無效。原來工程招標時參與投標者愈多，對於支付工程費的庄而言是最有利的，豈有加以拒絕之理，如此應可推知內地人庄長的心態了。而且參酌往例，從來沒有過因為被指名的投標者未現身便直接取消其資格的情況來看，更顯示出只為了圖謀官方技手個人之利益，不惜讓

---

103 〈各地的庄長問題　街庄議員改選在即　反對的聲浪漸抬頭〉，《臺灣新民報》，第329號，1930年9月6日。

投標者陷入毫無轉圜之絕境。因此，對此專制並從中牟利的內地人庄長之舉止，庄民絕不會坐視的。故在此進言，以促其知過能改[104]。

從人事安排到下水道工程，從庄長個人的公私不分到偏袒內地人，草屯住民對於渥美庄長的專制行徑和公然對臺灣人的差別待遇，可說讓住民的不滿已到了臨界點。當然，內臺人的差別待遇並非侷限於單一地域社會的問題，而且這類的問題，可說彌漫於臺灣人的日常生活當中，不斷地喚起臺灣人對於殖民統治有形與無形的抵抗意識。

其次，與庄政自治直接相關的，便是圍繞著官選庄協議會運作的相關問題。在地域社會，尤其在農村地帶，壟斷統治者地位的內地人官僚，往往是人口中的極少數。即使地方制度改正不下數次，卻只是更形鞏固少數人統治的強度和權力的集中。因此如上所述，地方行政輔助層級的助役和書記等役場事務官僚，任命當地臺灣社會領導階層的年輕世代來充任，乃成為稀鬆平常之事。反之，殖民統治的確立，這些地域社會中領導階層的協助乃是不可或缺。因此，當時與庄政推動息息相關而且是唯一的「官選」議會——庄協議會，乃成為地域社會領導階層與殖民政府雙方，遂行殖民統治之際，互動最為頻繁而且與地域社會住民生活最為密切的公共場域，如何維持庄協議會的運作乃成為殖民政府當局的最大課題。

---

104 〈茲にも又內臺人の差別待遇の事實あり　郡土木技手の專橫に庄長の無謀〉，《臺灣新民報》，第338號，1930年11月8日。

　　自從 1920 年的地方制度改正以來，對於挑戰「官選」庄
協議會所象徵的殖民統治體制所衍生的新的抵抗模式，逐漸成
為殖民統治下地方政治的「常態」。就草屯地域來看，則是
從 1924 年 10 月炎峰青年會成立以後，便一波接一波地抗議
庄協議會違背地方自治精神的相關自主性抗議活動出現。到
了 1926 年，更因「聖廟移轉問題」而引爆了住民長期以來對
於「官選」協議會的不滿，導致了當時草屯地域五位「有志之
士」的協議會議員，同時宣布辭去協議會員以示抗議的行動發
生。而對於草屯庄協議會自設立以來的運作型態，更是引爆點
所在。對此，當時《臺灣民報》有如下的報導：

> 此回草屯庄之協議，已於一月二十七日開幕，官選的協
> 議已開五次，議會之名目雖好，究其實際，不過尊官重
> 形式，議案專由議長主決，皆唱原案贊成，甚至無一人質
> 問，可見官選的議員百依百順[105]。

從「尊官重形式」、「議長主決」到「議員百依百順」的形
容，正是 1920 年協議會開設以來的實態。因此，當文廟移轉
問題發生後，「有志之士」的協議會員為了表達抗議終於連袂
請辭。炎峰青年會為了表達對請辭議員的支持，特地一併邀請
先前已辭去該職的洪元煌等，舉辦批判庄政的演講會。

　　會員代表洪元煌氏起述不完全之自治制庄長助役之矛盾，

---

105 〈有心之庄協議員勇退〉，《臺灣民報》，第 92 號，1926 年 2 月 14
日。

林野氏述非開庄民大會不可，游見龍氏述塞翁失馬，焉何禍福，洪應用氏述庄協議會之作用，其他會員五分間演說，滑稽百出，來賓李春哮述謝辭云庄政此後腐敗如何未可料。

在報導這場聲援辭職議員的演說會之後，報導的結尾處更以「恢復人格的表現」的字眼，公開稱讚這五位辭去協議會員的作法[106]。

1931 年，當臺灣民眾黨等全臺性政治團體等相繼受到臺灣總督府的強力彈壓或取締的情況下，草屯地域住民對於庄政自治的要求仍未曾稍歇。同年 6 月，《臺灣新民報》就曾報導著「臺中州南投郡草屯庄民有志，最近時常聚集一處，討議庄政問題，計畫近々將要開庄民大會」[107]。接著指出其理由主要有三點，在此列舉如下：

查其動機和目的是因為假自治制施行以來，已過十個年。這十個年如一日被渥美庄長，踏製其地位而撐庄政，不但沒有日日新又日新的治跡〔績〕，似乎反趨於腐敗。所以要開庄民大會，喚起公論，摘發庄政的劣點。

第二是因為物價跌落，各地的自動車運資早已降下了，然而唯獨帝國製糖會社的鐵道運資，依然不降。試看其客

106 〈有心之庄協議員勇退〉，《臺灣民報》，第 92 號，1926 年 2 月 14 日。
107 〈為廓清庄政籌開庄民大會　謀大眾的利益　草屯庄民奮起〉，《臺灣新民報》，第 368 號，1931 年 6 月 13 日。

車，以亞鉛片為蓋，用壞板粗造的箱子車，不管你乘客如何，天氣怎樣熱，只知道要收車資。其橫暴貪利，不可不為糾彈。

第三因明治製糖會社對蔗農非常無理，不但原料要降三成，無視前約，將有些染病罹蟲的，全部不肯買收。尤其甘蔗的割法，據他們的契約是自蔗頭入地三寸起，至蔗尾白色的所在。然而最近調製是將地上二、三寸起至最有糖分的中間那部分，因此蔗農一甲地一個年的原料之損失，超過了二萬斤以上。對這個榨取機關的製糖會社的橫暴，亦欲鳴鼓以攻促其反省，極力結束起來擁護蔗農大眾。

即藉由召開庄民大會以「喚起公論」，點名批判在渥美庄長主政下的「偽自治制」，自從實施以來的十多年間，庄政日益腐敗，不但要追究庄長的責任，對於影響草屯住民的經濟和民生問題息息相關的帝國製糖會社交通費、服務品質，以及明治製糖會社南投工場對廣大蔗農經濟上的剝削等等進行抗議。庄民大會隨後於 10 月 25 日召開，但卻才進行沒多久，便遭到警察命令解散。對此，10 月 31 日的《臺灣新民報》有如下詳細的報導：

> 南投郡草屯庄民有志，為要廓清庄政，於去二十五日在炎峰青年會館開催庄民大會。聽說庄政有左記數項的缺陷，庄民已是忍無可忍，不得不將開庄民大會，喚起庄民覺醒起來，同謀庄民大眾的利益。

第一庄當局者對地方教育，很不熱心，所以地方的青年，能夠進入上級學校的年年減少。又對貧民的授業料免除，很沒誠意，致使地方民和學校教員間的感情很不好。

第二對于帝國製糖的暴利、運賃和交通回數很有不公平，庄民損錢又感不便。然而庄長無視前約，置之度外，毫無為庄民打算。

第三庄長住在他在學校長辭退時候，地方的學生共同提供的宿舍，而藉他人的名義對庄役場，每月領取宿舍料。又以暴風雨害的理由改造家屋，前後兩回開費了公金千餘元。

第四庄長因市區改正有不法而被一庄民告訴，竟到敗訴。而買收土地代及辯護士的謝禮、出張旅費等等，計約損失千餘元。

打倒內閣的國民大會在於內地常常開催，然而在臺灣假自治制度下，區區一地方的庄政，還沒有雅量任庄民去批評。然而於二十五日開會，竟於開會匆匆，就被解散，可見地方警察胸度的不寬呀！

對這層無理的解散，主催者憤慨得很。於翌二十六日下午，洪元煌氏等親到州當局嚴重抗議云[108]。

在此看到除了前述已提到的三點外，又增列庄民的教育問題，以及對於庄長個人專制腐化更予以強烈的批判。最後為了抗議

---

108 〈草屯庄政廓清的庄民大會被解散　主催者向州當局抗議〉，《臺灣新民報》，第 388 號，1931 年 10 月 31 日。

當局對於庄民大會不當解散的作法，以及凸顯「臺灣假自治制度」的實情，洪元煌還特地前往州當局表達嚴重的抗議。對此抗議，該報也在同期的專欄「中州噴水」中報導當局的回應，同時宣稱發布解散命令並非州當局，因此對草屯警察的獨斷表達批判之意[109]。

隔（1932）年 1 月，當時正在開會中的草屯庄協議會，由於「官選」協議會議員的發言內容，遭受到渥美庄長痛斥「認識不足」，對此《臺灣新民報》以「實亦可嘉」加以諷刺。同時，該報也報導著草屯庄民為了糾彈這些「傀儡議員」，日後將繼續舉辦講演會以公開聲討[110]。

綜合以上可知，草屯地域以洪元煌為首的有志之士，不斷藉由行動以及透過報紙，以期喚起輿論，具體批判渥美庄長的個人操守和專斷，同時將爭取自治的政治行動擴及到全臺。

（二）攸關道路、水利建設跨地域的問題

如上所述，草屯地域住民對於由帝國製糖會社所經營的鐵道運費以及惡劣的服務品質，進行了抗議活動；然而，這並不是草屯單一地域的問題，而是同時與鄰近地域具有密切關聯性的問題。而在這些攸關道路與水利設施的跨地域問題中，位於草屯市街中心地帶的李氏一族所扮演的角色最受矚目。因為一方面，水利問題不但對於草屯社會的發展與住民的生計有直接

---

109 〈中州噴水〉，《臺灣新民報》，第 388 號，1931 年 10 月 31 日。
110 〈地方通信草屯　庄民要開會打倒木偶議員〉，《臺灣新民報》，第 400 號，1932 年 1 月 30 日。

密切的關係,更與各大宗族勢力的發展有著密不可分的關係。洪元煌等洪氏一族,也是因著長年掌握著當地一部水利施設的經營權,因此渠等在攸關農業問題的發言,便有著不可等閒視之的影響力。就是因著有共同的利益所在,因此當發生攸關道路和水利方面的問題時,李氏宗族和洪氏宗族之間常常聲息相通,共同連手與殖民統治當局和日本製糖會社進行抗爭,導致地域社會與統治者之間衝突頻仍。

當然,攸關道路和水利建設的利益並不能單僅視為為了某一特定宗族的利權,尤其在以農業為主的草屯地域內,多數住民都是以農為生,所以這些更都是攸關著農民的利益問題。洪元煌能自始至終堅持「臺灣人自治」的理念並且長期獲得當地住民的強力支持,也可以說是能夠把本身的政治信念巧妙地與農民利益相嵌合,並且總是站在維護農民的立場出發所致。如後所述,在洪元煌晚年所寫的《雪峰詩集》當中,最關心的幾乎都是凸顯農村經濟的惡政與農民生活的悲慘景況,簡直可稱得上是「農民的代言人」這樣的存在。同時,1930 年代後被稱譽為「農倉的先覺者」的洪火煉,也是因為對於農村經濟有著重大貢獻,因此雖然當時在政治立場上與洪元煌可說截然相反,但依舊受到農業界的高度肯定。

首先,從有關水利方面的問題來看,草屯地域的水利施設當中,主要有茄荖媽助圳與北投新圳等。原來這些水利設施的管理人都由當地的名望家擔任,但在日治初期以後,水利設施成為地方行政管理的一環,並由當地行政首長兼任組合長。例如,草屯地域的水利組合一成立之後,組合長便由南投郡守

兼任，而由評議會負責管理。至於評議會的議員乃由會員中選舉產生，洪元煌也成了水利組合評議會中評議員之一。1931年，草屯地域因受洪水所害，茄荖媽助圳的灌溉水路受到嚴重損害，然而卻因為水利主管機關草草因應致使農民受到更大的損害[111]。其後，評議員洪元煌和洪火煉等人特地前往災害現場視察，結果總共動員了 400 位住民才終於將圳的水路修復。對於行政當局的不負責任，農民深感憤概，於是推派炎峰青年會洪元煌為代表向南投水利組合進行質詢並追究當局的責任。對此，當局表示將全力進行善後，並採取有效對策以防止同樣情形再度發生[112]。

另一方面，水利問題在草屯地域的住民之間，也引發出有產階級（大地主）與無產階級（小地主與小作人）雙方階級對立的問題。對此《臺灣新民報》針對草屯北投新圳[113]評議員的改選，有如下的報導：

> 既報草屯北投新圳評議員的改選，果於去七月二十四日起施行。牛屎崎區的當選者洪元煌君、洪炳癸君；草屯區李春盛君、李春哮君、李昌其（按：期）君、李臨君、李合成君，就中因李春盛君當場辭退，故次點者梁清潭君當

---

111 〈地方通信草屯　農民協力浚渫圳頭〉，《臺灣新民報》，第 370號，1931 年 6 月 27 日。

112 〈地方通信草屯　青年會代表質問水利當局〉，《臺灣新民報》，第373 號，1931 年 7 月 18 日。

113 張家綸，《菁英如何改變社會——近代草屯之形成與人際網絡之轉變（1724-1945）》，頁 83-96。

選。就中選舉戰最白熱化的是新庄區，是有產派與無產派的對立，兩方的立會人非常緊張，互相監視，於開票中險些鬧出事端，這可以證明無產大眾的覺醒、時機的變遷了[114]。

接著，來看看有關道路興建所產生的問題。臺灣西部主要有著貫穿南北各大都會區的縱貫鐵道連接，而在農村或鄉下地方，則有著為了搬運內地資本家開設的製糖會社運輸砂糖和原料之所需，興建了許多輕便鐵道，這些以貨運為目的的交通網絡遂成為各地對外聯絡的主要交通手段。但也因為如此，這些輕便鐵道當初興建的目的是以運送搬運物資為第一要務，載人的客運業務並非優先業務。儘管如此，在公共巴士尚未普及的農村地帶而言，藉由輕便鐵道來對外連接市區，可說是最為便利的交通工具。當時聞名臺灣全島的民族詩人林痴仙，便曾以「輕便鐵道」為題，寫了如下生動描述的詩作：

> 幾處溪橋鐵線敷，蜿蜒直接霧山隈；眼前世事誰能料？此日康莊昔畏途[115]。

諸如此類交通設施的興建確實可替地方帶來繁榮；然而從另一方面來看，這些攸關各地道路興建的決定往往由殖民政府

---

114 〈地方通信草屯　議員選舉戰　無產者勝利〉，《臺灣新民報》，第 375 號，1931 年 8 月 1 日。

115 林朝崧，《無悶草堂詩存》（臺北：臺灣銀行，臺灣文獻叢刊第 72 種，1960），頁 82-83。

當局單方面所下，且經常無視當地住民的意見，更有甚者，有關道路興建所需費用，大部分都是向一般住民強制徵收，也因此常引起地域社會的反彈和抗爭。例如，1929 年，為了反對南投郡道路的興建，洪元煌特地拜訪林獻堂尋求支持，而反對的主要理由，便在於住民必須負擔巨額的建設經費[116]。而後，1931 年，原本已經取消興建的草屯——芬園間產業道路的興建計畫，隨著臺中州知事的更迭，竟然敗部復活，秉承上意，南投郡守於是召開了興建會議。結果又因受到草屯李春盛和洪火煉等人的反對而再度受挫[117]，不過據報，當時警察還為了阻止民眾進行陳情而予以施壓[118]。

　　除了殖民政府當局與住民間常常發生問題之外，為了搶奪道路的經營權，甚至也釀成製糖會社與住民相互對立的情況發生。其中最具代表性的便以臺中州管內從臺中（霧峰）——經南投（草屯）——到國姓（埔里）這條所謂「裏南投道路」興建計畫，所引發的抗爭事件。為了反對帝國製糖會社壟斷這條道路的興建，以草屯洪元煌為主的地域住民與霧峰林獻堂等，

---

116 林獻堂日記中記錄，「洪元煌來，謂南投郡道路開鑿費七十萬元，當局決定使郡下人民負擔，他欲招集諸同志起為反對。」林獻堂著，許雪姬等註解，《灌園先生日記（二）1929 年》，2 月 27 日，頁 68。

117 〈地方通信草屯　造路被反對　郡守大失望〉，《臺灣新民報》，第 353 號，1931 年 2 月 28 日。

118 〈彰草間的道路　南投郡守要強築造　地方民作反對陳情　分室主任種種鎮壓〉，《臺灣新民報》，第 375 號，1931 年 8 月 1 日。有關日治時期草屯的交通建設，可參閱前揭張家綸，《菁英如何改變社會——近代草屯之形成與人際網絡之轉變（1724-1945）》，頁 105-118。

連袂分別向臺中州知事日下辰太和臺灣總督中川健藏進行陳情。陳情的理由和經過的情形，林獻堂在其日記當中，有如下的描述：

> 會日下知事
>
> 長澤圓三郎使施木慶持調印者百四名，欲參加於陳情書。洪元煌、李峰演、鄭明義八時餘來霧峰，將調印者合於陳情書。其人數霧峰五三三名、草屯五二三名、南投一〇四名、國姓五八名，計一二一八名。十時出發會日下知事，將陳情書交付，並略述臺中埔里間乘合自働車經營者我等所希望：一、交通局直營，一、沿線住民之有志者組織會社，一、負有交通經驗之人。知事言州當局應有相當之處置。元煌又詳言不可許可帝國製糖獨占[119]。

隔天，林獻堂、洪元煌等為代表繼續北上，當面向中川總督陳情：

> 會中川總督
>
> 余與資彬、元煌、峰演、明義以靈石為通譯，九時會交通局庶務課長戶水昇，十時會總長堀田鼎，十一時四十五分會中川總督，述此回作代表陳情臺中、埔里間乘合自働車許可之問題，大意與昨日對知事所言相同。（中略）晚受峰演、明義之招待於北投新樂園，出席者資彬、元煌、呈

祿、雲龍、靈石、佛樹、萬成、式穀及余，計十一人，九
時餘方返[120]。

隔天從臺北回來後，一行人又在當天一早再度與臺中州知事會
面，報告向總督陳情的結果：

> 余與資彬、元煌乘八時半之急行車返臺中，（中略）余三
> 人復往會日下知事，報告上北陳情之狀況。知事詳問帝糖
> 不都合之點。答之曰：一、橋梁流失，不肯即時修繕，使
> 乘客乘火車，以圖收入增加；二、汽動車狹隘，常無立錐
> 之地，不顧乘客之不便；三、回數券近日改乘自働車，不
> 能乘火車。知事言欲使其注意改革[121]。

在當面向知事指陳帝國製糖會社的不當作法後，知事也同意要
求帝糖進行改善，結果雖然回到原點，但至少獲得最低限度的
回應。然而之後卻又節外生枝。原來林獻堂陣營的《臺灣新民
報》忽然刊出一篇敘述陳情代表被帝國製糖會社買收的報導。
當時擔任《臺灣新民報》取締役的林獻堂對這種毫無事實根據
的報導大為憤慨，要求追究相關責任[122]。結果，執筆這篇報導

---

120 林獻堂著，許雪姬等註解，《灌園先生日記（八）1935 年》，8 月 7
　　日，頁 273。
121 林獻堂著，許雪姬等註解，《灌園先生日記（八）1935 年》，8 月 8
　　日，頁 275。
122 林獻堂著，許雪姬等註解，《灌園先生日記（八）1935 年》，8 月 25
　　日，頁 294。

的草屯通信記者遭受免職處分[123]。在這篇窩裡反的報導事件告一段落之後，洪元煌與林獻堂再度拜訪知事，提案終止帝國製糖會社壟斷的局面而改採合辦經營的模式，但知事顯然不贊成，而以此事調查結果尚未出爐，同時認為不能無視帝國製糖與臺中輕鐵會社的既得權利[124]作為託詞。

就這樣，為了打破帝國製糖會社對地域社會交通運輸的壟斷局面，洪元煌與林獻堂兩人除了在「島政」層次的問題並肩作戰以外，對於攸關共同利害的問題，也經常進行跨地域的合作，相互交換意見，並以同一立場與殖民統治權力者進行交涉，以打破內地資本壟斷的局面，儘管最後無法如願。

（三）攸關警察與教育之問題

警察與教師這兩種近代化職業，可說是日本殖民統治臺灣從一開始便受到統治者的高度付託和期待的殖民統治裝置。不論是治安維持抑或是國語普及，從治理到教育教化等各個層面，都是掌握殖民地社會時最不可或缺的。其中又以警察所象徵的殖民統治權威和暴力性，一直都是殖民地反抗運動中最受政治運動家所強烈批判的對象。不過就地域社會而言，警察的人數並不多，經常無法顧及每個角落。因此，透過公學校以取得教師們的協助，乃如家常便飯。特別是內地人的校長和教

---

123 林獻堂著，許雪姬等註解，《灌園先生日記（八）1935年》，8月28日，頁299。
124 林獻堂著，許雪姬等註解，《灌園先生日記（八）1935年》，9月4日，頁309。

論，以及臺灣人訓導。然而內地人教師的人數如同內地人警察一般，往往也是寥寥可數，所以到最後，大多非得大力借助或依賴臺灣人訓導的協助不可。

如前所述，在長達半世紀的殖民統治當中，草屯地域公學校的「教師」，大多畢業自國語學校。而且，擔任地方行政或教育行政的首長，諸如街、庄長和校長等職都由該校「校友」所出任；另一方面，臺灣人「校友」雖扮演著重要的角色，但職位都較內地人校友來得低。儘管如此，這些出身地域社會的臺灣人「校友」，自 1920 年代起在洪元煌所領導的炎峰青年會等各種反抗殖民統治的各式各樣的運動當中，轉身成為「臺灣青年」。這些雙語菁英世代既是殖民地教師同時也是「臺灣青年」。藉由草屯炎峰青年會和稻香村共榮會等團體，在地域社會中從事政治教育和社會教育的推動，並且從地域社會自行創造出的政治場域中展開對殖民地專制政治的批判。因此，地域社會中與殖民統治上息息相關的警察和教育的行政舉措，便經常成為炎峰青年日常生活中批判的對象。

草屯地域的警察機關從殖民統治初期的派出所到後來擴充為草屯分室，並結合漢人社會傳統的保甲制度，有效而嚴密地監控地域社會。從各種稅金和捐款的徵收到治安的維持，甚至到 1920 年以後監控各種講演會等，都落在警察的身上。

1930 年，當時遭逢經濟不景氣，但在草屯卻發生了警察逼迫生意人捐款的情形，甚至訂下最低捐款的金額，結果導致商人一遇上巡查便紛紛走避的奇特景象[125]。過了不久，隔

---

125 〈地方通信草屯　強要寄附金　小商人叫苦〉，《臺灣新民報》，第

（1931）年草屯地域的土城派出所為了改建而編列高額預算，由於農民收入欠佳，這筆經費勢必又落到當地住民身上，而引起了住民間極大的反彈。對此，《臺灣新民報》有如下的報導：

> 草屯庄土城派出所管內八保約九百戶的庄民、以耕田為業的農民居多、前年為欲增殖產米起見、新開龍泉圳[126]來灌溉、增了莫大的負擔、兼之去年農作物遭了未曾有的大蟲害、殆無收成、今年的一期作雖得收成多少、又碰著不景氣有粟賣不到錢、收入不敷支出、農民負債累累、生活越趨苦境。但該地的巡查們毫無體貼百姓、急於建功上司、強要改築派出所、豫算了六千餘圓。聞已於二十一日臨時召集了保正強命承諾、推薦黃某（按：黃春帆）做建築委員長、積極進行、保民聞言、大起恐慌、將欲蹶起反對云[127]。

---

342 號，1930 年 12 月 6 日。

126 「黃春帆外四龍泉圳水利組合設置認可」（1923-01-01），〈大正十二年臺灣總督府公文類纂十五年保存第八卷地方〉，《臺灣總督府檔案‧總督府公文類纂》，國史館臺灣文獻館，典藏號：00007168004。1923 年成立龍泉圳水利組合，開始進行水利工程；1928 年完成該工程，主要是為了草屯土城平原的灌溉用水。洪英聖，《草屯「龍泉圳」的開發：日治臺灣水利建設個案研究》，東海大學歷史學研究所碩士論文，2000；張家綸，《菁英如何改變社會：近代草屯之形成與人際網絡之轉變（1724-1945）》，頁 96-104。

127 〈地方通信草屯　保甲民反對　改築派出所〉，《臺灣新民報》，第371 號，1931 年 7 月 4 日。

以上，都是因為警察當局的舉措加重了住民經濟上的負擔，而成為眾矢之的；而在日常生活中，警察不當取締的行為，也是釀成住民不滿警察的根源所在。例如對於取締私娼的不公[128]，以及對住民的休閒活動不當的介入和拘留[129]等。

除了警察外，一般住民對於教育問題更是非常關心，包括經常捐款給學校並熱心參與學校和教育相關的各種事務。有關教育政策的問題，在駒込武論文中已有詳細的討論[130]，本節在此將焦點鎖定洪元煌與炎峰青年會的教育活動上。

1930 年，洪元煌所領導的炎峰青年會為了提升無產青年的智識，一面設立讀書會外，另一方面還組織家長會（父兄會）和減免學費、提供獎學金等，讓無產農民的子弟可以上學。

有關讀書會的設立，當時《臺灣新民報》有如下的報導：

> 草屯炎峰青年會這次為圖會員並公學校畢業之無產青年的學識向上計、由教育部委員洪緝洽君提議、決要組織和漢文的研究會於該會館、聽說欲分為高普二班、日夜研究。領導者漢文科是張玉書君、和文科是黃洪炎君。其會期及入會的聲明書、經已於數日前印刷完備、現正在會員募集

---

128 〈地方通信草屯　警察取締不公〉，《臺灣新民報》，第 374 號，1931 年 7 月 25 日。

129 〈地方通信草屯　練習運動　有何犯法？〉，《臺灣新民報》，第 390 號，1931 年 11 月 14 日。

130 駒込武，〈抗日運動における教育要求と總督府の教育政策——1920~30 年代臺中州草屯庄の事例を中心に〉，頁 431-439。

中。地方人一聞此訊、莫不稱為善舉、聲明入會的青年已
達參拾名、不日中將要開始云[131]。

由此可知，讀書會是由炎峰青年會教育部委員洪緝洽所負責籌
設，並由張玉書和黃洪炎各自擔任漢文和國語的授課教師。除
此之外，1932 年初，炎峰青年會也曾為了年輕世代的教育，
而籌設書房，卻因不符合行政程序而遭到駁回退件：

> 為補救公學校畢業兒童教育的不足而興起的郡下書房、這
> 回竟遭了郡當局的禁止、於去月中旬五六十名的書房先生
> 一齊被召到郡衙、提出始末書。謂此後若不提出申請、斷
> 然要照私立學校取締規則究辦云。而草屯炎峰青年會的合
> 法的申請亦被卻下、對此民眾嘖有煩言[132]。

為了了解其他地域的教育情況，洪緝洽也曾安排父兄會去
考察學校教育的實況。結果找出辦學績效不佳的主因乃在於：

> 草屯庄下的公學校、因此數年來合格於上級學校的兒童很
> 少、查其原因不外乎學校當局著急於外形上的施設、而沒
> 卻了充實內容的工作、並學校家庭間連絡的缺如、往往發
> 生兩者間的葛藤所致的[133]。

---

131 〈地方通信　草屯炎峰青年會將設讀書會〉，《臺灣新民報》，第
369 號，1931 年 6 月 20 日。

132 〈地方通信　南投郡當局無理解禁止設書房〉，《臺灣新民報》，第
401 號，1932 年 2 月 6 日。

133 〈地方通信　草屯為圖教育振興青年組視察團〉，《臺灣新民報》，

除了積極找出學校教育問題癥結所在，要求學校當局進行改善之外，為了協助無產農民子弟的升學，草屯地域的新庄公學校教師和青年有志為首，還設立了獎學會：

既報新庄公學校獎學會的發起人會、於上月二十九日照豫定在新庄保甲事務所開催、是日出席者洪元煌、洪火煉、洪應用、洪鳳、諸氏外拾數名、至午後二時先由洪右君述開會辭、然後共推洪元煌君為議長、洪朝來（按：洪朝東）君為書記、以有無組織獎學會的必要為第一議題、互相討論、各陳意見、結局必要論者獲得多數的贊成、決定要組織、後由出席者共推各部落的有志為組織委員、洪深坑君洪應用君洪右君為會則起草委員、積極進行組織事宜、至五時閉會而散[134]。

此獎學會一則為了減輕農民的經濟負擔，一則對於地方當局漠視教育的態度也提出了批判。而在此，原本相互對立同屬洪姓一族的洪元煌（自治派）與洪火煉（實業派），為了當地子女的教育問題也捐棄成見，一起推動這項事業。

對教育的熱心不僅在於初等教育，對於設置初等教育以上的教育機關，草屯地域住民更是期盼甚殷，並且在 1932 年，正式向地方主管機關提出有關設置草屯實業教育機關的

第 385 號，1931 年 10 月 10 日。

134 〈地方通信草屯 新公獎學會 開發起人會〉，《臺灣新民報》，第 393 號，1931 年 12 月 5 日。

提案[135]。經過一番轉折，1934 年 6 月，以招收內地人為主的
草屯小學校以及相當於實業教育機關的草屯中堅養成所同時設
立，並分別舉行開學典禮[136]。當時一時失業而在家幫忙的梁慧
期也收到邀請，而先後參加了這兩場開學典禮，並於日記中留
下如下的記載：

> 草屯小學校及中堅青年研究所今天舉行開學典禮。早上七
> 點半前往匏子寮。儘管今天要製作煉瓦仍感到有必要出
> 席，在交代一些重要事項後又再度前往草屯。小學校開學
> 典禮九點半開始，小朋友們在會場很有規矩，很專心地聆
> 聽州知事的訓辭，見此模樣讓我懷念起從前。之後繞去中
> 堅青年養成所，在十一點半典禮結束後留下來吃祝宴[137]。

---

135 〈地方通信草屯　新設實業教育〉，《臺灣新民報》，第 409 號，
1932 年 4 月 2 日。

136 〈草屯小校及青年養成所新築落成〉，《臺灣日日新報》，第 12274
號，1934 年 6 月 5 日。

137 「草屯小學校及中堅青年研究所ハ今日開校式ヲヤル。朝七時半匏子
寮ヘ行ク。今日ハ煉瓦製造ヲヤッテキ（原文）ルニモ拘ズ式ニ出席
スベクハ甚ダ氣兼ダケレド要件ヲ云付ケテ一時ニ又草屯ヘ帰ッテ来
ル。小學校ノ式ヘハ九時半始ル。小サイ人達ガ式場デ行儀正シク州
知事ノ訓辭ヲキク様ハ實ニ懷シイ。ソレカラ中堅青年養成所ヘ廻
ル。十一時半ニ式ガ終ヘテ祝飯ヲ食ベル。」梁慧期，《學生ダイア
リー　昭和九年》，「草屯洪氏家族文書」，1934 年 6 月 2 日，頁
163。梁慧期是草屯庄保正梁清潭的兒子，當時 25 歲。梁清潭當時經
營草屯唯一的煉瓦會社，見洪敏麟總編輯，《草屯鎮誌》，頁 470-
471。梁慧期於草屯公學校第 21 屆畢業，在上海東南醫學院留學返回
臺後，沒有立刻找到工作；1934 年，他 25 歲時，在臺中的醫院一邊
擔任實習醫生，一邊幫助著家族事業。梁志忠先生提供梁慧期用日語

　　值得一提的是，首屆草屯中堅青年養成所的校長，乃是「校友」出身原任草屯公學校校長的常田袈裟吉[138]升任，換言之，從公學校到實業教育的教育機關首長全都由內地人「校友」擔任。不僅於此，他們同時也透過社會教育施設的「官製」青年會、青年團，以及後來的青年訓練所、青年學校等，以學區為單位動員地域社會的「青年」，並且鎖定 20 歲前後的「青年」為對象，在 1920 年代與炎峰青年會相對抗。此後，進入 1930 年代以後，這些青年教化團體，更進而轉化成為軍事動員和實施軍事訓練的儲備機關。

（四）攸關地方經濟的問題：產業和農民業佃問題

　　以 1930 年代中葉草屯地域的農作物耕種面積來看，水稻的一期稻作與二期稻作分別為 3520 甲和 3511 甲，所占比例最高，其次依序為芭蕉 643 甲、甘蔗 323 甲和甘藷 393 甲等[139]。因此，若換算成每單位面積（甲）可收入的金額（円）來看，則分別是水稻 508 円、芭蕉 138 円、甘蔗 460 円和甘藷 259 円，由此可知種植水稻和甘蔗的經濟效益相較於其他農作物，可說具有絕對的優勢。

　　不過若以前兩項高經濟效益的農作物再進行比較，由於甘

　　（片假名）寫的日記，《學生ダイアリー　昭和九年》（東京：博文館，1933）。順便一提，梁慧期是梁志忠的伯父。

138 常田袈裟吉是 1914 年臺灣國語學校師範部甲科畢業的「校友」，歷任草屯公學校訓導、校長，是渥美寬藏的繼任者。洪敏麟總編輯，《草屯鎮誌》，頁 620、943-945。

139 《臺中州南投郡草屯庄勢一覽　昭和 11 年》。

蔗的耕種與收成，受到大資本的製糖會社所壟斷，與水稻種植不同，從甘蔗栽種起便必須與製糖會社簽訂契約，同時收成時的收購價格也由製糖會社單方面決定，因此最大的獲利者不是農民，而是製糖會社[140]。所以，對地域住民而言，批判的矛頭不是地主，而是背後的製糖會社。在草屯地域的農民或佃農，有些便是與明治製糖會社簽訂契約的蔗農。為了聲援農民，批判製糖會社對於蔗農的壓榨，便成為地域社會青年有志攻擊的焦點所在。1931 年，《臺灣新民報》便有一則相關報導如下：

> 明治製糖南投工場、因近來糖價不好、將其損失轉嫁於蔗農、如新庄區山腳蔗農簡振、昨年度得了承諾而栽蔗的所有地、今年會社竟以運搬困難為理由、命掘起不許留植。其長男金枝十分憤慨、於去十二日到會社與原料係長計較、係長以這個問題是新庄駐在員並原料委員的權限為口實逃責。聽說金枝此後決要與駐在員計較、並糾合諸同志研究對策云[141]。

諸如此類的問題並非草屯一地農民的個別問題，而是殖民統治體制下農村經濟遭受殖民資本壓榨的整體性問題。還有一

---

140 柯志明，〈「米糖相剋」問題と臺灣農民〉，收錄於大江志乃夫等編，《岩波講座　近代日本と殖民地（3）殖民地化と產業化》（東京：岩波書店，1993），頁 133-151。

141 〈地方通信草屯　明治製糖無理　蔗作者受損失〉，《臺灣新民報》，第 356 號，1931 年 3 月 21 日。

個發生在明治製糖南投工場的案例如下：

> 臺灣的農民因不景氣、已經幾乎陷於不得生存的狀態、那
> 堪再受資本家的橫暴榨取呢？如草屯地方石頭埔蔗作者洪
> 某等所插的新蔗、是集團的蔗園、乃明治製糖南投工場獎
> 勵的、獎勵當時約每甲給與百圓的獎勵金、因此農民鼓舞
> 二集團約五甲餘地。豈料會社違背前約、獎勵金分文不
> 與、甚至明年度的株出、以運搬困難為理由拒絕其留株。
> 會社如此無理、叫無產農民何以謀生[142]？

換言之，原本依照規定與製糖會社簽約的蔗農，不但要面對經濟不景氣所帶來的衝擊，還得遭受製糖會社片面毀約的雙重損害。

此外在地方產業的經營上，草屯地域少數非以農業為生的煉瓦產業，同樣遭受到不平的待遇。例如工程招標時，特地排除當地的業者，指定非當地業者的資格規定，而引發當地業者抗議的案例。前述曾當選水利組合評議會員的梁清潭，乃是草屯當地唯一一家煉瓦會社的經營者，而其子梁慧期當時是留學中國本土醫學教育的「高等遊民」，由於看到草屯庄役場在建築工程有關煉瓦招標資格的不合理規定，而逕行向庄長抗議。在他的日記當中，如此寫著：

---

142 〈地方通信草屯　會社背約　農民難謀生〉，《臺灣新民報》，第
　　388號，1931年10月31日。

1934 年 1 月 25 日（四）陰　冷

去了兩三趟鮑仔寮。一開始為了登記問題來聽父親的意
見。第二次來是為了領取煉瓦該有的資金而走了趟役所，
剛好碰上草屯小學校興建工程的招標，一半為了好玩便留
下來觀看。結果承包條件之一寫著非臺中製煉瓦不可的字
樣，令我感到非常憤慨。何以放著自己庄所生產的煉瓦不
用，還特地老遠跑到州去買，真是太豈有此理。有這樣採
取這種無厘頭政策的庄長嗎？覺得有必要和庄長談一談的
必要。先去找黃技師商量看看，可惜不在[143]。

所以隔天一大早，梁慧期再度前往庄役場：

1934 年 1 月 26 日（五）陰　冷

早上八點拜訪黃技師。首先請問他是誰說要使用臺中製煉
瓦的，放著本庄生產的東西不用而必須使用他庄的東西，
這是甚麼政策。在一連串的詢問陳述後，說可和助役談談

143「1934 年 1 月 25 日（木）曇　寒

鮑仔寮へハ二—三回行ッタ。最初ハ登記問題デ父ノ意見ヲキイテ来
タ。又次ニハ煉瓦ノ資金ヲ取ルベク役所へ出頭シタ。丁度草屯小學
校ノ建築請負ヲ入札シテキルノデ面白半分ニ見テキルト。請負條
件トシテ臺中煉瓦ヲ作ラナケレバナラヌト書イテアルノデ實ニ憤
慨シタ。庄デ出来ル煉瓦ヲ使用セズニ態々州迄買ハナケレバナライ
ト云フワケハナイデセウ。コンナ亡慮的政策ヲ取ッテキル庄長モア
ルカ。一層コノ儘庄長ト交渉シテヤロウト思ッテ、先ヅ黃技師ニ相
談シニ行ウト思ッタガ而シ居ラナイ。」梁慧期，《學生ダイアリー
昭和九年》，頁 30。

的緣故，便和鄭君一起去向助役抗議，共有三點：一、何
以不使用本庄的東西而採用他州，這是怎麼回事？一、在
非常時期，與過去不同，現在言論已經變得自由。一、把
從今以後究竟以何種方針來治理庄政等問題都扯出來，助
役大為狼狽。獲勝的是我。萬歲！萬歲！[144]

一個沒有工作的高等遊民以「言論自由」為擋箭牌而向助役抗
議「治理庄政（庄ヲ治メル）」之不當措施，而且竟然成功
了，這對於當時年僅 25 歲的「地域青年」梁慧期來說，那種
勝利的喜悅可說溢於言表。

綜上所述，草屯住民日常生活各種層面中無所不涉的「庄
政」，經常帶給地域住民內臺人的差別待遇、對地方自治的侵
害，甚至經濟上的壓榨剝削等作法，都在洪元煌和炎峰青年會
的帶領下，結合了「青年」、教師等地方有志，不管是攸關農
村經濟和農民生計的問題，抑或是庄政（警察、教育、水利、

---

144 「1934 年 1 月 26 日（金）曇　寒
　　今朝八時ニ黃技師ヲ訪問シタ。先ヅ臺中煉瓦ヲ使用セト云ヒ出シタ
　　人ハ一體誰デセウ。ソコヲ知セテモラヒタイ。兎角本庄ノ品物ヲ使
　　用セズニ他庄ノ品物ヲ使用スルトハ如何ナル政策ナリヤト色々說明
　　シタ後、ヤハリ助役ト相談シテ来ナサイト云ッタノデ鄭君ト一所ニ
　　助役ニ抗議ヲ持込ンデ
　　一、何故本庄ノ品物ヲ使用セズニ他州カラ取ッテ来ルトハ何ノ事カ
　　一、非常時、今日デハ昔トハ違ッテ言論ハ自由ニナッテ来タ。
　　一、今後ハ如何ナル方針デ庄ヲ治メルカ等ノ問題ヲ持込ンダノデ助
　　役大ニ困ッタ。勝利ハ我ニアリ。萬歲萬歲。」梁慧期，《學生ダイ
　　アリー　昭和九年》，頁 31。

道路等各方面）的不當措施，以至於與全臺的反殖民運動同步，爭取臺灣人自治的一貫性，即使在 1930 年代初期政治運動沉寂之後，仍繼續在地方與殖民統治的地方行政當局和象徵帝國資本的製糖會社鏖戰且奮戰不懈。

四重奏

小立人間世　徒然五九春
壯時成底事　袖手作閒民
迎合非吾願　狂言是本真
此心聊可慰　頭白氣猶新

洪元煌，〈敬和少奇君小住瑤韻〉，
《雪峰詩集》，第 33 首。

九、以詩代劍的雪峰

　　從 1930 年代中期到總力戰體制撲天蓋地的衝向臺灣之際，於 1936 年終於爆發了林獻堂的所謂「祖國事件」[1]。該事件堪稱為臺灣軍部進一步強化壓制臺灣人民族運動的象徵性事件，事發後，以林獻堂為首的臺灣青年如蔡培火等人也相繼離臺而到日本內地（東京）避風頭[2]。但同一時期仍身在臺灣的洪元煌，則是從 1937 年 8 月開始，為了軍部的捐獻飛機所舉辦的募款活動而四處奔波[3]。這樣的舉動讓人認為，洪元煌已放棄了「臺灣人自治」的思想而開始迎合總督府當局。此外，如筆者於另書所述，推動臺灣地方自治運動的洪元煌女婿兼左右手吳萬成，因為在 1937 年 3 月違反戰時燈火管制問題而失去《臺灣新民報》記者的工作。吳萬成之後不得不於 1940年，帶著全家遠渡中國廈門[4]。不管是政治上的壓迫或是親族的離散，這一連串的事件對於即將迎向花甲之年的洪元煌而言，可以說是雙重打擊。

1　1936 年 3 月，林獻堂帶領臺灣新民報華南考察團歷訪中國上海等地時，有發表「此番歸來祖國視察」等語，5 月《臺灣日日新報》大大地報道，批判林獻堂。林獻堂先生紀念集編纂委員會編，《林獻堂先生紀念集（年譜・遺著・追思錄）》（臺北：文海基金會影印，1974），卷 1「年譜」，頁 122。

2　林獻堂著，許雪姬等註解，《灌園先生日記（十）1938 年》，4 月 27日，頁 110；張漢裕主編，《蔡培火全集（一）家世生平與交友》，頁 351。。

3　林獻堂著，許雪姬等註解，《灌園先生日記（九）1937 年》，10 月10 日，頁 352。

4　陳文松，《殖民統治與「青年」：臺灣總督府的「青年」教化政策》，頁 349-365。

　　尤其進入 1940 年之後，總力戰體制與皇民化運動的風暴日益增強。這一年，洪元煌剛好 58 歲。這時，他對於皇民化運動和後來所實施的志願兵制度，究竟抱持何種想法呢？

（一）為戰時下農民代言

　　從他晚年所寫的漢詩集《雪峰詩集》[5]（以下簡稱《詩集》）當中，可窺知一二。

雪峰詩集封面　　　　　　　　　雪峰詩集詩作

資料來源：梁志忠先生提供，筆者翻拍。

　　夢裏驚聞爆竹頻　頹風陋習悵難新
　　一年兩度逢除夕　世上應多百歲人

5　雪峰是洪元煌另一個筆名。見傅錫祺，〈次韻洪雪峰元煌君六十感懷〉，《鶴亭詩集（下）》，收錄於《臺灣先賢詩文集彙刊第二輯》（新北：龍文，1992 重印初版），頁 273。傅錫祺（1872-1946，臺中潭子人），對晚年的洪元煌來說可以說是好友兼老師的存在，是櫟社社長。記錄於《雪峰詩集》的 46 首詩，是洪元煌於 1940 年 12 月至 1942 年左右的作品。參見林獻堂著，許雪姬等註解，《灌園先生日記（十二）-（十四）1940-1942 年》。

皇民運動唱多時　祖臘猶存意太痴
生活無關新歲月　要知世態已推移[6]

詩云 1940 年的農曆除夕夜，儘管「皇民運動」已經風起雲湧
一段時間了（唱多時）[7]，洪元煌及其家人依舊守著「祖臘」[8]
渡過這一天，幾乎與「新歲月」無關。

　　而當 1941 年 5 月 12 日，臺灣總督長谷川清預告臺灣也
將在不久實施特別志願兵制度，一夕之間全臺各地街庄役場湧
入「志願」擔任志願兵的報名人潮[9]。在這段期間，洪元煌也
寫了一篇針對特別志願兵制度實施的漢詩，其文曰：

艱難國步到關頭　萬里波濤一葉舟
午夜聞雞人起舞　正宜投筆挺身秋[10]

　　詩中慨言人人都應在國難當頭之際，投筆從戎為國而

6　洪元煌，〈庚辰除夕夜感作〉，《詩集》，第 11 首。
7　向山寬夫，《日本統治下における臺灣民族運動史》（東京：中央經
　　濟研究所，1987），頁 1223。
8　「祭的名字，祖是祖先神的祭，在午日舉行；臘是歲末眾神的祭，在
　　戌日舉行」，見諸橋轍次，《大漢和辭典・卷 8》，頁 436。關於草
　　屯洪姓宗族的祖先崇拜，參照石田浩，《臺灣漢人村落の社會經濟構
　　造》，頁 118-119。
9　周婉窈，《海行兮的年代──日本殖民統治末期臺灣史論集》，頁
　　135-141。
10　洪元煌，〈特別志願兵制度施行於臺灣感作〉，《詩集》，第 45
　　首。

戰[11]。然而在此所稱的「國」未必是指日本，毋寧是處於「萬里波濤一葉舟」狀態，應當奮戰固守的小島「臺灣」。

　　在當時戰局緊迫，除了人力的動員之外，如何動員教化人心更是各地域社會之要務，而此時草屯地域的「臺灣青年」也被捲入總動員體制之下。稻香村共榮會會長洪元煌等人被派任為當地部落振興會的委員，而教化委員則由洪深坑等人出任[12]。為此，洪元煌曾特地走訪老友林獻堂，企圖免除皇民奉公會或部落振興會等職務的攤派[13]，結果當然是難以逃脫。當時，為了逃避空襲，許多人紛紛由市中心疏開到農村地帶躲避。有一次，洪元煌特地前往拜訪疏開到軍功寮的友人，而吐露出「塵世恐無寧日望。相談遯跡老林邱」的心境[14]，想要回

11　而 1942 年 7 月中一中畢業後便被「志願」的陳千武（南投縣名間鄉弓鞋人），在其回憶當中有如下深刻的描述：「當時的軍國主義和國民黨政府來臺灣當初的獨裁主義，並無兩樣。連講話都沒有自由的時代，有思想就會受罪的時代，臺灣人就是這樣活下來的。沒有當兵義務的臺灣人，才會加上『特別』兩個字，跟一般自動志願當兵的人有所分別。那就是政府要你『特別』志願當兵的，你敢不『特別』嗎？」陳千武，《文學人生散文集》（臺中：中市文化局，2007），頁 76。

12　「日治末期部落振興會會長」和「日治末期教化委員」名單，見許錫專編，《草屯地區開發史資料集──洪姓故事篇》，頁 198。

13　林獻堂著，許雪姬等註解，《灌園先生日記（十三）1941 年》，3 月6 日，頁 101；林獻堂著，許雪姬等註解，《灌園先生日記（十四）1942 年》，5 月 12 日，頁 132；許雪姬，〈皇民奉公會的研究──以林獻堂的參與為例〉，《近代史研究所集刊》31（1999.6），頁187；黃富三，《林獻堂傳》，頁 63。

14　「君家得訪願粗酬　未盡寒暄更小留　塵世恐無寧日望　商量遯跡老

歸隱士的生活。

　　但是，隨著家族和親友的離散，以及目睹農村經濟的殘破不堪，洪元煌看在心裡卻一點辦法也沒有，結果最後不是棄械投降（投筆），而是回歸詩人的副業（相較於政治運動而言）重新提筆疾書。而洪元煌的健筆所要抒發的，便是對那些處於非常時期下農民生活的慘況，並且批判當時殖民政府農村經濟統制政策的失政。同時，藉由漢詩文延續漢民族的命脈，以文會友，透過漢詩文創作與詩友間「起扶文運隱相期」[15]。

　　由於殖民政府當局對於農村經濟統制政策經常一夕數變，而由「官命」[16]主導的各式農法改良也是朝令夕改，為了不斷地增產反而更使農村經濟瀕臨絕境，農民的生活更為困苦。對此，從小生長於農村的洪元煌，心中的怒火與最後僅存的一點希望，幾乎都寫進〈庚辰農村雜感〉這首連作中，堪稱為描繪當時臺灣農村社會處境的傑作：

　　鋤雲耕雨奈無功　況復今年歲不豐　家乏餘糧雞犬瘦　療
　　飢無計問天公

　　林邱」，洪元煌，〈訪玉廉兄於軍功寮〉，《詩集》，第 43 首。玉廉指的是櫟社社員張賴玉廉（字讓友）。

15　「起扶文運隱相期　豈僅區區作一詩」，洪元煌，〈次韻酬元煌吟友寄懷五首　傅錫祺〉，《詩集》，第 22 首。同詩也被收錄於《鶴亭詩集（下）》，題名為〈次韻洪君元煌寄懷〉（1941 年），頁 242。

16　「雨後春秧莖色佳　隴頭栽遍綠無涯　正條密植遵官命　那管閑人笑語譁」，洪元煌，〈插秧　六麻韻〉，《詩集》，第 6 首。

二

凶歉頻拜神力疲　農家愁恨補何時
百般重負腰將曲　田畝荒來訴與誰

三

稻梁刈去換黃麻　人稍躊躇威力加
今說黃麻須換稻　狙公三四暮朝差

四

幾卷農書讀未完　翻雲覆雨似無難
食糧政策憑誰誤　技手技師良可歎

五

謗聲易弭怨難消　得意居然語氣驕
原料足供高枕臥　蔗農生計已飄搖[17]

六

笑殺狻狐假虎威　口言增產實相違
迷離一夢今須醒　管甚旁人獎與誹

七

蔬園欲廢使人驚　謂把良田種秫秔
飯米早知關國運　當時紙上少談兵

八

銃後須知步步難　披星戴月未偷安
剖心尚恐酬恩薄　國難誰能袖手看

---

17 林獻堂著，許雪姬等註解，《灌園先生日記（十三）1941 年》，7 月 30 日、8 月 4 日，頁 268、274；林獻堂著，許雪姬等註解，《灌園先生日記（十四）1942 年》，5 月 10 日，頁 130。

九

硫安堆糞苦無多　垂首長吁喚奈何

但願蒼天將悔禍　紅羊劫盡出嘉禾

十

久歷辛酸意氣平　農村報國在躬耕

今秋豫作豐年祝　半載工夫見赤誠[18]

詩文中到處可見，洪元煌對於官方主導的農業政策所造成的農村衰頹疲敝景像，可說深惡痛絕。

（二）迎詩友歡聚稻香村

在這種動盪不安的生活中，詩友傅錫祺、林獻堂、葉榮鐘等人數次聯袂到中部鄉下的草屯稻香村，接受老友洪元煌招待並夜宿其家。當時，林獻堂在日記中如此寫著：

元煌招待

雲龍昨晚歸來，今朝又往臺北。

天佑十一時四十分同往派出所會下村巡查部長，問松山警察部長果能來霧峰否。他言尚未定，或不能來也。

余與春懷、天佑、柏梁〔樑〕、資瑞、銘瑄、春梅同乘十二時九分之汽車赴洪元煌之招待，鶴亭、小魯、垂勝、耳順亦同是番車來，自臺中抵草屯驛，元煌、春盛、見龍、德賢出迎，遂換自働車抵元煌之宅。玉廉、榮鍾

---

18 洪元煌，〈庚辰農村雜感〉，《詩集》，第38首。

〔鐘〕、石秋水近三時方至，賓主十八人，作「夏日敦〔燉〕德堂茗談」，限真、尤二韻，各作一首。暮草屯特務來請面會，他姓日下部。晚餐頗為盛設，九時餘返霧峰[19]。

老友歡聚稻香村訪洪元煌大快朵頤

資料來源：國立清華大學葉榮鐘數位資料庫授權。

對於苦於抒發胸中鬱悶且即將滿 60 歲的洪元煌而言，能夠以東道主迎接這些遠道而來的摯友，一起歡度短暫的時光，

---

19 林獻堂著，許雪姬等註解，《灌園先生日記（十四）1942 年》，6 月 7 日，頁 155。另傅錫祺亦有〈六月七日陪灌園小魯外十餘氏訪稻香村似東道洪君元煌〉之作酬酢，參閱傅錫祺，《鶴亭詩集（下）》，頁 260。

可以說沒有比這些更快樂的事了。而在他唱和葉榮鐘所做的漢詩〈敬和少奇君小住瑤韻〉中，充分可看出其晚年的心境。詩云：

小立人間世　徒然五九春　壯時成底事　袖手作閒民
迎合非吾願　狂言是本真　此心聊可慰　頭白氣猶新[20]

回頭重新檢視自己的一生，尤其是處在殖民政權的高壓統治下，最後到了晚年終於可以真實地向友人吐露出自己的心境——迎合非吾願。狂言是本真。不論是否違背自己的意志，每天都必須做出「迎合」政策的舉動，這樣的生活對於即將年滿 60 歲的洪元煌來說，儘管要繼續從事政治運動已為世（勢）所不容，但至少藉由漢詩的寫作尚可發抒心中的「本真」。而其中，發抒「本真」的主要關懷之一，便是上述〈庚辰農村雜感〉中與農民休戚與共的悲憤之作。

那麼如果農村經濟的困境日復一日無盡期的話，究竟要如何面對呢？洪元煌對此也道出他的心聲。詩云：

東籬未補復西端　赤字多於黑字欄
皓首頻添身世感　清愁萬斛待誰寬
二
世態人情日日非　家禽偏瘦鼠偏肥
痴心到頭三分冷　斜倚頹欄對落暉

20　洪元煌，〈敬和少奇君小住瑤韻〉，《詩集》，第 33 首。

三

莫將成敗論賢愚　驕氣矜人德自孤

處世最難仁與義　讒諛多視作良途

四

人間孰是談天才　堅決優柔異自開

萬古英雄誰有種　并時劉項起蒿萊[21]

在總力戰體制下，臺灣人不管是人力與物質都被大量動員，在生活毫無著落的情況下，「痴心到頭三分冷」。此時彷如來到秦末民不聊生的境地，只要有人登高一呼，「萬古英雄誰有種　并時劉項起蒿萊」。換言之，洪元煌認為長此以往下去，那麼有朝一日終會有像秦末「草莽之士」掀起農民革命（易姓革命），而且一點也不會讓人感到意外[22]。即便事不至此，但這個年紀老邁的昔日「臺灣青年」對於農村經濟的疲弊和殖民統治政策的相互矛盾所造成的後果，已讓農民瀕臨絕境的描繪，可說深刻而動人。

21　洪元煌，〈讀某氏來書作此代答〉，《詩集》，第 39 首。

22　駒込武指出支持著洪元煌從事抗日政治運動的要素當中，「傳統的」的儒學教養扮演著重要角色，其中對於「易姓革命」思想與洪元煌思想的關聯性，提出如下的看法：「洪元煌究竟對於『孟子』中易姓革命的思想如何看待，因無法得知，所以最多僅能當作是留待日後解決的課題；然而從這個角度，重新檢視抗日運動家的思想與教養形成的過程和關聯性，絕對有其必要性。」駒込武，〈抗日運動における教育要求と總督府の教育政策──1920~30 年代臺中州草屯庄の事例を中心に〉，頁 420。筆者認為，從這首漢詩來看，晚年洪元煌確實具有易姓革命的思想。而這種思想浮現出來的時機，似乎更令人玩味。

　　確實，在殖民政府所推動的皇民化運動和軍事動員的風暴之中，洪元煌的行動總是迎合著總督府的政策，甚至採取政治性抵抗的行動，是一次也沒有（這也是當時不可能期待的）。但是當後人將眼光投注於他的漢詩文時，卻又是連篇累牘，字字句句諷諭、批判著皇民化政策和諸般農業政策。

　　誠然最後，洪元煌所預言的「草莽之士」並未掀起農民革命，而洪元煌本身也沒有成為農村革命之士。但即使到了晚年，昔日的「臺灣青年」洪元煌批判殖民統治的思想，可說一以貫之，甚至愈老愈激越。諷刺的是，這一本《雪峰詩集》能夠重見天日，卻可能先要感謝日本的即將敗戰，因為洪元煌的長女洪富子曾在 1996 至 2000 年寫了十二封回憶洪元煌的書信給林莊生，其中有一段是關於 1945 年 7 月洪元煌被日本特務機構「家宅搜查」的事：

> 日本投降那一年正月開始，中學停課，我們學生受動員令天天做軍方指定的工作。那時食糧是配給制，天天過著七分飽的生活。可以說是我一生最苦的一年。那一年七月疏開在霧峰的皇民奉公會宣布解散。在鄉軍人、警察，還有日本人的極右團體合併，設立「愛國挺身隊」。差不多這個時候，日本的特務機構派人去洪宅做「家宅搜查」。沒收了他的信、詩集等文件。本來日本政府對他相當相當友善，此時才發覺日本人對他還是疑心重重[23]。

23　林莊生，〈洪元煌的政治生涯〉，《回憶灣的長遠路程：林莊生文集》，頁 41。

若非一個多月後，日本突然宣告無條件投降，否則詩作的內容一經解讀，洪元煌恐難逃牢獄之災，甚至命喪黃泉。只是造化弄人，其一是 1945 年 8 月 15 日，隨著日本的敗戰，統治臺灣的政權又由日本轉換到中華民國國民政府手中，在新政權下洪元煌不僅被「家宅搜查」，還被「綁在樹頭」，被追殺而終倖免於難；其二是洪富子未見父親的詩集，「現在已經被陳文松教授發掘了[24]」，而且是在 1999 年 9 月 21 日那場摧毀其家園的大地震，災後洪元煌家宅幾近全毀，三合院聚落天花板上塵封已久的「紙類」散落一地，經當時草鞋墩文教協會理事長梁志忠搶救而後筆者始能將此研究公諸於世。這段史料奇緣，亦堪稱為另一個傳奇了。可惜 1930 年出生的林莊生先生，已於 2015 年 1 月於海外過世[25]，筆者已無緣面識，但他對於他父親那一輩人物的追憶與訪談，尤其是鼓勵洪富子追記其父洪元煌的書信，卻有形無形化為筆者重新改寫此書時的最大助力。

十、擘劃農倉的洪火煉

「李役場、洪農倉」，這是一句描寫 1930 年代以後草屯地域由原來清代的四大姓而經過殖民統治超過四分之一世紀後，地域社會的協力結構的生動刻畫，換言之，已由洪、李

---

24 林莊生，〈洪元煌的政治生涯〉，《回憶灣的長遠路程：林莊生文集》，頁 42。

25 有關林莊生先生的生平介紹，請參閱廖振富，〈珍惜最後五分鐘——敬悼林莊生先生〉，《文訊》353（2015.3）。

兩姓各領風騷。而且即使是洪、李兩姓，亦可分為二，一是
長期從事反抗殖民統治的番子田洪玉麟家族的洪元煌與草鞋墩
街李春盛家族；另一便是這裡所指稱的「洪農倉」，乃指茄
荖洪聯魁家族的洪火煉，至於「李役場」則專指李昌期家族而
言。「洪農倉」著重於洪火煉個人對於農倉創設之貢獻，「李
役場」則緣自於李昌期家族的子弟接連出任街庄役場的公職有
關，而本章論述的重點則專指「洪農倉」的洪火煉。

洪火煉
資料來源：國立臺灣歷史博物館館藏授權。

　　眾所周知，1930 年代起，由林獻堂和洪元煌等人所領導
的反殖民專制統治政治體制的政治運動節節敗退；而此時受到
世界經濟恐慌的影響，臺灣農村經濟問題層出不窮，到了戰爭
時期，臺灣總督府為了更全面性地掌控農村經濟，進一步統合
產業信用組合和發展業佃組織，且藉由經濟統制措施斬除信用
組合成為民族運動資金供給源的管道，並扶植新勢力。在此趨

勢之下，1930 年代起草屯地域的新勢力漸漸成形。而其中心
人物並非臺灣政治社會運動的風雲兒洪元煌，而是被封為農倉
經營先覺者的洪火煉（1888-1953）。

在草屯地域當中，與積極從事抗日運動的洪元煌剛好形
成強烈對比的人物，不是他人，正是同族洪聯魁的次子洪火
煉[26]。對比兩人在草屯地域社會中的角色，正宛如其父執輩的
武秀才洪玉麟與文秀才洪聯魁一般，鮮明而耀眼。若從抗日運
動史的脈絡來看，武裝抗日時期的洪玉麟和洪聯魁兩人，在不
得不的狀況下，一武一文的對殖民體制各自扮演了協力型鄉紳
的角色。然而，作為下一代，非武裝運動時期的洪元煌與洪火
煉，卻從 1920 年代以後各自鮮明地扮演著「抗日運動家」與
「側身總督府」的相對立場。但是除了對於抗日運動的立場
截然不同之外，從兩人的經歷與職務來看，卻並沒有太大的差
異[27]。

那麼何以具有幾乎相同背景的兩個人，日後於抗日運動的
立場上是如此截然不同呢？其實，兩人的發展路徑，從公學校
畢業以後便已見分殊，並且可以說埋下了日後兩人「你走你的
陽關道，我過我的獨木橋」的種子。

---

26 前述對駒込武論文提出疑問的部分中提到，吳文星已指出洪元煌與洪
    火煉之間的對立，與其說是意識形態，不如說是「利益的對立和競爭
    （利益の対立と競争）」。《日據時期臺灣史國際學術研討會論文
    集》，頁 465。

27 駒込武，〈抗日運動における教育要求と總督府の教育政策──
    1920~30 年代臺中州草屯庄の事例を中心に〉，頁 416-419。

（一）洪火煉的發跡

如前所述，洪火煉之父文秀才洪聯魁，在日本領有臺灣以前便自任登瀛書院的「訓導」，並且延聘名師鹿港洪月樵出任「山長」，招收草屯地域的年輕子弟傳授傳統儒學的書房教育。即使到 1899 年殖民政府在草屯地域成立第一所新式公學校為止，包括自己的子弟洪火煉在內的洪姓家族的子弟，以及草屯四大姓的子弟，都在此接受了不同程度的書房教育。

在公學校設立後，洪火煉由於畢業成績優異而在畢業後順利就讀國語學校。洪火煉比公學校第一屆畢業生洪元煌（1902 年畢業）晚了三年左右，所以考上國語學校的時間應該是 1905 年，且為不屬公費的國語科。不過由於家中經濟發生狀況，導致付不出學費而不得不中途退學[28]。以當時洪聯魁不但身為地主且同時前後擔任過南投辨務署參事和區長之職來看，似乎很難令人理解會連學費都付不出來。且根據調查顯示，1898 年當時洪聯魁（地主，1903 年任區長）的年收高達 2 萬 5 千円[29]。然而實際上，從洪玉麟的情形可推論，殖民統治初期草屯地域社會的鄉紳階層，不但要出錢維護地方上的治安，以及捐錢捐地蓋公學校外，殖民政府所攤派的各式各樣的稅金，更是一毛都不可少，因此被評為「不擅長土地經營」[30]的洪聯魁，即使曾經富甲一方，但由於對公學校建設和新校舍的改建等地方公益非常熱心的結果，導致家產減少而經濟發生困

28 洪樵榕口述，卓遵宏、歐素瑛訪問，《洪樵榕先生訪談錄》，頁 5。
29 吳文星，《日據時期臺灣社會領導階層之研究》，頁 80。
30 洪樵榕口述，卓遵宏、歐素瑛訪問，《洪樵榕先生訪談錄》，頁 4。

難亦非不可能。

　　1912 年 5 月，洪聯魁因為生病的關係而在新庄區長任內去世。而在父親病故之前，洪火煉也曾經短時間擔任過新庄區書記[31]，其後則與其兄洪得中共同投入農業的經營，從水稻一直到甘蔗、煙草等經濟作物的栽種。期間，明治製糖南投工場開業後，洪火煉更被指定為原料委員，就此重振家業，財富大增。洪火煉的次子洪樵榕曾經在回憶錄中，對此留下發人深省的一段話。洪火煉曾對洪樵榕說：「你們兄弟姊妹留學之經費，多從此開支云）。[32]」

　　其後，洪火煉的主要經歷便都與農業團體或農業組合的職務分不開。在洪姓一族當中，與前面所述的洪清江等人不同，洪火煉與洪元煌所領導的抗日運動完全沒有交集和關聯，甚且由於洪火煉總是站在替殖民體制代言或代理的一方，即使被批判為御用紳士也完全不會令人訝異。

　　例如，自 1927 年以後，農民組合等農民運動在全臺各地展開，草屯地域的洪元煌便以稻香村共榮會為中心結合了佃農和地主，屢屢對當地製糖會社的不公平待遇展開抗爭活動。對此，由擔任明治製糖會社原料委員洪火煉和李峯竹（李昌期家族）等人為中心，於同年組成了實業協會，以爭取地主利益和維護製糖會社的利益為宗旨，無形中降低農民組合運動對草屯

31　日本圖書センター編，《舊殖民地人事總覽・臺灣編 3》，頁 84。

32　洪樵榕口述，卓遵宏、歐素瑛訪問，《洪樵榕先生訪談錄》，8 頁。
　　另外，參照駒込武，〈抗日運動における教育要求と總督府の教育政策——1920~30 年代臺中州草屯庄の事例を中心に〉，頁 426。

地域的衝擊。諸如此類，洪火煉陸續以「側身總督府」的立場和職務，替殖民政府的政策築起一道道防火牆。

也因為如此，當 1934 年李春盛和洪元煌等主導的舊組合被洪火煉等實業協會核心分子所主導的新組合合併之後，洪火煉與洪元煌間的關係更是形同水火。何以致此呢？其實這並非單純只是兩人間的問題，而最後更演變成為所謂「官治」與「自治」的「黨派之爭」，一方由洪火煉代表的由殖民政府當局以殖民地資本主義為主軸所展開的一連串農村近代化政策，另一方則是由洪元煌所代表的堅持捍衛漢人傳統農村自治並以獨自的方式推動農村近代化。而這種黨派之爭的源頭，可追溯至草屯實業協會的設立。

在殖民政府當局企圖改善業佃關係的政策影響下，1927年 8 月 28 日，洪火煉和李峯竹等人宣布組成實業協會。然而這種由官方主導所設立的實業協會，被《臺灣民報》挪揄為「公益會」[33]的翻版[34]。同年 11 月，實業協會舉辦講演會，其演講題目和活動內容如下：

> 實業協會的農村巡迴講演隊、於十一月二十一日午後八時起在月眉厝工場開講演會、首由林紹輝氏宣告開會、次李峯竹氏講實業協會之使命、其次洪鳳氏講將來之農村、洪

---

33 1923 年 11 月，為臺灣人視為御用紳士之典型的總督府評議會員辜顯榮等人，為了對抗臺灣文化協會的臺灣議會設置運動而籌組的團體。若林正丈，《臺灣抗日運動史研究・增補版》，頁 238，注 30。

34 〈地方通信草屯　手提狗肉假慈悲〉，《臺灣民報》，第 174 號，1927 年 9 月 18 日。

火煉氏講實業協會宗旨、洪石輝氏講農村發展策、洪應用
氏講家庭改革論、是夜聽眾約百餘名至十一時始由林有渾
氏陳述閉會辭。又十一月二十四日午後八時起在林子頭祖
厝開講演會、聽眾有三十餘名而辯士與演題照前一樣[35]。

從與會者的名單當中，可以看出實業協會的組成乃是以「側身
總督府」的「草屯四大姓」年輕世代地主階層為核心，主要包
括洪火煉（洪聯魁的次子）、李峯竹（李昌期的長子）和林紹
輝（林啟書的三男）等人。他們與追求提升臺灣文化和臺灣人
自治的所謂「抗日派」年輕世代地主階層，包括洪元煌（洪玉
麟的五子）、李春哮（李春盛的弟弟）和林野（林倚宗的長
子）等所代表的，正是一種對抗性的存在。而這兩派之間所謂
的「黨派之爭」當中，無論是理念型的抑或是實體利益的對
立，經常交雜在一起而引爆雙方的衝突。而背後，往往可看到
掌握著權利分配大權的殖民政府當局主導介入的身影。

（二）官方業佃組合的投入

由於 1927 年以後，農村爆發農民抗爭的問題不斷出現，
造成殖民統治的不安，也因此如何讓農村的問題降溫，成了
攸關當時臺灣總督府統治政策成敗與否的最大焦點。尤其在
1930 年前後，業佃之間的糾紛頻頻發生，農民組合運動更是
方興未艾。為此，臺灣總督府對各地方長官發出要求有效和緩

---

35 〈地方通信草屯　實業會又開講演〉，《臺灣民報》，第 185 號，
1927 年 12 月 4 日。

解決業佃問題的訓示。在臺中州，為了與農民組合運動相抗衡，1930 年臺中州知事發起創立興農倡和會，並呼籲州內各街庄設立分支機構[36]。

以此為契機，臺中州轄內各地由官方主導設立的興農倡和會，很快地被組織動員起來。同（1930）年，在北斗、豐原、大甲、大屯四郡興農倡和會的發會式上，臺中州知事發表如下的訓示。他開章明義地指出：

> 對於本州下而言，有關當前佃農事務中最重大的缺失之一便在於業佃關係的不安定這點。（中略）因此對於這些爭端採取適切的防患措施乃當前之急務。（按：所以，今日特別依循總督府的既定方針）第一，協調融和地主與佃農、業佃相互扶助以興農，在此基礎上謀求農業經濟的發達。第二，期許農業以倡和為貴，以圖農業者精神上的平和。茲以此為旨趣，設立興農倡和會[37]。

詳細陳述了州設立興農倡和會的宗旨和緣起。同年年底，洪火煉被任命為官派臺中州協議會員[38]。隨後，1931 年 4 月南投郡的興農倡和會也宣告設立，而截至 1933 年底為止，「州下二市十一郡全部都設立了該團體」[39]。

---

36 臺中州，《興農倡和會設立經過竝其事業報告》（1930），頁 2。
37 臺中州，《興農倡和會設立經過竝其事業報告》。
38 「洪火煉外十六名」（1930-12-03），〈昭和 5 年 12 月臺灣總督府報第 1120 期〉，《臺灣總督府（官）報》，國史館臺灣文獻館，典藏號：0071031120a006。
39 臺中州，《臺中州二於ケル地主ノ愛佃施設》（1934）。

南投郡興農倡和會設立之後，同（1931）年 5 月 17 日，郡下的草屯庄興農倡和會支部便在草屯地域大地主李昌期之子李峯竹的倡議下設立[40]。同時，在業佃紛爭問題頻頻爆發之際，時任南投郡興農倡和會總代的李昌期，「為呼應興農倡和會的主旨，決定將其本身在郡下所擁有的耕作地全部與佃農簽訂書式契約」，所以李昌期於 1932 年在草屯當地另外設置「愛佃施設」（小作人愛護設施）[41]。而為讓讀者更了解草屯地域大地主李昌期的相關經歷和為人，再度翻閱《列紳傳》中的記載：

> 李昌期南投富豪也。其先李元光福建人。乾隆中移寓於南投。以力稿興家。君即其五世孫。家產約十一萬圓。居積不息。幼而穎敏過人。就塾師賴金英魏政冠簡煥奎等深極經義。博覽強記。學殖最饒。光緒甲午應試。榜名秀才。明治乙未任保良局長。綏撫人心有功。翌年推薦庄長。盡瘁公務。後辭。又聘草鞋墩竝南投公學校教師。三十八年八月授紳章。四十三年拜命區長。爾來謹恪勵精。最有盛名。其間所關與公益事業。曰土地調查。曰米穀改良。曰埤圳水利。曰信用組合。曰製糖會社。其他不遑枚舉。孰咸莫不適其職。是以庄民信賴頗篤。年今五十八[42]。

40　洪敏麟總編輯，《草屯鎮誌》，頁 936。
41　臺中州，《臺中州ニ於ケル地主ノ愛佃施設》，頁 19-20。
42　鷹取田一郎編，《臺灣列紳傳》，頁 222-223。

由此可知，李昌期對於殖民統治初期草屯地域的治安、教育等方面有相當大貢獻之外，在產業及農業方面也與總督府保有密切的協力關係，可說一開始便深受殖民政府和草屯地域民眾的信賴。

在繼續討論之前，有必要讓讀者對於當時草屯地域的農村事情，先有一個粗略的圖像。根據 1936 年的資料顯示，當時草屯地域各戶的職業別統計，在草屯庄全體 5138 戶當中從事農業的戶數共有 3139 戶（61%，若加上以土地收益為業的 85 戶則可達 62.7%），從事打零工等以日計薪（日稼）的戶數有 1216 戶（23.6%），商業（7%）和官公吏（2.1%），農業占了 6 成以上。另一方面，以當時草屯庄總人口來算的話，在總人口 30875 人之中，農業人口為 23839 人，占庄人口全體的 77.21%：其中自耕農 3093 人、自耕農兼佃農 5960 人，和佃農 14786 人，分別各占全部農業人口比例的 12.97%、25% 和 62.02%，可知佃農所占的比例至少 6 成以上[43]。至於當時人口的分布狀況，內地人 250 人（0.8%）、外國人 87 人（0.28%），以及臺灣人 30,538 人（98.9%）。

在上述的草屯地域農村基本背景下，相對於上述的官方說法，當時《臺灣民報》的報導中對於這些官製業佃團體中的大多數幹部（役員）不是官選代表就是地主出身，所以強烈批判這些團體對於解決調停業佃紛爭根本無法寄予厚望[44]。同時

43　《臺中州南投郡草屯庄勢一覽　昭和 11 年》，草屯庄役場，1937年。

44　〈社說〉，《臺灣民報》，第 277 號，1929 年 9 月 8 日。

該報更進一步揭發草屯庄興農倡和會支部違背原來目的，不但調升佃租更粗暴地對待佃農，因此要求其解散。其報導內容如下：

> 臺中州南投郡草屯庄興農倡和會支部於今年 5 月 17 日成立。其目的所在是制定贌耕契約期限，並且在期限內（三年間）絕對不可以調漲租穀價格。據此防止地主無故調漲租穀價格，藉以讓佃農安心操持其業。
>
> 然而自成立以來沒多久，至今日早已喪失當初的使命目的，最近還連結地方地主們調漲租穀價格，又向貧困佃農強索租地費。亦即，一甲步調漲五石乃至十石左右，租地費則平均上漲百圓的程度。藉由此一舉動，如草屯大地主李某在一時之間可見其收入有千石以上的增加，據聞光是租地費就有一萬多圓入袋。特別是興農倡和會的幹部洪某甚至強制調漲租穀價格，實是令人錯愕。
>
> 根本就是地主的天下！成功地調漲租穀價格的他們招集一百多位愚笨的佃農，正大光明地在草屯新舞臺舉行簽署儀式、不漲租的祝賀儀式。日本內地頻繁發生佃農爭議的今日，臺灣的佃農反而像這樣甘願接受地主擺設的欺瞞性酒餚，足以窺探出臺灣是地主的和平世界。再者，這個儀式中有郡守庄長等地方官和公務員列席，在佃農面前逞威風，誰會不認為他們是大地主的執行暴權官吏呢？
>
> 其後，相同地方仍持續地流行租穀價格的調漲以及強索租地費，可知實有許多貧困農民為此仍持續陷入苦悶狀態，

或者還有像是佃農，把土地歸還該組織並決定罷作。如
此，我們期望興農倡和會能發揮真生命為農民奮鬥，不然
的話則希望你們能當機立斷自行解散[45]。

在文中，該報導除了揭露草屯興農倡和會支部的暴行進行批判
外，並要求或改變現行的作風或乾脆自行解散。同時，文中所
列舉的「草屯的大地主李某」與「興農倡和會的幹部洪某」，
雖然並未直稱名諱，但可以推測是對「側身總督府」的該支部
核心人物李昌期家族的李峯竹和洪姓家族的洪火煉所進行的點
名批判。

　　若根據 1936 年草屯庄的統計顯示，當時加入興農倡和會
草屯庄支部的會員人數共有 1885 人，其中承租給佃農的耕作
面積達 2988 甲，而入會簽訂契約者共 2101 甲。換言之，入
會簽約的佃農耕地面積高達 70％。同時，其會員數雖僅占草
屯庄農業人口全體（23839 人）的 7.9％，但是佃農耕作面積
卻占耕地面積全體（4638 甲）的 64.42％[46]，可推知地主所占
的比例和影響力。

（三）新舊組合的理念之爭

　　除了設立興農倡和會，強化對農村地域的控制外，殖民政
府也積極削弱原反殖民運動的牙城──信用組合，草屯地域即

45　〈羊頭を掲げて　狗肉を賣る　興農倡和會の內幕　役人は地主の先
　　棒　農民は土地返還か〉，《臺灣新民報》，第 385 號，1931 年 10
　　月 10 日。
46　《臺中州南投郡草屯庄勢一覽　昭和 11 年》。

為其代表作。原來，臺中州當局為了削弱洪元煌所領導的炎峰青年會以及當地農民組合運動，因此全面支持由洪火煉所倡設的實業協會集團，並慫恿設立新組合，以逐步取代洪元煌、李春盛等長期主導的舊組合。

草屯新組合

資料來源：梁志忠先生提供。

與新組合相對的舊信用組合乃指草鞋墩信用組合。這是1914 年由李春盛和李昌期的倡議所設立[47]，洪元煌曾任該信用組合監事，而洪火煉也曾被選為該組合的常務理事。但舊組合從 1920 年以後，在洪元煌和李春盛的主導下，對於臺灣文化協會為主所掀起的臺灣人自治運動採取理解和支持的立場。

---

47 洪敏麟總編輯，《草屯鎮誌》，頁 482。

1924 年洪元煌更在當地創設炎峰青年會，以文化協會的外圍青年團體積極展開活動，並且支援農民組合運動[48]；另一方面，如前所述，洪火煉等人則為了與農民組合運動相抗衡而設立了實業協會。其後，更有籌設新組合的行動。

所謂新組合，乃是在 1930 年 3 月 20 日，臺中州當局打破自己所規定的「一庄一組合」原則[49]，准許籌設，並於同年4 月獲得許可而設立的草屯信用販賣購買利用組合，亦即臺中州當局的立場是明確全面支持新組合。對此，《草屯鎮誌》詳述如下：

> 本組合創辦緣起：臺中州廳內務部勸業課員森中平[50]，因公來草屯庄役場，與會計役李峯竹（下庄秀才李昌期翁之長子）言談中，論及信用組合組織法即將修改，可兼營販賣、購買、利用及農業倉庫業務，並慫恿籌設。民國十九年四月李峯竹著手籌組並邀請林紹輝、林紹鵬、林倚利、洪清江、洪火煉、洪得中、洪鳳、簡玉蚪（按：月部，肸）、李火、黃維棟等為發起人，向政府申請設立。經奉

---

48 駒込武，〈抗日運動における教育要求と總督府の教育政策——1920~30 年代臺中州草屯庄の事例を中心に〉，頁 425。

49 駒込武，〈抗日運動における教育要求と總督府の教育政策——1920~30 年代臺中州草屯庄の事例を中心に〉，頁 429。

50 森忠平之誤植。「森忠平臺灣產業主事ニ任ス」（1929-05-01），〈昭和四年四月至六月臺灣總督府公文類纂高等官進退原議〉，《臺灣總督府檔案‧進退原議公文類纂》，國史館臺灣文獻館，典藏號：00010056079。

准許可便推舉林紹輝為組合長，洪火煉為常務理事（後
略）[51]。

由上述可知，新組合乃是在臺中州當局的積極「惩恿」敦促設
立的情況下所設立。而隨著新組合的設立，可能將正式引爆草
屯地域新、舊組合對立的「黨派之爭」的推測，很快地便出現
在《臺灣新民報》的報導[52]。

其後，新舊組合針對貸款利率高低展開一場農民會員的爭
奪戰[53]，結果，情勢漸漸地對新組合有利。特別是新組合在農
倉業務上的大獲全勝，更讓主導此項業務的專務洪火煉被全臺
各地譽為「農倉的先覺者」[54]，奠定洪火煉在日後臺灣農村社
會不動的地位。

新組合能在短期間超越舊組合而大獲全勝的主因，當然與
臺中州當局的主導支援，以及新組合所推動的業務與殖民政府
當局的政策一搭一唱密不可分[55]，在這種情勢之下，舊組合也

---

51 洪敏麟總編輯，《草屯鎮誌》，頁 482。
52 〈地方通信草屯　新設蔗民組合〉，《臺灣新民報》，第 306 號，
　　1930 年 3 月 29 日。〈地方通信草屯　短資本做大事　前途不得樂
　　觀〉，《臺灣新民報》，第 346 號，1931 年 1 月 10 日。
53 〈地方通信草屯　信用利息　有利細民〉，《臺灣新民報》，第 353
　　號，1931 年 2 月 28 日。〈地方通信草屯　信用組合斷行　防止買賣
　　粟青〉，《臺灣新民報》，第 362 號，1931 年 5 月 2 日。
54 洪敏麟總編輯，《草屯鎮誌》，頁 482-483。
55 〈地方通信草屯　農倉好成績　黨派須排除〉，《臺灣新民報》，第
　　379 號，1931 年 8 月 29 日。

終於決定投入販賣和利用這兩項新業務[56]，並進行改組，組合長李春盛卸下職務改由女婿黃洪炎（國語學校師範部出身）出任[57]，並在翌（1932）年向南投郡松本郡守提出舊組合營業項目變更的修正案，但卻未能獲得明確的回覆[58]。

其實，舊組合所提出的修正案並非僅是單純地要求擴大組合的營業項目，而是同時向殖民政府當局要求發展地方產業與組合的自治化是不可分的。針對這點，《臺灣新民報》首先指出新組合乃「萬事依照監督官廳指名、如此對組合的前途、難免生出一種的疑念、總代諸君決不可忘記現代人的自治心、自己的事應由自己解決」，在這種期待下，強烈批判新組合根本缺乏「自治心」[59]，而相對的，該報對於舊組合的「自治化」改革則給予高度的肯定[60]。

殖民政府當局對於舊組合希望藉由擴大營業範圍以利和新組合競爭這項舉動，其實也開啟了日後當局強制舊組合與新組合合併的大門，正投其所好。至於對於舊組合企圖藉此達到「自治化」的許可，當然完全不會列入考慮。而且此時新組合

56　〈地方通信草屯　組合計劃新規事業〉，《臺灣新民報》，第 394號，1931 年 12 月 12 日。

57　〈地方通信草屯　後繼者出現　組合長無憂〉，《臺灣新民報》，第 359 號，1931 年 4 月 11 日。

58　〈地方通信草屯　組合役員　訪問郡守〉，《臺灣新民報》，第 409號，1932 年 4 月 2 日。

59　〈地方通信　現役員雖適當　總代缺自治心〉，《臺灣新民報》，第 361 號，1931 年 4 月 25 日。

60　〈地方通信草屯　組合總代會　提出聲明書〉，《臺灣新民報》，第 398 號，1932 年 1 月 16 日。

由於農倉業務的成功，已完全立於不敗之地，結果使得舊組合的存續變成只是時間的問題。

於是，在前有臺中州勸業課長的慫恿以及後在南投郡守的一手主導下，新、舊組合終於在 1934 年 4 月正式宣告合併。對此，《臺灣日日新報》當時做了以下詳細的報導（原文）：

> 合併新組合總代會及信用評定委員選出方法之件。其他若有必要事項時。皆仰南投郡守指示。得滿場一致贊可。於是藤田郡守。先行指定定歀作成委員。定員十二名。由新舊兩組合。皆選六名。新組合之部。乃以林紹輝、洪火煉、李峰竹、林倚利、洪清江、洪□清六氏充之。舊組合乃以李春盛、洪深坑、洪元煌、黃春帆、李星（按：昌）期、吳瑞寬六氏為之。新設組合之名稱。亦由藤田郡守選定。即時發表為保証責任草屯信用購買販賣利用組合。（中略）役職員之配置。雖亦一任於郡守。然依妥協的。早行內定。役員置組合長一名。常務理事二名。以下有主事、主事補、書記、囑託等。組合長乃以新舊兩組合。現組合長更番為之。每人當一年。常務理事。則兩組合現常務當之。分為信用、事業兩部。一當事業部長。一為信用部長。下配置主事等各職員。組合長統轄兩部。而為最高機關。歷兩小時之短時間議事皆一瀉千里可決[61]。

---

61 〈草屯新舊兩組合　合併總會意外平穩　滿場一致委郡守解決〉，《臺灣日日新報》，第 12213 號，1934 年 4 月 5 日。

合併的過程從這篇報導裡，似乎非常平穩地「滿場一致贊可」。不過從日後臺中州內務部長在新、舊組合正式核准合併的典禮中，對組合相關幹部的指示中，仍可嗅出一股火藥味。州主管機關的長官表示：

> 組合之合併。為圖地方之平和。與產業發達起見。乃合理的之舉。不過有一二輩。以私憾而欲為之破壞。或表示不同意之頑固態度。或出刑事告訴。此不過徒為擾亂。實際上毫無所損。希諸位勿為些微之事。而便志餒。化既成之事於水泡。還須勇往邁進也云々[62]。

由報導中「化既成之事於水泡」可知，反對合併的呼聲不絕於後且力量不容小覷。

然而不管如何，合併後的新組合如上所述，成了完全由官方認可主導的團體。從新組合的名稱命名，一直到主要幹部的任命，等於都是由郡守一手包辦。雖然如此，新組合的主要幹部和組合長一職，乃採取雙方陣營「輪流擔任（更番為之）」的原則。同年 7 月 3 日，新舊組合的核心人物李昌期、李春盛和林紹輝等被召喚到郡守室，並決定了合併後新組合的重要職務分配，指名由李昌期任合併後首任組合長（理事長），兩位常務理事則分別由李春盛（信用部長）和洪火煉（事業部

---

62 〈草屯新舊組合合併傳達〉，《臺灣日日新報》，第 12299 號，1934 年 6 月 30 日。

長）擔任[63]。

結果，殖民政府當局操作利用新、舊組合的矛盾，巧妙地將洪元煌等人所長期要求爭取的「自治化」主張順勢彌封，而且同時讓「農倉的先覺者」洪火煉乘勢而起，從草屯地域一躍而成為具有全臺知名度的公眾人物。隨後洪火煉更進而名正言順地入主 1944 年改制後的臺灣農業會理事長。

不過諷刺的是，信用組合兼營「農倉」的構想，並非來自新組合，而是舊組合原來的政策，可惜並沒有付諸實行。這點，我們可由洪元煌的女婿吳萬成當時所寫的日記當中，感受到新舊組合之間的恩怨糾葛，也可了解到農倉經營的付諸流水，更是造成雙方陣營分裂的導火線。

吳萬成在 1931 年 8 月 7 日日記，這篇題為〈給草屯新舊兩組合當事者（草屯新舊兩組合當事者に與ふ）的一封信〉的長文中，對此有如下剴切的陳述：

> 本人鑒於地方產業發展上的大局著想，向當事者諸君以一言相告。對於在當局的指導和考量下，以農倉經營為主軸所設立的新組合一事，實是感到相當欣喜。然而其反面即是藉由導致黨派的分裂來實現的情況則是天下周知的事實。兼營農倉之事應是起自昭和二年左右，由於舊信用組合員的強烈要求下而被提議，編列巨額視察費，賦予諸君重任進行研究。其後，在重要幹部會議上獲得滿場一致的

---

63 〈合併後草屯新信組　重役由官廳指名〉，《臺灣日日新報》，第 12305 號，1934 年 7 月 6 日。

贊成，於是決議兼營農倉之事，對本人而言仍是記憶猶
新。然而，此後當事者的態度乖變，不僅無視於役員會的
決議，也輕蔑組合員的要求。

職此之故，過去的反對分子便能趁此機會，企圖分立經
營[64]。

文中，吳萬成一開始便以帶著諷刺的語氣稱，在「在當
局的親臨指導與感召（御當局のご指導・御當局の御思召）之
下」，正是造成草屯地域「黨派分裂」的元兇。而也由於殖民
政府當局的介入，而導致洪姓同宗的兩大巨頭洪元煌與洪火煉
之間，出現無法磨滅的裂痕，即使有扮演魯仲連的洪深坑不斷
地奔走於兩造之間，甚至後來仍為此而一病不起，卻終究難以
挽回[65]。合併後的新組合，主要職務的人事安排幾乎都是「妥

64 「吾人は地方の產業發展上の大局より見て敢へて當事者諸君に一言
　告げたい次第である。御當局のご指導・御當局の御思召に依って農
　倉經營を主とした新組合が設立したことは喜ぶ限りであるがその反
　面は即ち黨派的分裂によって實現したことは天下周知の事實であ
　る。農倉を兼營することは蓋し昭和二年頃から舊信用組合員の熱烈
　なる要求に依って提議し多大なる視察費を以て重役諸君をして研究
　せしめた後に重役會滿場一致の贊成を得て農倉兼營することに決議
　したことは吾人の記憶に尚新しい。然るにその後當事者の態度豹變
　して役員會の決議を英斷にも無視し組合員の要求にも蔑ろにしてし
　まった。
　かかるが故に從来の反對分子がこの機に乗じて分立經營を企わった
　次第である。」吳萬成，《吳萬成　昭和六年當用日記》，1931 年 8
　月 7 日（至 8 月 7 日〜11 日之頁）。
65 陳文松，《殖民統治與「青年」：臺灣總督府的「青年」教化政

協」的產物，分別由新、舊組合原來的幹部以一年一任的方式，「輪流擔任」[66]，完完全全喪失「自治」的精神，並且全部必須經過郡守的「指名」任用[67]。

（四）臺灣農倉經營的奠基者

新舊組合的合併以及農倉經營的成功，不管對洪元煌個人來說，或是對草屯地域炎峰青年會所推動的臺灣人自治運動而言，等於是面臨一個大轉換的局面。換言之，這次是由殖民政府當局（臺中州）獲勝，同時更是以洪火煉為主的新組合的全面勝利。尤其對於洪火煉來說，得以充分發揮自年輕以來所磨練出嫻熟的農業經營手腕，而對 1930 年以後的臺灣農業經營貢獻其所長。本章一開始所引用「洪農倉」這句話，更在日後成為全臺各地所稱頌的「臺灣農倉先覺者」的崇高地位，絕非浪得虛名。對於洪火煉的經營手腕，時人高度評價如下：

> 今日的草屯信用購買販賣利用組合是你所創立的，該組合
> 為了農業家而提供農業倉庫的建設與利用，使該組合在本

策》，頁 347-348。

66 「民國二十三年四月（日昭和九年）草鞋墩信用組合與本組合合併，組合址仍在原址，合併後第一任組合長李昌期，第二任李春盛，第三任林紹輝，第四任洪火煉，第五任洪元煌，民國三十三年一月（日昭和十九年）日本為戰時實施統制經濟，命令將產業、信用組合奉令改組為草屯街農業會。」洪敏麟總編輯，《草屯鎮誌》，頁 482-483。另外，還有「圖 193（照片）日據時期草屯信用購買販賣利用組合事務所」，頁 480。

67 〈草屯信組合併後總會〉，《臺灣日日新報》，第 12601 號，1935 年 5 月 1 日。

島成為前導，從地方產業的促進上來看，你提出的這個絕
妙事業可謂確實是適切有效的試驗[68]。

1931 年新組合設立後不久，隨即於 5 月底假草屯新舞臺
舉辦演講會。當時，洪火煉以〈組合的使命〉為題，而卸下
教職轉任新職的洪清江則以〈貯藏法及乾燥法〉為題發表演
講[69]。同時，由於農倉經營的成功，早從新舊組合合併之前，
洪火煉便經常受到全島各地信用組合或產業組合的邀請，前往
演講或擔任講習會的講師，傳授草屯的經驗等，過著忙碌而充
實的日子。除此之外，如同林獻堂所設置的業佃和睦示範村坑
口自治村一樣，全臺各地前來草屯視察觀摩農倉經營的團體更
是絡繹不絕。例如根據林獻堂日記的記載，1933 年 12 月由臺
中州清水街長蔡年亨和信用組合長蔡敏庭等率領的 11 人便特
地前來視察草屯農倉[70]。而「洪火煉文書」當中，更留下同時
期由北部景美信用組合一行在視察草屯農倉後，寫給洪火煉的
感謝信。其內容如下：

> 敬啟
> 前幾天我們為了視察您們模範組合而前往貴寶地，並且拜
> 訪貴組合時，雖是百忙之中，仍惠賜予我們貴農倉的經營

68　林燕飛編，《新中州の展望》，頁 302-303。
69　〈地方通信草屯　組合開講演會〉，《臺灣新民報》，第 367 號，
　　1931 年 6 月 6 日。
70　林獻堂著，許雪姬等註解，《灌園先生日記（六）1933 年》，12 月
　　17 日，頁 482。

方針、設備等種種巨細靡遺的指教，承蒙您們的幫忙，成為敝組合在農倉計畫上貴重的指導方針，這份情義讓我們深受感動。總之以上為致上感謝之意，並請代為轉達向諸位問好之意

　　　　　　　　　　　　　　　　　　　　　　　　敬具

　　昭和八年十二月九日
　　　景美信用購買利用組合
　　　　　　林永生　　高坤石　　林日春
　草屯信購販利組合[71]

景美信組參訪草屯信組致謝信函 1　景美信組參訪草屯信組致謝信函 2
資料來源：梁志忠先生提供，筆者翻拍。

71　「（按：日文原文）拜啓　時下益々御清祥の段奉慶賀候
　　陳者過日私共先進模範組合視察の為めに御地方へ參り貴組合に參上仕候節は御多用中にも拘らず貴農倉御經營方針設備等一々微に亘る御高教を賜り御蔭樣を以て敝組合農倉計劃上多大の指南と相成候段深く感銘仕候先は取敢へず右御禮まで申上度末筆ながら御一同樣によろしく御傳へ下され度候（以下同）」〈洪火煉書簡—昭和 8 年 12 月 9 日景美信用購買利用組合發〉，「草屯洪氏家族文書」。

　　而在 1933 年以後，洪火煉受聘擔任各地產業組合的邀約更是源源不斷，從出身地的南投郡產業組合研究會，一直到臺灣產業組合協會講習會與高雄州產業組合講習會等，甚至受邀到電臺接受訪談。而洪火煉主要講授的內容集中在米穀倉庫事業、米穀倉庫經營以及產業組合經營農倉的必要性等[72]，向全臺各地民眾熱心闡述草屯的實績和經驗。當時臺灣產業組合的會長，曾任臺灣總督府總務長官的平塚廣義，也在講習會結束後寫了一封感謝信給洪火煉，內容如下：

> 敬啟者
>
> 在本會主辦第七屆產業組合高等講習會的期間，貴組合雖在百忙中仍始終熱心地惠賜寶貴課程講解，承蒙您們的幫忙，對於五十多位講習員而言，他們能習得產業組合的重大使命，以及其營運的真髓，並且本日得以舉行畢業證書頒發儀式也都是承蒙閣下的援助所賜，對此本會誠然相當感謝。在此對您的協助致上最深厚的感謝，同時為了本會與本島產業組合界的發展，今後亦請惠賜諸多指教。雖然在最後的講習過程中可能有諸多不謹慎之處，對此實深感歉意還望敬請見諒。以上表達誠摯謝意並請代為向諸位問好，尚此。

72　李力庸在其相關研究中指出，「臺灣農倉最初設計有提升米穀加工品質、交易信用、調節米價及融通農村資金的使命，而這個任務原本落在以農事改良為目的的農會身上。到了 1930 年代，為順利推動米穀統制，因此加強倉儲功能，但農會農倉已不敷所需，所以後來由日漸普及的產業組合倉庫接手。」李力庸，《日治時期臺中地區的農會與米作（1902-1945）》，頁 178。

昭和八年六月三十日

臺灣產業組合協會　會頭平塚廣義[73]

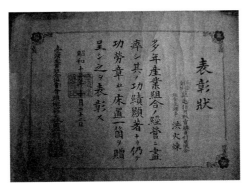

洪火煉表彰狀

資料來源：梁志忠先生提供，筆者翻拍。

而戰後出版的《草屯鎮誌》也有相關的敘述：

---

73 「拜啓愈々御清穆ノ段奉賀候
陳者本會主催ノ下ニ第七回產業組合高等講習會ヲ開催ノ節ハ御多用
中ニモ拘ラス終始御熱心ニ御講義ヲ賜リ御蔭ヲ以テ五十有余名ノ講
習員ニ對シ產業組合ノ重大使命及其ノ運營ノ真髓ヲ會得セシムルコ
トヲ得本日ヲ以テ修了証書授與式ヲ舉行スルノ運ヒト相成候段偏ニ
貴下御援助ノ賜ニ他ナラスシテ誠ニ感謝ニ堪ヘサル處ニ有之茲ニ御
高配ニ對シ厚ク御禮申上候尚此ノ上トモ本會並ニ本島產業組合界ノ
為一層ノ御垂教ヲ賜リ度乍末尾講習中ハ諸事不行届勝ノ點多々有之
候コト口被存候ヘ共此點不悪御諒恕ノ程願上候先ハ右御禮口御挨拶
申述應如斯御座候
敬白
昭和八年六月三十日
臺灣產業組合協會　會頭平塚廣義」〈洪火煉書簡—昭和 8 年 6 月 30
日平塚廣義發〉，「草屯洪氏家族文書」。

臺灣各地為仿傚經營，紛紛敦請洪火煉前往演講與指導，同時臺中廣播電臺（是時稱放送局）成立不久，臺中州當局邀請洪氏在電臺播送「農倉經營理論與實務」，結果博得眾多官民稱讚，並給予「農倉之先覺者」稱呼[74]。

就這樣，「農倉之先覺者」的封號，響徹全臺。

洪火煉除了在經營產業組合和農倉經營非常活躍之外，在社會教化方面更是受到殖民政府當局的看重，洪火煉也積極參與社會教化聯盟的相關活動。1935 年 3 月，南投郡第 3 回教化委員大會於南投公學校講堂舉辦時，洪火煉和洪元煌皆以教化委員的身分出席與會[75]。如前所述，隨著臺灣地方自治聯盟的解散（1934），洪元煌原先所領導的炎峰青年會、稻香村共榮會所展開的農村自治與社會、政治運動，到了皇民化運動與總力戰體制席捲全臺之際，全都被納入當地部落振興會和教化聯盟的傘下，洪元煌也無法置身事外。

而當皇民化運動一展開之後，洪火煉的角色益形耀眼[76]，且其重要性已超越洪元煌而直逼林獻堂。1941 年 4 月 11 日，洪火煉被臺灣總督府任命為「皇民奉公會運動準備委員會委

74　洪敏麟總編輯，《草屯鎮誌》，頁 482-483。

75　〈南投郡第三回教委大會〉，《臺灣日日新報》，第 12552 號，1935年 3 月 12 日。

76　關於這一點，在 1943 年興南新聞社編，《臺灣人士鑑》（昭和 18 年版）中已做了相當精簡的介紹。參照同《臺灣人士鑑》，〈芳澤煉平（舊名洪火煉）〉，頁 430。另外也請參照近藤正己，《總力戰と臺灣》（東京：刀水書房，1996），頁 365，表 5-⑤皇民奉公會準備委員中的臺灣人委員。

員」，1943 年 5 月 6 日更被臺中州任命為「保證責任草屯信用販賣購買利用組合組合長理事」一職。此時，洪火煉正式更名為芳澤煉平。在日本戰敗前一年，由於洪火煉在農倉經營上的貢獻有目共睹，於是又在 1944 年 2 月 4 日被任命為臺中州農業會設立委員[77]，至於洪元煌則於稍後被任命為草屯街農業會理事[78]。而到了戰後，洪火煉則歷任臺中縣農會理事長、臺灣省參議會參議員、制憲國民大會代表和憲政實施後第一屆國民大會代表等要職[79]。

綜合以上所述，洪元煌與洪火煉兩人，不管在出身或經歷上，有著非常相似的背景。然而如本章所論，在全新的殖民體制統治下，兩人從公學校畢業後，可說便分道揚鑣。洪元煌以當地公學校首屆的畢業生，一度就任公職但隨即辭去，而另組詩社，藉此維繫漢族意識並與林獻堂等中部地域的文人密切交流，彼此之間透過詩文來發抒內心中對於遭受異民族統治支配下的「新愁舊恨」；與此相對，洪火煉公學校畢業後隨即進入國語學校就讀，可惜由於家計的緣故不得不中退而繼承家業，但以當時少數具有「雙重語言讀寫能力」，任職於當時象徵殖民統治資本的明治製糖會社南投工場的原料委員，與日後洪元煌等人所推動的抗日運動保持距離，專心從事於農業經營。

---

77 根據洪火煉（芳澤煉平）的委任證書。「草屯洪氏家族文書」。

78 「農業會登記」（1944-7-5），〈昭和 19 年 7 月臺灣總督府官報第695 期〉，《臺灣總督府（官）報》，國史館臺灣文獻館，典藏號：0072030695a017。

79 洪敏麟總編輯，《草屯鎮誌》，頁 938-939。

洪火煉任命書

洪火煉皇民奉公會任命書

洪火煉任命書並改名芳澤煉平

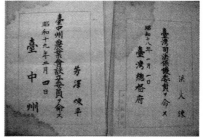
洪火煉任命書

資料來源：梁志忠先生提供，筆者翻拍。

　　在草屯地域當中，洪火煉這樣的人物正是殖民統治體制下，從事殖民統治利權「仲介與交換」分配的代表性人物。殖民政府藉由扶植這類人物，巧妙地利用來侵蝕同地域中抗日運動陣營的根基，並且藉由近代農倉經營以及新組合合併舊組合而最終獲得實現。除了擔任殖民政府所賦予的各項職務之外，洪火煉本人更在皇民化運動如火如荼進行當中，更名為芳澤煉平，這項舉動更成為今日評價洪火煉作為一位「殖民統治協力者」的角色之際，最具代表性的象徵。

　　不過話雖如此，如同先行研究所指出的，對於草屯地域的實業教育推動方式上，洪火煉的意見與殖民政府當局並不一致。在另一方面，從 1930 年代以後，皇民化運動如火如荼的進行當中，不管是社會公益或教育教化活動，甚至對於推動農村近代化方面，洪火煉不僅得到草屯地域官僚與殖民政府的充分信賴，也廣泛獲得全臺各地不分地主或農民的信任，而得以毫無阻礙的實現自己的理念。

　　如前所引用，戰後洪火煉曾對著兒子洪樵榕表示：「你們兄弟姊妹留學之經費，多從此開支云。」這句話對於戰後脫離殖民統治而重獲自由的洪火煉來說，可說是老後吐真言吧。而這句話所襯托出的另一層含意則是，洪火煉賣力地協助殖民統治體制，充其量乃是為了維持家族的生計、讓自己的子弟能夠出人頭地（立身出世）而所採取的一種手段罷了，這也許才是他埋藏大半輩子的真心話也說不定。

　　但不管如何，對於殖民統治當局而言，要徹底摧毀洪元煌所領導的抗日運動根基，洪火煉的協助絕不可少。而最後，以往充當炎峰青年會不管是資金運用上不可或缺的舊組合，終於在殖民地官僚主導下成功被併入新組合，其中扮演最關鍵性角色的，亦非洪火煉莫屬。

　　洪火煉的角色之所以特出，對此筆者曾有專論闡述並曾明確指出，同為洪氏族人的包括參加臺灣文化協會的助役洪清江，以及與抗日運動領導者洪元煌攜手不辭辛勞地積極投入炎峰青年會近代化事業的公學校訓導洪深坑，還有從一開始便成為洪元煌左右手共同聯手抵抗殖民專制統治的女婿吳萬成，儘

管參予涉入反抗殖民統治運動的程度有深有淺，卻都有一項共同的特色，那就是尋求維繫臺灣人自治的傳統。

相對於此，殖民政府藉由各種手段希望來瓦解和削弱這股力量，其中最明顯且最成功的例子便是新舊組合合併事件。透過新舊組合的合併，殖民政府不僅有效扶植出新的主導人物洪火煉，更幾乎完全接收和摧毀抗日陣營的根基。而洪火煉因被納入殖民政府協力機制之中，而藉由利益交換和仲介獲得崇高的地位與財富，甚至不惜更改為日本名。

綜觀洪火煉在日本統治時期的行動，他不曾採取也未曾與抗日運動有任何瓜葛，而且在「皇民化」運動期間改名為「芳澤煉平」。但即使如此，洪火煉對於提升草屯地域實業教育的要求，以及推動農倉經營的現代化等作為，實際上與洪元煌等抗日運動家們所提出的訴求並無二致。

綜合以上所述可知，在推動臺灣農村近代化與反殖民運動的過程當中，地域社會的「青年」像不僅深具多元性，而且對其行動更充滿著難以用非黑即白的二分法來驟下斷語。

十一、1945 年戰後境遇大不同

二次大戰後臺灣史學者曾將 1945 年 8 月日本敗戰到同年 10 月，國民政府派遣陳儀來臺接收臺灣為止的這段期間，針對臺灣各地社會情勢的變化，歸納出以下三種型態：第 1 種「維持社會治安」，第 2 種「歡迎國民政府」，第 3 種「協助國府接收臺灣」[80]。而與此相對應，不同型態也有著不同的

---

80 李筱峰，《臺灣戰後初期的民意代表》（臺北：自立晚報，

人脈。其中第 1 種主要由戰前抗日運動關係者所主導，第 2
種是由抗日運動關係者與親日關係者一起行動，第 3 種的主力
則是「半山分子」[81]。

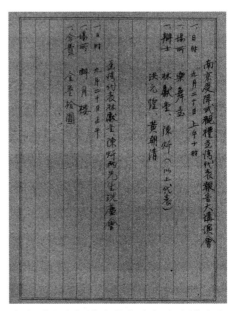

南京受降式觀禮臺灣代表報告大講演會
（1945.9.20）

資料來源：國立清華大學葉榮鐘數位資料
庫授權。

對此，有學者稱
之為「關鍵的七十一
天」，而且根據諸多史
料分析認為「就一般臺
灣人的認知而言，日治
時期的完結與戰後時
期的開始，其時間分
界也許正是在 9 月中
旬」[82]。而當時臺灣社
會最嚴重的問題堪稱
「米價暴漲」的問題，
且儘管歡迎祖國的期待
到了 10 月 25 日的臺灣
光復慶祝大會達到最高
潮，但進入 11 月後，
隨著接收、接管的進行，又「開始浮現了新的問題，那就是御
用紳士問題、省籍隔閡問題以及任用人材的三大問題」，到了

1993[1986] 增訂版），頁 156。

81 李筱峰，《臺灣戰後初期的民意代表》，頁 177。

82 阿部賢介，《關鍵的七十一天：二次大戰結束前後的臺灣社會與臺灣
人之動向》（臺北：國史館，2013），頁 155。

1946 年這些問題益形嚴重，「撕裂著臺灣社會」[83]。

那麼在這種情況下，這段期間以農業經營稱譽的洪火煉和以堅持為農民代言、堅持臺灣人自治理念的洪元煌又是如何因應變局、受到何種待遇；甚至當 1947 年二二八事件發生後，又各自面臨何種處境？

（一）被陳儀重用的洪火煉

首先以洪火煉為主，來進行論述。

1945 年 11 月，國府受降儀式雖已完成，但地方原日本殖民地官僚體制仍如常運作。此際「民以食為天」，戰爭末期的經濟統制如此，在二次戰後局勢混沌、百廢待舉的秩序重建過程中，食糧生產、供應與配給，尤其是米價問題依舊是政權轉換後的首要課題[84]。

此時，昔日被譽為臺灣糧倉的中部與「中部的重鎮」草屯，不管是農民詩人或農倉的先覺者，兩洪頻頻集結在臺灣意見領袖林獻堂的麾下，共商大計[85]。甚至之前一度因洪元煌擬將食糧營團之餘糧賣給南投，致引起鄰近中寮、名間居民的反彈，驚動林獻堂出面調停才讓洪元煌改弦更張[86]。可見「飯米

---

83 曾健民，《1945 破曉時刻的灣：八月十五日後激動的一百天》（臺北：聯經，2005），頁 221。

84 曾健民，《1945 破曉時刻的灣：八月十五日後激動的一百天》，頁 224-228。

85 林獻堂著，許雪姬等註解，《灌園先生日記（十七）1945 年》，11 月 7 日，頁 370。

86 林獻堂著，許雪姬等註解，《灌園先生日記（十七）1945 年》，10

早知關國運」，在二次戰後初期的臺灣更是如此。便因如此，
洪火煉在農事經營與管理上的幹練，再度受到各方青睞。因
為，當時即使連「米倉」草屯亦出現糧荒問題，根據檔案指
出，就在二二八事件爆發的 2 月初，繼洪元煌接任草屯鎮長
的李百顯便為此召開「本鎮食糧對策懇談會」，邀請各方商議
「保糧」對策。電文如此寫著：

> 米糧知關于生活一日亦不能缺之重要□□（按：無法辨
> 識）最近米價暴漲又漲使一般消費階級陷於極度之窮苦而
> 堪稱米倉之本鎮為源源不絕之搬出若無保糧計畫想致青黃
> 時演出不可設想之事情亦難逆料如此影響社會之不安誠非
> 淺鮮對此關心之臺端敢聽高見以作未雨之綢繆是以本二月
> 六日午后一時餘本鎮公所會議廳開催懇談會敢煩撥忙出席
> 是所盼切　此致
> 各業戶
> 各糧商　　先生
> 各里長
>
> 　　　　　　　　　　　　　　　草屯鎮長　李百顯[87]

當然糧荒問題也成為上級民意代議機關，刻不容緩的議

月 18-19 日，頁 344-346。

87 「事由：本鎮食糧對策懇談會開催由　南投區草屯鎮公所代電　草
　　總字第九七號　中華民國三十六年二月四日　草屯鎮長李百顯」，
　　〈戰後（1946 年、1947 年）臺中縣南投區署草屯鎮地方行政文書資
　　料〉，臺北市二二八紀念館藏，No.011913。

題。1945 年 12 月 26 日臺灣省行政長官公署公布《臺灣省各級民意機關成立方案》。依據《臺灣省各級民意機關成立方案》，1946 年初首先成立村里民大會，並以間接選舉形態，由村里民大會選舉鄉鎮縣轄市區民代表，組成鄉鎮縣轄市區民代表會。再由鄉鎮縣轄市區民代表會及職業團體，選舉縣市參議員，分別成立縣市參議會。復由各縣市參議會選舉省參議員，組成省參議會[88]。

　　1946 年 4 月 15 日，全省 17 個縣市參議會共選出第一屆省參議員 30 名。5 月 1 日，臺灣省參議會正式成立，並選出黃朝琴、李萬居為正、副議長。在臺中縣選出的省參議員，林獻堂以第一高票當選，洪火煉居次[89]。由於同為省參議會的同

---

88 鄭梓針對存續五年七個月期間的臺灣省參議會，從制度面和參議員提案的實質面，有相當精闢的分析。「光復初期，臺灣剛脫離日本長達五十一年的殖民統治，國民政府的政制隨即頒行來臺，在臺灣試行代議制度，而臺灣省參議會正是當年臺灣本土最具聲望和影響力的代表所組成，他們在臺省最高議壇上對於祖國政制所表達的種種迎合、抵拒，以至消融的態度與立場，適足以呈現這一番新舊不同政治體系如何交替、如何移植的過程。」鄭梓，《本土精英與議會政治：臺灣省參議會史研究（1946-1951）》（臺北：華世，1987），頁 2。師長鄭梓教授惠贈大作，謹致謝忱。

89 1946 年 4 月 15 日的省參議員選舉，洪元煌落選了，不過，林獻堂和洪火煉當選了。〈本省參議員各市縣已先後選出〉，《臺灣新生報》，1946 年 4 月 16 日，版 2，收錄於歐素瑛主編，《戰後臺灣民主運動史料彙編（5）地方自治與選舉》（臺北：國史館，2001），頁 154-155。〈臺灣省第一屆省參議員選舉　臺中縣省議員林獻堂等當選報告〉，1945 年 4 月 17 日，「臺灣省行政長官公署檔案」，典藏號 00301990003042，國史館臺灣文獻館。

事，林獻堂與洪火煉以及各地選出的省參議員，便經常聚會商議日產處理與糧食（米荒）等問題[90]。

而透過林獻堂日記的紀錄可知，林獻堂與洪火煉之間的關係，雖在 1920 年代反殖民統治運動中並不同調，但自 1930 年代以來，由於皆屬大地主階層，因此在農業政策下，從戰前的業佃問題、增產問題[91]，以致戰後初期的米價問題與大戶餘糧徵收、二五減租政策等[92]，甚至比起與政治運動盟友、偏向

---

90 至於洪火煉省參議員任內的表現，可參閱鄭梓，《本土精英與議會政治：臺灣省參議會史研究（1946-1951）》，頁 138-148、〈洪火煉小傳（1888-1953）〉，王靜儀等編撰，《臺灣省參議會參議員小傳》（臺中：臺灣省諮議會，2014），頁 96-102。例如，1947 年 7 月 15 日所召開的臺灣省參議會第一屆第三次大會中，時任參議員的洪火煉便提案「請政府強化糧食政策以解決糧荒」。臺灣省參議會（1947-07-15），〈臺灣省參議會第一屆第三次大會洪火煉參議員提案請政府強化糧食政策以解決糧荒及臺灣省政府之覆文〉，《數位典藏與數位學習聯合目錄》，網址：http://catalog.digitalarchives.tw/item/00/17/2f/52.html，2016.3.31 瀏覽。

91 「榊原、火煉十時四十分來，余亦喚猶龍來，他等蓋為生產擴張，欲請余為發起人，組織一地主會也。贊成其意，使猶龍明日午後與之同往州廳打合進行之方法也。」林獻堂著，許雪姬等註解，《灌園先生日記（十六）1944 年》，1 月 9 日，頁 11。「農業會設立委員長，森田俊介命余為委員，計二十名，就中本島人余與洪火煉而已。」林獻堂著，許雪姬等註解，《灌園先生日記（十六）1944 年》，2 月 12 日，頁 61。

92 「洪火煉、林湯盤、吳在崑〔琨〕七時餘來訪，蓋為農業會問題，請余承諾為州農業會長，辭之。次商經營方法，食糧營團實為無用機關，欲以庄農業會代之，又因經費之不足，欲請專賣品之仲賣〔買〕，余皆大為贊成。」林獻堂著，許雪姬等註解，《灌園先生日記（十七）1945 年》，11 月 12 日，頁 377。「因車故障，近九時開

農民代言的洪元煌的立場，更趨一致。而這樣的變化，都可從林獻堂日記當中窺探一二。

尤其，自從林獻堂和洪火煉雙雙當選省參議員起，以至洪火煉先後當選制憲國民大會代表與行憲第一屆國民大會代表後，比起已對國民政府的政治感到心冷的林獻堂，先後被迫辭退省議會議長與省參議員，相較之下，洪火煉反而成為戰前到戰後，最能代表臺灣農業政策與大地主階層利益的實力派人物。所以林獻堂在與陳儀的長官公署公開或私下對抗過程中，洪火煉反而完全取代戰前洪元煌的角色，不僅在議事堂上或維護共同利益上，洪火煉無疑是林獻堂與新政權交涉、維護地主權益的最佳夥伴與代理人[93]。

會討論提案，十一時休憩。張延哲告余及洪火鍊〔煉〕，地租改用收米，每元三斤，余等未敢贊成，他約明日用政府提案。午餐後又繼續討論貿易局廢止，滿場一致通過，四時餘閉會。」林獻堂著，許雪姬等註解，《灌園先生日記（十八）1946 年》，5 月 13 日，頁 176。「三時先於來言他往臺北應援米穀價格提高問題，洪火煉、楊天賦等頗熱烈討論，而大攻擊李連春云云。」林獻堂著，許雪姬等註解，《灌園先生日記（十九）1947 年》，12 月 9 日，頁 590。「洪火煉來言，米穀案原案通過，參議員被糧食局長李連春買收者，李友三、呂永凱外四名云云。余囑其對於二五減租之事，地方有賣名者鼓舞佃人抗納租穀，若然，則地主不能【收】租稅，影響莫大焉。他頗躊躇，言將相〔商〕量遂去。」林獻堂著，許雪姬等註解，《灌園先生日記（二十）1948 年》，7 月 10 日，頁 284。

93 這樣的結果也源自於新統治體制的侷限，因為「臺灣省參議會在先天上缺乏普遍而直接的代表性，況且分析其組成分子大多數皆來自地主及士紳階層，當面臨與其階層利益攸關的重大決策時，亦難免為其階層意識所牽絆」。鄭梓，《本土精英與議會政治：臺灣省參議會史研

　　不過相較於民意代表的角色，洪火煉也幾乎在同一年，進入了陳儀體制的一員。1946 年 7 月，當時陳儀政府為了接收日治時期的產銷體系、農會、各種組合及其轄下土地而成立的合作事業管理委員會（以下簡稱合管會），正式納入民政處，並由處長周一鶚[94]出任主任委員，並設有 9 位委員，由「專家、本省人、有關各處代表」擔任。洪火煉不僅是委員，更於兩個月後被指派為三位常務委員之一[95]。合管會的業務不僅牽連甚廣，且涉及日治時期官方的農會與各種組合業務的整理與財產、用地接收，而洪火煉正是最熟悉此相關業務的不二人選，也可見陳儀政府對洪火煉的信任與重用[96]。這與林獻堂、

————————

究（1946-1951）》，頁 190。

94 時任民政處長，為陳儀的派系班底中周一鶚派的首領，可以說是陳儀親信中的親信。參閱陳明通，《派系政治與臺灣政治變遷》（臺北：月旦，1995），頁 68-69。

95 合管會設立的主要任務在於：「注重生產與運銷，並注意信用合作，以調劑合作金融」等。9 位委員分別是周一鶚、高良佐、林葆忠、劉明朝、黃純青、洪火煉、林炳康、莫文閏和莊紓；洪火煉、莫文閏和莊紓又為常務委員。參閱〈民政處合作事業管理委員會人員任免（1047）合作事業管理委員會委員周一鶚等九員委派案〉，1946 年 7 月 27 日，「臺灣省行政長官公署檔案」，典藏號 00303231156001；〈民政處合作事業管理委員會人員任免（1048）合作事業管理委員會常務委員莫文閏等三員兼代案〉，1946 年 9 月 26 日，「臺灣省行政長官公署檔案」，典藏號 00303231156023。

96 相較於此，在二二八事件發生前夕，洪元煌則因任臺中縣農會長之故而被派任為臺中縣不動產評價委員會委員之一，可謂位小職輕。〈不動產評價委員會章程（2923）臺中縣不動產評價委員會委員名單〉，1947 年 2 月 26 日，「臺灣省行政長官公署檔案」，典藏號 00301200015005。

洪元煌備受陳儀政府的「猜忌」，簡直不可同日而語[97]。

洪火煉對於林獻堂尊重的程度，亦不下於洪元煌。例如日後為了合管會改制的問題，洪火煉特地拜訪林獻堂，尋求他的支持[98]。反觀洪元煌對於日後部分農會與合作社聯合社分產時，對於合作社未投資卻能分產的作法明確表達反對立場，林獻堂認為若依此勢將興訟[99]，顯然有所保留。

將眼光移回到草屯當地，1946 年 10 月 31 日，由臺灣省參議會議員間接選出 17 位制憲國民大會代表，洪火煉如願當選，且因年紀最長而被推舉為團長，赴南京開會，並因此結識黨政要員丘念臺、谷正綱等人[100]。在結束南京制憲會議返臺後，草屯鎮民代表主席李春盛與草屯鎮長李百顯特別選在 1947 年 1 月 7 日，邀請洪火煉舉辦演說會，「報告國民大會經過併憲法內容」，廣邀鎮民參加[101]。

---

97 陳明通在《派系政治與臺灣政治變遷》一書中曾指出「陳儀對臺中派則採取排斥的立場，因為資產民族主義路線出身的臺中派，在日據後期與日本殖民政府採取妥協的立場」（同書，頁 54-55）。林獻堂是臺中派的領袖，洪元煌、洪火煉皆可歸類為臺中派。但相較之下，如前所述，洪火煉顯然是個異數，即使他始終是日本殖民政府的協力者，依舊深受陳儀所重用。

98 林獻堂著，許雪姬等註解，《灌園先生日記（十九）1947 年》，5 月 29 日，頁 312。

99 林獻堂著，許雪姬等註解，《灌園先生日記（十九）1947 年》，9 月 22 日，頁 481。

100 洪樵榕口述，卓遵宏、歐素瑛訪問，《洪樵榕先生訪談錄》，頁 11。

101 「事由：國民大會情形及憲法內容報告講演事由　草總字第五號　民國三十六年一月四日　草屯鎮民代表主席李春盛、草屯鎮長李百顯」，〈戰後（1946 年、1947 年）臺中縣南投區署草屯鎮地方行政

而二二八事件前後，雖然洪火煉也曾因擔任日治時期皇民奉公會重要成員而被提報[102]，且因自擔任省參議員後，又當選制憲國民大會代表，經常與林獻堂等其他臺籍參議員等，與政府當局協力處理善後事宜[103]。事件發生後的 1947 年 3 月 6 日二二八事件處理委員會在臺北中山堂正式成立，選出包括林獻堂、郭國基等 17 位常務委員，而時任省參議員的洪火煉則為候補常務委員之一[104]。至於洪元煌，則如前所述，因事件發生後關心時局且介入較深，為當局所忌而導致一時身繫囹圄、性命交關。

即使如此，事件後的 1947 年 9 月，林獻堂的日記中這樣寫著：「元煌欲作國大立候選人，請余為推薦人。十一時到銀行，洪火煉亦來請，皆許之。[105]」同年 11 月，洪元煌與洪火煉都順利當選第一屆國民大會農業團體代表[106]。一鄉鎮兩國

文書資料〉，臺北市二二八紀念館藏，No.011840。

102 〈臺灣皇民奉公會活動概略　民國三十六年四月造報〉，張炎憲總編，《二二八事件檔案彙編（一）：立法院、國家安全局檔案》（臺北：國史館，2002），頁 105。按：洪元煌也在提報名單之中，頁 109。

103 林獻堂著，許雪姬等註解，《灌園先生日記（十九）1947 年》，3 月 17 日，頁 165。

104 李筱峰，《臺灣戰後初期的民意代表》，頁 202。

105 林獻堂著，許雪姬等註解，《灌園先生日記（十九）1947 年》，9 月 22 日，頁 481。

106 洪火煉的推薦書與推薦人，可見於文化部典藏網（典藏單位：國立臺灣歷史博物館），網址：http://collections.culture.tw/Object.aspx?SYSUID=11&RNO=MjAwNC4wMDcuMDU2NA，2016.6.30 瀏覽。

大，堪稱地方美談。若加上草屯出身由臺中縣選出當選的林
忠，則是一鄉鎮三國大代表。

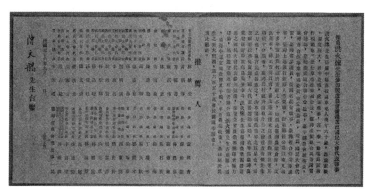

推薦草屯洪火煉參選國大書代表聯署書
資料來源：國立臺灣歷史博物館館藏授權。

一鄉鎮兩國代的美談中罕見兩人合照
資料來源：洪正常先生提供。

　　1953 年 5 月，洪火煉因病去世，享年 66 歲[107]，其子女則因其所立下的基業與黨政網絡，長期在中部政界扮演著重要角色，從地方到中央，非顯即要（長子洪遜欣大法官，次子洪樵榕南投縣長）；反觀洪元煌的後人雖有繼其後當選草屯鎮長一職者（長子洪錫恩）[108]，但多停留地方層級。

（二）被陳儀追殺的洪元煌

　　原本 1945 年 8 月 15 日以來，回歸「祖國」對於當時的臺灣人而言，等於是「脫殖民地化[109]」的契機，同時也顯現出對於實現臺灣人自治的殷切期待。當時，洪元煌在做什麼呢？對此《草屯鎮誌》有如下的記載：

> 三十四年（1945），本省光復，元煌為本鎮官派第二任鎮長。時治安日形惡化，元煌為此特召集敦和里「東師」、「石頭師」、中原里「煌師」、山腳里「柱師」、市區「大屁師」等武師，組義勇隊，以補警力之不足。三十五年（1946）四月，元煌當選為臺中縣參議員。
>
> 同年十月二十四日，　蔣總統伉儷自日月潭返臺北，順道

---

107 〈南投失耆紳　洪火煉逝世〉，《聯合報》，1953 年 5 月 25 日，

108 許錫專編，《草屯地區開發史資料集——洪姓故事篇》，頁 167-168。

109 何義麟指出，「戰後臺灣，對臺灣人來說作為最大的政治課題是去殖民地化」，「在國民統合政策和去殖民地化要求的對立中，有臺灣人這個民族的政治化契機」。何義麟，《二・二八事件：「臺灣人」形成のエスノポリティクス》（東京：東京大學出版會，2003），頁125。

蒞臨本鎮公所，元煌與草屯初中校長李武中安排迎接，民眾夾道歡呼，爭睹領袖風采，元煌感而有詩誌之（後述）。

三十六年（1947）五月，元煌經行政院題頒「忠勇愛國」匾額褒揚[110]。十一月二十二日，當選為農民團體國大代表，曾赴首都南京參加制憲（按：原誤，參加制憲會議的應為洪火煉而非洪元煌）。四十七年（1958）元月九日，元煌卒，享年七十六[111]。

這段記載將洪元煌戰後初期到 1958 年去世為止前的主要經歷都加以記述；然而對於其中最關鍵性的時期——亦即 1947 年 2 月 28 日「二二八事件」發生前後關於洪元煌的經歷，卻是隻字未提。不過因該書出版乃在 1986 年，臺灣仍處於戒嚴時期，並非無法理解。

但令人感到有趣的是，根據上述引文所述，1947 年 5 月，即「二二八事件」發生了三個月之後，洪元煌獲行政院頒授「忠勇愛國」的褒揚令。如果不考慮二二八事件，直接將此與 1946 年 10 月蔣介石造訪草屯鎮公所一事相連結，則確實順理成章不致令人產生疑竇。

換言之，就《草屯鎮誌》中對於戰後初期洪元煌的描述，一方面對於戰後初期維護治安有功（按：不禁令人想起洪玉麟在日治初期所扮演的角色），一方面更與當時「祖國」最高領

---

110 許錫專編，《草屯鎮的文化資產及震災紀實》，頁 84。
111 洪敏麟總編輯，《草屯鎮誌》，頁 919。

導者蔣介石面對面，並以漢詩示誠。之後彷如一帆風順，不但
獲得行政院褒揚，後又當選國民大會代表，到去世為止，始終
與新政權維持著親密的關係。

　　然而如同洪玉麟之於日本殖民政府，戰後洪元煌與國民
政府間的關係，卻也非如此「忠勇愛國」。何以故？關鍵仍在
二二八事件。就在二二八事件爆發後不到兩星期，陳儀的臺灣
行政長官公署出版了《臺灣省二二八暴動事件紀要》，並將事
件關係者名單公布於世。而在這份名單當中，臺中市 6 名關係
者中的一名，時任臺中縣參議員的洪元煌亦名列其中[112]。

　　以下，將以現已出版的二二八事件調查報告等文獻史料，
搭配上述臺北市二二八紀念館所藏「戰後（1946 年、1947
年）臺中縣南投區署草屯鎮地方行政文書資料」，以及後人的
口述訪談紀錄，來重新檢視戰後洪元煌的活動和思想動態。

　　洪元煌如上所述，乃擔任戰後官派第 2 任草屯鎮長
（1946 年 2 月？[113]～11 月[114]）。當時第 1 任官派草屯鎮長為
李春盛，而接替洪元煌職位的則為李百顯[115]。1945 年 10 月洪

112 李筱峰，《臺灣戰後初期的民意代表》，頁 212。原檔案請參見國史
　　館所出版的二二八事件相關檔案。
113 戰後奉命暫理草屯鎮長為李春盛，但他於 1946 年 2 月 26 日改任第一
　　屆鎮民代表並獲選為主席。因此第二任官派鎮長洪元煌應約在此時期
　　或稍後接任。洪敏麟總編輯，《草屯鎮誌》，頁 894、919。
114 「案奉臺中縣政府三五年十月二六日府民行字第 10717　代電　草屯
　　鎮長洪元煌」，〈戰後（1946 年、1947 年）臺中縣南投區署草屯鎮
　　地方行政文書資料〉，臺北二二八紀念館藏，No.011980。
115 「電飭加注音符號於新換街道名牌國字之旁以符政府功令由　草總字
　　第一八六七號　民國三十五年十一月二十九日　草屯鎮長李百顯」，

元煌便與昔日盟友林獻堂、葉榮鐘等人發起創辦《中報》，「為人民之喉舌」，「並指導民眾灌輸文化宣揚三民主義洗刷日本之餘毒」，以為「民主主義社會不可或少之利器」[116]。之後，隨著臺灣地方自治選舉的實施，洪元煌於 1946 年 4 月當選了臺中縣參議員。在戰後臺灣第一次的地方自治選舉當中，原屬日治時期《臺灣民報》背景出身的「文化人」當選民意代表的例子相當多，洪元煌便是其中一人[117]，而且他與林獻堂皆同屬抗日運動關係的人物[118]。

儘管如此，在就職當天同時舉行的臺灣省參議會（當時臺灣省最高民意機關）參議員的間接選舉，卻未當選。當時同一地區 4 位當選人當中，同樣出身抗日運動關係的林獻堂以第一高票當選，第二高票則是洪元煌的「同宗勁敵」，原草屯農業組合（農會）系統出身的洪火煉。對於競選省參議員失利，摯友葉榮鐘特地作了一首漢詩送給洪元煌，詩云：

懷友詩　洪元煌氏
聞君逐鹿志未酬　一笑橫刀返故邱　省議山深與路險

〈戰後（1946 年、1947 年）臺中縣南投區署草屯鎮地方行政文書資料〉，臺北二二八紀念館藏，No.011919。
116 葉榮鐘，〈「中報」創刊緣起〉手稿，1945 年 10 月。「副系列名：日據至戰後初期史料」，《數位典藏與數位學習聯合目錄》，網址：http://catalog.digitalarchives.tw/item/00/29/51/4b.html，2016.3.31 瀏覽。
117 李筱峰，《臺灣戰後初期的民意代表》，頁 120-121。
118 李筱峰，《臺灣戰後初期的民意代表》，頁 143。

偶然得失不須愁[119]

對於老友洪元煌的「省議」失利，表達安慰之意。

同（1946）年 10 月 24 日，蔣介石夫婦在由日月潭返回歸途之際，突然下車造訪草屯鎮，並且在草屯鎮公所受到當地民眾的熱烈歡迎。稍後，鎮長洪元煌為了紀念這件事，還親筆寫下碑文鑲嵌在鎮公所前，詳細描述當時景象與民眾的欣悅之情。在碑文中，洪元煌如此描述著：

> 民國三十五年十月二十四日下午四時二分
> 蔣主席由日月潭迴轅將進入草屯鎮街路時，煌與鎮民拜迎道左，歡呼之聲達於九霄，一時為熱誠所迫，無暇顧及於得失利鈍，毅然當道獻花，以表鎮民愛戴之意，並懇請車行稍緩，賜鎮民瞻仰風采，竟蒙下車步行至鎮公所，與夫人攜手同入一巡，偉容咫尺，大眾歡迎如狂，誠草屯鎮民無上之光榮也，感作長句以誌盛德，並作永遠不忘之紀念。
> 一路歡呼萬歲聲　襟懷超脫許徒行　細民何幸瞻風采　大眾如狂快送迎
> 草木蕭疏呈瑞氣　江山暗淡倏光明　竟蒙賜握披雲手　自分平生無此幸[120]

當時中國本土正處於國共內戰最為驚心動魄的時期，為此辭去

---

119 葉榮鐘，《少奇吟草》（臺中：晨星，2001），頁 166。
120 洪敏麟總編輯，《草屯鎮誌》，頁 394-395。

總統一職的蔣介石，戰後首次訪問臺灣，不只是草屯，全臺可謂為之風靡。洪元煌沒想到這位「世界性偉人」蔣介石不但突然蒞臨草屯，「竟蒙賜握披雲手　自分平生無此幸」，其內心之喜悅可見一斑。

　　不過值得注意的是，這首紀念碑文上的漢詩中亦云「草木蕭疎呈瑞氣　江山暗淡倏光明」這樣一個前後對比強烈的詩句，實乃當時臺灣人徹頭徹尾地對臺灣行政公署陳儀長官的失政感到極度失望（江山暗淡）之際，作為當時最高領導者的蔣介石之訪臺（蒞臨），一掃「草木蕭疎」而「倏光明」，此也顯見當時臺灣住民對於蔣介石的高度期待。

　　1945 年年底《臺灣省各級民意機關成立方案》頒布後，又隔了將近一年的 1946 年 11 月 9 日，鎮長洪元煌通令各里長催促盡速召開里民大會。從這則電文當中，可以再次了解洪元煌對於自治理念的堅持，同時也可以感受到戰後臺灣住民對於自治的殷盼。電文全文如下：

蔣介石訪問草屯紀念碑
資料來源：梁志忠先生提供。

各里長鑒：本鎮自里成立以後未嘗召開里民大會，夫里乃地方自治之基本，其活動實可促進鎮民自治智識等。因鑑此希于各里於本月鄰里會完畢當夜，召開里民大會，使各里公民了解政治動向，藉此多認識臺灣現下情勢。希即遵

辦召開為荷。

　　草屯鎮長　洪元煌[121]

然而，寄託於蔣介石的高度期待很快就落空。隨著隔年二二八事件的爆發，洪元煌一股重獲自治的希望再度歸於泡影。因為1947 年 3 月 11 日，草屯鎮長李百顯在事件發生後未久，便發出里鄰長會議無限期延期的電文，其內容為：

> 各里長鑒：本年三月十二日起三月十六日止第三屆定期里
> 鄰長會議一節，因現時局嚴重等事情不能照開，決為無期
> 延期，希知照並轉飭所屬鄰長知悉是荷。
>
> 　　　　　　　　　　　　　　　草屯鎮長　李百顯[122]

如所周知，1947 年 2 月 28 日，在臺北的衝突發生之後，臺灣住民長期以來對陳儀施政的不滿形同連環砲似地在全臺各地引爆。陳儀雖然頒布戒嚴令嚴格取締，但勢已燎原，而各地有識之士為了避免事態無法收拾，而以臺北市為始，在全臺各地由地方人士和議員為主組織「二二八事件處理委員會」。原本這類委員會乃是為了收拾善後的臨時性組織，但後來卻成為「政

121　「事由：電希如期召開里民大會由。草屯鎮公所代電，草總字第二七六五號，民國三十五年十一月九日」，〈戰後（1946 年、1947年）臺中縣南投區署草屯鎮地方行政文書資料〉，臺北二二八紀念館藏，No.011856。按：電文之標點為筆者所加，以下同。

122　「事由：電知本年度第三屆里鄰長會議決為無期延期希知照由。南投區草屯鎮公所代電，草總字第（空白）號，民國三十六年三月十一日」，〈戰後（1946 年、1947 年）臺中縣南投區署草屯鎮地方行政文書資料〉，臺北二二八紀念館藏，No.011830。

治改革運動推進團體」[123]。

　不過到了 3 月上旬，陳儀等中央官員認定這類處理委員會有反抗中央政府之嫌而下令臺灣行政長官公署予以解散，而這些委員會中的成員，沒多久之後，更成為蔣介石下令渡臺平定亂事的國民政府軍隊屠殺和逮捕的主要對象。如前所述，時任臺中縣參議員的洪元煌也是其中之一[124]。而根據現已公開檔案可知，洪元煌是以「煽動推開市民大會」而被列入「臺變奸黨暴徒罪刑調查表」，而與張文環、洪炎秋等人同列[125]。而更早出版的二二八事件研究報告中則寫著：「（按：南投）區內草屯鎮對事件消息的反應相當敏感。事件發生之初，鎮上有識之士即在鎮公所舉辦時局座談會，該鎮縣參議員洪元煌並曾赴臺中市，擔任『臺中地區時局處理委員會』委員。[126]」

　　而從林獻堂日記中可知，林獻堂與長年的「盟友」洪元煌，依舊並肩共適新局。例如，1946 年 11 月臺中縣農會理事長選舉時，因內部有人不滿洪火煉而欲支持洪元煌時，林獻堂則是「頗贊成其意」[127]。而在二二八事件發生前一個月，「農

---

123 李筱峰，《臺灣戰後初期的民意代表》，頁 200-201。

124 有關草屯鎮二二八事件和 1950 年代白色恐怖的記述，僅《草屯鎮的文化資產及震災紀實》提及。許錫專編，《草屯鎮的文化資產及震災紀實》，頁 141-146。不過，關於洪元煌的事，則皆未觸及。

125 張炎憲總編，《二二八事件檔案彙編（一）：立法院、國家安全局檔案》，頁 428。

126 二二八事件研究小組，賴澤涵總主筆，《二二八事件研究報告》（臺北：時報，1994），頁 99。

127 林獻堂著，許雪姬等註解，《灌園先生日記（十八）1946》，11 月20 日，頁 420。

民詩人」洪元煌終於在「追悼故社長及歡迎新社員」的重要日子中，成為櫟社的一員[128]。但無疑的，營救因事變而受牽連的昔日夥伴，包括洪元煌，也成為林獻堂在事變後最主要的任務。

1947 年 3 月，與林獻堂同為「臺中地區時局處理委員會」成員的夥伴相繼遭到逮捕的命運，到了 4 月中旬二十一師更傳出「洪元煌、張煥珪、張文環、張聘三皆欲捕拿」的通知[129]。4 月 28 日洪元煌也在林獻堂作保下提出「自新書」，遭捕拿的氛圍一時緩解。不過根據洪育綸先生的回憶，洪元煌在事變後曾遭憲兵從李春盛宅內帶走，在拘禁約兩週後，才在李春盛等人奔走下，從員林獲得釋放[130]。而在背後，林獻堂的協助當然也是功不可沒。洪元煌的孫媳李肅容女士則對此經過描述如下：

> 祖父為人不貪不取，但是為著二二八事件出來擔任調解委員，被抓去捆綁遊街示眾，然後不知去向。全家陷入極度恐慌，請託人從中活動，花錢如流水幾乎傾家蕩產。（中略）祖父回來了，但被刑求過，全身傷痕纍纍。醫治後休養月餘才逐漸康復[131]。

---

128 林獻堂著，許雪姬等註解，《灌園先生日記（十九）1947》，1 月 26 日，頁 63。

129 林獻堂著，許雪姬等註解，《灌園先生日記（十九）1947 年》，4 月 18 日，頁 234。

130 2005 年 2 月 22 日，南投縣草屯鎮洪育綸先生錄音訪問紀錄。

131 洪元煌孫媳李肅容女士 line 訪談紀錄，2015 年 9 月 2 日至 3 日。

而林莊生根據洪元煌長女洪富子女士的追憶，則進一步提到事變後的清鄉中，洪元煌甚至再度被捕：

> 228 後洪氏也跟其他地方領袖人物一樣受檢舉、扣留。後來經地方人士的奔走，總算放出來了。不過一難過去了又有一難。不久臺北的警備總部派一車之兵，來番子田搜查私煙。他們一到就把洪元煌綁在樹頭，然後做全家的搜查。結果什麼都沒有找到。於是把他的繩子打開，隊長讓洪元煌看一張匿名的密告書，其中還用圖指示隱藏機械的地點。據說當天的搜查私煙是藉口，真正的目的是要看是否有隱藏武器[132]。

事後，國民政府為了收拾殘局，4 月 22 日下令更換陳儀，廢除臺灣行政長官公署改為新設臺灣省政府，並進一步延攬林獻堂等臺籍菁英擔任臺灣省政府委員；另一方面，臺籍菁英為了修復與中央政府的關係，而由林獻堂為首的臺灣各級議會，紛紛致電蔣介石和臺灣省主席，表達敬意[133]。而如前所述，同年 5 月，洪元煌如同被平反般而獲行政院頒贈「忠勇愛國」的牌匾以示褒揚。然而在這場事件當中，洪元煌的摯友陳炘[134]——

---

132 林莊生，〈洪元煌的政治生涯〉，頁 17。

133 許錫專編，《草屯鎮的文化資產及震災紀實》，頁 227-232。但表中將其原任職別填為「國代、省參議員」，則應誤解為洪火煉之職務。

134 洪元煌與陳炘的交情匪淺，在黃洪炎所編《瀛海詩集》中洪元煌曾留下〈次若泉先生卜宅感懷韻〉的詩文：「同是滄桑歷劫身，緣慳何幸與君鄰。聽談化育關仁德，吐露胸懷動鬼神。軫念民生維供食，能圓局面倍堪親。是非一任旁觀論，事到窮時見性真。」

同時也是從臺灣文化協會到東亞共榮協會的戰友被殺，而洪元煌無端被列入「主動及附從者」的名單中，雖一時遭到逮捕最後終能虎口逃生，這一切的種種對洪元煌來說，又豈是這幅「忠勇愛國」匾額所能輕易遮掩的。

忠勇愛國牌匾
資料來源：洪正常先生提供。

而事變發生後除糧荒問題之外，繼之而來的清鄉運動也在各地展開，草屯鎮當然也不例外[135]。根據現存檔案，草屯鎮首先組織「草屯鎮護鄉隊」，「隊員由各里里民二十歲以上四十歲以下品行端正身體強健之男子中選任」，服務期間兩年，

---

135 「臺中縣各鄉鎮辦理清鄉應注意事項」，〈戰後（1946 年、1947年）臺中縣南投區署草屯鎮地方行政文書資料〉，臺北二二八紀念館藏，No.011824。

一任鎮長指揮[136]。同時通知里長針對治安維持費預算進行商議[137]、要求各團體和里長將「此次二二八事件縣轄各地公私損失」限期內彙報鎮公所後轉呈縣府[138]，並且代電各里長「嚴格取締民有掃刀、刺刀、扁錐」等治安維護事項[139]。

「自新」之後洪元煌仍一如往常，持續參與米穀統制和救災等事宜，甚至 7 月 6 日仍出席櫟社夏季集會擔任「詞宗」。但到了 9 月 19 日局勢再度急轉直下，當天林獻堂日記中如此寫著：

> 內子、五弟同往臺中，內子到宿舍，余與五弟到銀行。沈有智引黎耐庵來訪，問洪元煌之為人，對地方有益乎？有害乎？蓋為農會課長楊豔星賣肥料之事，得元煌之同意，就中有貪污之嫌疑也。余答之曰有益，至若何呈〔程〕度

---

136 「草屯鎮護鄉隊組織規約」，〈戰後（1946 年、1947 年）臺中縣南投區署草屯鎮地方行政文書資料〉，臺北二二八紀念館藏，No.011825。

137 「事由：本鎮治安維持費預算查定及其他事宜緊急磋商由。南投區草屯鎮公所通知，草總字第（空白）號，民國三十六年三月十一日，草屯鎮長李百顯」，〈戰後（1946 年、1947 年）臺中縣南投區署草屯鎮地方行政文書資料〉，臺北二二八紀念館藏，No.011831。

138 「二二八事件公教人員個人損失調查表及各機關損失調查表希遵照具報由。草屯鎮公所公函，草總字第三三六號，民國三十六年四月十五日」，〈戰後（1946 年、1947 年）臺中縣南投區署草屯鎮地方行政文書資料〉，臺北二二八紀念館藏，No.011826。

139 「事由：電為嚴格取締民有掃刀、刺刀、扁錐等希遵照辦理由。草屯鎮公所代電，草總字第（空白）號，民國三十六年五月十九日」，〈戰後（1946 年、1947 年）臺中縣南投區署草屯鎮地方行政文書資料〉，臺北二二八紀念館藏，No.011829。

實不敢言，若有害則絕無其事也；次言二二八事變，陳儀
命人捕他四次，幸而得脫云云[140]。

從文中可見林獻堂對洪元煌之信賴，同時也可知事變後洪
元煌處境之險惡。不過洪元煌顯然不知自身之處境，三天後，
與洪火煉於同一天先後拜訪林獻堂，請其推薦出馬競選國民大
會代表。隔月，洪元煌等七人因為「農會肥料問題」而遭到檢
察官正式起訴，洪元煌事後向法院提出陳情，林獻堂亦出手相
助[141]。

1947 年 11 月 22 日，進行中華民國憲法實施後的第一屆
國民大會代表選舉，臺灣省也是首次實施的對象，國民政府在
臺行憲後，洪元煌、洪火煉分別代表出馬角逐農民團體三席的
首屆國民大會代表，草屯洪元煌和洪火煉兩人同時當選農民
團體的國大代表[142]，「一鄉鎮兩國代」傳為美談。然而「既生
瑜，何生亮」，前者替農民代言，後者為地主發言，卻又似造

---

140 林獻堂著，許雪姬等註解，《灌園先生日記（十九）1947 年》，9 月
19 日，頁 477。

141 林獻堂著，許雪姬等註解，《灌園先生日記（十九）1947 年》，11
月 8 日，頁 549。

142 中華民國憲法頒布後，第一次國民大會代表選舉於 1947 年 11 月 23
日舉行。根據 24 日的開票結果，作為農民團體代表的 3 位國民大會
代表被選出，即洪火煉（投票數 48602），謝文程（33646）和洪元
煌（27373）。見李筱峰，《臺灣戰後初期的民意代表》，頁 40。在
《草屯鎮誌》記載：洪元煌「曾赴首都南京參加制憲」，此處是誤植
洪火煉的經歷；因為 1945 年 10 月 31 日臺灣 17 名由臺灣省參議會間
接選出的「制憲國民大會代表」，農民代表的當選者是洪火煉。見李
筱峰，《臺灣戰後初期的民意代表》，頁 38。

化弄人。

洪元煌順利當選國大，並寫詩〈當選國大代表有感〉贈予林獻堂，有趣的是，林獻堂不僅徹夜「作成次韻一首」，白天見面時，還拿「非常時期違反糧食治罪法規」示之[143]。當時，洪元煌內心必是五味雜陳。隔（1948）年 3 月 17 日法院正式判決洪元煌有罪，判刑一年六個月，緩刑兩年。洪元煌一度想向高等法院抗訴，後在親友勸說下打消[144]。所幸此判決並未褫奪公權，因此其國大之職務未受影響。而也是在這段期間，劫後餘生、驚惶稍定的林獻堂、洪元煌、葉榮鐘等中部有力人士繼《中報》之後再度集結，並倡設「東寧學會」，以「建設臺灣、整理臺灣，促進實現民主政治，施行憲法，提高本省文化水準」為目的。在籌備會中，洪元煌發表〈憲政實施和吾人之覺悟〉，批評當時「立委選舉並非出自民意」[145]。此會雖再度胎死腹中，但可見洪元煌等人對國府仍抱持最後一絲期待。

1948 年下半，林獻堂因政府先後實施大戶餘糧徵收及佃農減租等問題，與當局間的嫌隙日增。1949 年 3 月起，國民政府在臺灣省推動土地改革。有趣的是，不久後，卻聽人轉述洪元煌在臺中縣內部的相關委員會開會時竟提出「地主不得向佃人取押租金」，且獲得全場通過的插曲，讓林獻堂聽後哭笑

---

143 林獻堂著，許雪姬等註解，《灌園先生日記（二十）1948 年》，2 月 7 日，頁 52。

144 林獻堂著，許雪姬等註解，《灌園先生日記（二十）1948 年》，3 月 17 日、18 日，頁 102-104。

145 林獻堂著，許雪姬等註解，《灌園先生日記（二十）1948 年》，2 月 1 日，頁 44-46，並參考同日日記註解 4。

不得[146]。但值得注意的是，與其說是洪元煌的「暴言」，不如說林獻堂在國民政府的得寸進尺下，為了維護地主基本權益已是退無可退，至於洪元煌則是從以漢詩替基層農民代言以來，卻是求仁得仁，始終如一。當然這並未影響兩人間的情誼。

同年 12 月 7 日，國民政府在國共內戰中兵敗如山倒，而將中央政府退踞臺灣。但在此之前的 1949 年 5 月 19 日，臺灣省全島實施戒嚴，同年 9 月林獻堂在親友力勸下終於決定「避難東京」。洪元煌、蔡先於、莊垂勝等在醉月樓餞行，「勸余此行不可談政治」云云[147]。1950 年 3 月 1 日，在國共內戰中一時辭去總統職的蔣介石，在臺灣宣布復位，臺灣各地又掀起一波波向蔣介石致敬的活動[148]。然而對於洪元煌來說，這時他眼中的蔣介石已非 1946 年造訪草屯而足以讓「江山暗淡倏光明」的世界性偉人蔣介石，毋寧是以帝王之姿再度君臨臺灣的蔣介石政權了。

在林獻堂遠赴東京後，洪元煌還曾數度寫詩「寄懷」老

---

146 「張福立來，言臺中縣委員會洪元煌提出地主不得向佃人取押租金，滿場之人皆默然，遂作全體贊成。押租金一事，土地法有記載，可向佃人取贌耕租額四分之一，省政府亦如是舉行，鄉公所所辦之契約亦有記載，今僅一人提議而遂取消，無視一切對地主之利害，毫無顧及將來佃人欠租，地主不能納稅，將何以處置也，甚為憤慨。余亦無可如何，惟付之一笑。」林獻堂著，許雪姬等註解，《灌園先生日記（二十一）1949 年》，6 月 24 日，頁 235。

147 林獻堂著，許雪姬等註解，《灌園先生日記（二十一）1949 年》，9 月 19 日，頁 351。

148 李筱峰，《臺灣戰後初期的民意代表》，頁 265-267。

友[149]，足見兩人交誼之深。「二二八事件」屠殺時劫後餘生的洪元煌，於 1958 年 1 月 9 日以 76 歲高齡辭世。

李石樵手繪洪元煌油畫肖像（1937 ）　　　背面簽名
資料來源：李肅容女士提供。

（三）不同政權轉換下頑強抵抗的「不倒翁」

洪元煌、洪火煉的父代——洪玉麟、洪聯魁這一武一文的搭檔，在乙未割臺後，兩人確實被殖民政府所倚重，且分別賦予重任，一區長、一參事（後更職務互調）；但同時另一方

---

149 林獻堂著，許雪姬等註解，《灌園先生日記（二十二）1950 年》，
　　6 月 2 日，頁 199；林獻堂著，許雪姬等註解，《灌園先生日記
　　（二十四）1952 年》、1952 年 9 月 27 日，頁 375。

面，洪玉麟、洪聯魁也接連聘請鹿港民族詩人洪棄生、施梅樵到草屯登瀛書院開帳授徒，埋下年輕世代維繫「文運」的漢民族意識，洪元煌等創設碧山吟社與《碧山吟社詩稿》中的詩文，就是明證。其中的開頭第一首的〈不倒翁〉：「莫笑衰殘一小軀。胸中謀略未全無。任他地覆天翻日。坐鎮依然讓老夫。[150]」可說最能貫串兩次戰後下不同專制統治下洪元煌的一生，同時也最能點出「不倒翁」箇中真味。

　　日本東南亞史研究者後藤乾一在《岩波講座　近代日本と殖民地（6）抵抗と屈從》序論中，對於被統治者的處境有如下的引述：

> 對於在強大異民族統治下被捲入的殖民地人們，特別是政治領導者和知識分子而言，「屈從」和「協力」絕不是單純的二選一。對他們來說，所謂協力往往是一種戰略的戰術的應用，是一種面從腹背的展現。同時即使就屈從來說，誠如第七卷リカルド・T・ホセ（Ricardo T. Jose）在論文中所形容的「當強風吹來時，曲身讓風灌滿全身，但不會折斷。一邊曲身靜靜地忍受著，一邊採取著只要風勢一弱便隨時可以反彈回去的姿勢。」這種情形並非僅限於菲律賓，本講座所涵蓋的對象及所有的地域都可適用[151]。

---

150 《碧山吟社詩稿》第 1 首（前揭照片，頁 144）。
151 後藤乾一，〈まえがき〉，收錄於大江志乃夫等編，《岩波講座　近代日本と殖民地（6）抵抗と屈從》，頁 xi。而卷七 Ricardo T. Jose 所發表的論文為〈たわめども折れず──大戰期フィリピン・ナショナリズムと日本の文化政策〉，收錄於大江志乃夫等編，《岩波講座 近代日本と殖民地（7）文化のなかの殖民地》，頁 81-103。

其實，這樣的「不倒翁」精神，應該不僅限於政治領導者或知識分子，甚至連一般民眾也是如此。差別只在於，前者有文獻留下，讓後人看到其「曲折」之所在；一般民眾則多缺乏文獻紀錄，但依舊化做一波又一波此起彼伏的海浪，不斷推動著時代的巨輪前進。

從甲午戰後到二次戰後，洪元煌為了爭取臺灣人自治不遺餘力，雖明知「有形」不可能成功，但仍始終堅持實踐「無形的成功」──臺灣人的政治教育與訓練，並與林獻堂、楊肇嘉等聯手推動，可說終其一生未改其志。二次大戰後政權再度轉換，洪元煌卻因二二八事件，遭致陳儀「四次」追殺，所幸「拜把兄弟」李春盛和盟友林獻堂等人的營救、斡旋，始能化險為夷。即使如此，依舊不改其敢言以及替基層農民發聲的立場；反觀洪火煉，從日治時期製糖會社的原料委員到新組合的設立，時時站在殖民體制內，反制洪元煌的政治運動。不過由於深諳農事經營與農業政策之所需，往往能取得先機，名利雙收，一舉贏得「農倉先覺者」的美譽，並為殖民統治者所重用。即使到了二次大戰後陳儀政府上臺，由於面對糧價高漲與糧荒等諸多問題，洪火煉因此更上層樓，從省參議員到國民大會代表，受到國民政府中央與陳儀政府的倚重。但另一方面，洪火煉在臺灣省參議會任內卻經常與林獻堂聯手，不惜對當局開火，維護大戶、地主的權益。

1950 年代，在政治最肅殺的時代，臺籍領袖林獻堂避難東京，並於 1956 年客死異鄉，而草屯「位高權輕」的兩國大──洪火煉、洪元煌也先後久病辭世。對於親歷兩個戰後、

三個不同統治者的這兩位「國大代表」的辭世，同樣是當時
《聯合報》所做的報導，1953 年報導洪火煉去世的內容不及
百字，且僅以「本鎮名人國大代表洪火煉，以年事已高，身
體孱弱，調治罔效」單純敘述之[152]；但 1958 年對於草屯另一
名「臺籍國大代表洪元煌病逝」，則不僅有歷史評價「洪元煌
為首屆制（按：行）憲國大代表，在日據時代，曾參加臺灣文
化協會，為一抗日愛國之民主鬥士，洪氏前於四十三年二月間
突患腦溢血症，迄未痊癒，延於本月九日逝世。」甚且，時任
南投縣長、洪火煉次男洪樵榕還親自前往弔唁，報導中接續寫
著：「國大代表洪元煌逝世消息傳出後，南投縣長於當日九時
許親往弔唁，時洪氏尚未斷氣，悠悠回陽，乃囑子姪輩好好做
人，並囑付家事，又兩小時之後，終因不治逝去。[153]」

洪火煉病逝
資料來源：聯合報 19530525。

---

152 〈南投失耆紳　洪火煉逝世〉，《聯合報》，1953 年 5 月 25 日。
153 〈臺籍國大代表　洪元煌病逝　定十四日上午公祭〉，《聯合報》，
　　1958 年 1 月 11 日。。

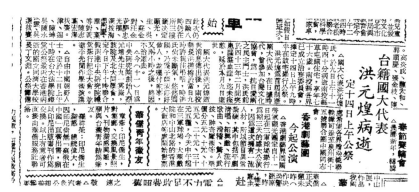

洪元煌病逝

資料來源：聯合報 19580111。

　　對於洪元煌風中殘燭的晚年及其一生的功績，李肅容女士如此回憶著：

　　祖父與林獻堂、蔣渭水、蔡培火、楊肇嘉，都是結拜兄弟，也是理念相同的同志。獻堂伯公對國民黨政權失望，而離開伊所疼惜的臺灣，遠赴日本而客往仙逝日本[154]。祖父感慨與痛心，看著同志有的被關、有的遠離，祖父孤鳥難鳴，有志難伸，悶悶不樂，後來中風，中央常常派人來探視，病床中常吟……老後何堪更寂寥。

　　祖父中風後，子孫每天都要探望，陪老人家聊天以解寂寞。三年後，仍不敵病魔，而撒手人寰！全村總動員辦喪事，蔣總統、陳誠為首五院院長輓聯齊到，加上地方長官的參列，熱鬧非凡。祖父您這一生，為熱愛的臺灣和農民

154 1956 年 9 月 8 日，林獻堂病逝於東京，並於同月 21 日在臺北開南商
　　工舉行公祭。

奮鬥，留下漂亮的腳跡，使後代子孫同感驕傲，我們以您
為榮[155]！

洪元煌賢伉儷
資料來源：洪正常先生提供。

洪元煌賢伉儷（中間二位）
資料來源：洪正常先生提供。

洪元煌全家福
資料來源：梁志忠先生提供。

155 洪元煌孫媳李蕭容女士 line 訪談紀錄，2015 年 9 月 2 日至 3 日。

曲終

一生追求「無形的成功」

　　洪元煌的一生，除了一開始與最後階段，一大半的生涯都是在日本殖民統治下渡過。他與同世代的摯友林獻堂不同，雖然幾度前往日本（宗主國），但卻未曾踏上中土（祖國），更沒有漫遊世界；而另一方面，他也不像年輕世代的「臺灣青年」，如楊肇嘉和蔡培火等人那樣，出入日本中央政界和總督府之間扮演著政治折衝的核心人物，也不像黃呈聰那樣蓄勢「待機」[1]。他只有公學校畢業的學歷，雖算得上地主出身，卻也沒有赫赫的家產。儘管如此，作為「臺灣青年」的一員，在與同族且又屬同世代的洪清江、洪火煉等人相對照之下，洪元煌卻又是那麼突出，自始至終一有機會便聲如洪鐘般批判威權統治體制。

　　但以往有關洪元煌的描述，始終不脫戰前《臺灣人士鑑》與戰後《草屯鎮誌》之域，而相關人物傳的出版品當中，洪元煌更是乏人聞問。不幸中的大幸，1999 年 9 月 21 日發生的一場臺灣有史以來的強烈中部大地震後，描繪洪元煌早年和晚年心境的漢詩集，意外地「出土」。從這些漢詩文中，也讓後人看到了一位受到日本殖民統治下的「臺灣青年」，內心的「苦腦」和糾葛（掙扎），很忠實地呈現在你我眼前。同時，我們更看到，洪元煌奮鬥成長的過程中，其實並不形單影隻，尤其當地出身的「炎峰青年」和「青年教師」，更是支撐他堅持不懈的動力來源。

1　若林正丈，〈黃呈聰における「待機」の意味──日本統治下臺灣知識人の抗日民族思想〉，若林正丈，《臺灣抗日運動史研究・增補版》，頁 178-244。

　　作為草屯地域社會中第一位畢業自殖民地學校教育的臺灣青年，卻在畢業後毅然創設碧山吟社，與不同世代、不同地域的文人互通聲息，以振興「文運」。其後，更先後參與新民會、臺灣文化協會為主的各式各樣的政治運動，而即使到了晚年，在一片皇民化運動和總動員體制的高度壓抑下，依舊振筆疾書，以漢詩文繼續「偷偷地（隱）」批判殖民統治的種種失政。回顧其大半生的種種事跡，對洪元煌的行動準則也將有所歸結。他同時受了傳統儒學教養的漢文教育，以及透過近代學校體系所受到的國語教育，因而使其日後得以運用「雙重語言讀寫能力」，在條件許可之下從事抗日運動，並且以「變通」的思考以及對自治理念的堅持，不管是政談演講抑或雙語書寫，即使殖民政府對於政治運動的鎮壓鬆緊不一，但洪元煌對於自己的理念始終源於「本真」。

　　同時，我們也可看出在洪元煌南征北討的政治活動的背後，當地「四大姓自治」傳統的存在也扮演著不可忽視的角色。在一路爭取臺灣人自治的路途上，不分「島政」和「庄政」，這些來自四大姓的青年有志經常與洪元煌並駕齊驅，與殖民政府相抗衡。從一起上當地書房修讀漢文，然後共同參加具有濃厚民族意識的詩社──碧山吟社，同時也接受殖民政府所設立的近代學校──公學校，因而具備「雙重語言讀寫能力」。1920 年代，也就是到了青壯時期，他們又組織了炎峰青年會公然挑戰殖民統治，除了爭取臺灣人自治之外，透過炎峰青年會，他們更從地域社會的日常生活中重新創造了「眾議和自治」的「傳統」。因此，即便洪元煌所參與的各式全臺

性政治結社和政治運動相繼解散，卻能夠在當地重新整軍再出發。草屯地域中地緣和血緣的凝聚力，如何在炎峰青年會創立和發展的過程中，維持與殖民政府當局纏鬥的組織力，正象徵著四大姓自治的傳統透過碧山吟社、炎峰青年會這類政治性結社所發揮出相互牽絆的凝聚力，實在不能輕估。

而核心人物白頭殼仔洪元煌本身「變通」的思維，雖有時會被認為太過牽就現實主義，甚至被更為前衛的世代視為過於保守，以致有「善變（日和見主義）」之譏，例如張深切的月旦評，而確實，洪元煌一路從新民會、臺灣文化協會、臺灣民眾黨、臺灣地方自治聯盟，以至後來的東亞共榮協會等，儘管這些運動團體之間屬性未必相同，甚至差異甚大，但洪元煌參與的熱度和活動力始終不減，仿佛正坐實了「善變」的風評。其次，由於經常意識到異民族統治的現實，因而對於漢民族的「美風」常表現出過度偏袒的結果，使得洪元煌無法正面批判不合宜的傳統文化。這些確實可說是洪元煌的抗日思想中侷限之所在。

但是，即使觀其一生，不管在任何團體、任何政權，他總是站在枝頭上，言所當言，不畏權勢勇往直前，為臺灣人、為農民仗義執言。即使在戰爭後期，洪元煌的行動從表面上看來確實是迎合殖民政府，可是就算是在這麼艱難的時局，透過他的漢詩文，仍不改其「本真」。

而且透過漢詩文來重新檢視洪元煌的思想時，我們更可感受到洪元煌為了爭取臺灣人自治、擁護人權和正義，以及廢除殖民地差別待遇等，除了在政治實踐上透過各式各樣的政治

運動團體大發「狂言」與「不平鳴」。到了無法公開大鳴大放時，仍私底下偷偷地透過漢詩文與盟友互相酬酢抒發所感，以激昂的筆鋒批判殖民統治體制為農民代言。這就是白頭殼仔洪元煌的「本真」，即使到了二次戰後陳儀主政下的臺灣，依舊挺身而出仗義執言，二二八劫難中數度被追殺雖倖免於難，卻也因此一時淪為階下囚。

洪元煌，終其一生歷經清代、日治和國民黨政府三個不同時代，他的一生可說是臺灣近現代史的縮影。觀其一生堅持臺灣人自治的精神，並以啟發教育下一代政治自覺為使命。面對不同專制獨裁的統治者，以追求「無形的成功」自詡，終生頑抗，雖通權變卻又能不改其志，故每每成為獨裁者的眼中釘。如今「白頭殼仔」、聲如洪鐘的身影雖已遠離，但百年來其精神依舊迴盪於後世，他以及廣布全臺的戰友與盟友，共同為我們立下如何令專制獨裁者難以安穩的典範，繼續傳布於臺灣社會。如同白頭殼仔（白頭翁）一樣。

　　附記：話說今日南投縣草屯鎮聯合里辦公室所在的地方位於「青年巷」，而環繞其周邊的路名分別有「炎峰街」和「館前巷」，這些路名（街巷）的由來，其實便和昔日活躍於1920年代結合文化啟蒙、政治運動、社會教育於一身的炎峰青年會有密不可分的關係。一個小小的鄉鎮，願意將街路名用來紀念一個團體，而且不只一條而是三條，著實讓人感動。代表著當初命名時，地方政府和地方民眾認為這個團體不僅足以代表地方，同時也是希望外地人來到草屯一定要認識的團體。如果有機會到草屯，不妨到此一遊。

草屯鎮青年巷

資料來源：筆者拍攝。

參考文獻

（一）公・私文書及訪談記錄

1. 《櫟社詩會十週年大會詩稿》、「霧峰林家頂厝捐贈手稿 LIN001」、現臺灣大學圖書館特藏資料庫所藏。

2. 臺北市二二八平和紀念館所藏「戰後（1946 年、1947 年）臺中縣南投區署草屯鎮地方行政文書資料（暫稱）」。

3. 「日治時期草屯洪氏家族文書」（草屯鎮梁志忠先生珍藏）

(1) 書簡

　・1896 年至 1899 年北投堡總理洪玉麟南投辨務署時期文書、書簡。

　・「洪火煉書簡」1920 年代後半至 30 年代。產業、信用組合、農倉經營關係。

　・「1928 年 3 月書簡　常田袈裟吉發李火土殿宛」（草屯公學校校長常田袈裟吉）。

(2) 詩集

　・洪元煌，《碧山吟社詩稿》（推測作成年代 1907 年至 1913 年之間）。

　・洪元煌，《雪峰詩集》（1940 年 12 月至 1942 年初之

間的作品）。

(3) 日記

- 吳萬成，《吳萬成　昭和六年當用日記》。東京、大阪：株式會社積善館，1930。
- 吳萬成，《更生　昭和十二年日記　向上の跡》。京都：日本赤十字社京都支部，1936。
- 梁慧期，《學生ダイアリー　昭和九年》。東京：博文館，1933。（草屯鎮梁志忠先生珍藏）

(4) 訪談紀錄

- 2005 年 2 月 22 日，南投縣草屯鎮洪育綸先生錄音訪問紀錄。
- 2006 年 2 月 6 日，南投縣草屯鎮梁志忠先生錄音訪問紀錄。
- 2015 年 9 月 2 日至 3 日，洪元煌孫媳李肅容女士 line 訪談紀錄。

(5) 洪元煌家族及草屯相關老照片

- 洪元煌後人洪正常先生、孫媳李肅容女士、族人洪育綸先生和梁志忠先生提供。在此一併致謝。

（二）出版品

- 二二八事件研究小組，賴澤涵總主筆，《二二八事件研究報告》。臺北：時報，1994。
- 大江志乃夫，《東アジア史としての日清戰爭》。東京：立風書房，1998。
- 大江志乃夫等編，《岩波講座　近代日本と殖民地》全

8 冊。東京：岩波書店，1992。

・中京大學社會科學研究所臺灣史料研究會編，《日本領有初期の臺灣──臺灣總督府文書が語る原像》。東京：創泉堂，2005。

・日本圖書センター編，《舊殖民地人事總覽・臺灣編1》。東京：日本圖書センター，1997。

・王詩琅，《臺灣人物誌》。臺北：海峽學術，2003。

・王泰升，《臺灣日治時期的法律改革》。臺北：聯經，1999。

・王曉波編，《蔣渭水全集（增訂版）》。臺北：海峽學術，2005。

・王靜儀等編撰，《臺灣省參議會參議員小傳》。臺中：臺灣省諮議會，2014。

・天野郁夫，《學歷の社會史──教育と日本の近代》。東京：平凡社，2005。

・石田浩，《臺灣漢人村落の社會經濟構造》。大阪：關西大學出版部，1985。

・末廣昭編，《「帝國」日本の學知──地域研究としてのアジア》。東京：岩波書店，2006。

・矢內原忠雄，《帝國主義下の臺灣》。東京：岩波書店，1988。

・田健治郎著，吳文星等編，《臺灣總督田健治郎日記（上、中、下）》。臺北：中研院臺史所，2001-2009。

・伊能嘉矩，《臺灣文化誌》。東京：刀江書房，1928。

・吉野秀公，《臺灣教育史》。臺北：自刊本，1927。

・向山寬夫，《日本統治下における臺灣民族運動史》。東京：中央經濟研究所，1987。

・何義麟，《二・二八事件──「臺灣人」形成のエスノポリティクス》。東京：東京大學出版會，2003。

・吳文星，《日據時期臺灣社會領導階層之研究》。臺北：正中書局，1992。

・李力庸，《日治時期臺中地區的農會與米作（1902-1945）》。北縣：稻鄉，2004。

・李筱峰，《臺灣戰後初期的民意代表》。臺北：自立晚報，1993[1986] 增定版。

・李筱峰、張炎憲、莊永明編，《臺灣近代名人誌》。臺北：自立晚報、1987-1990。

・阿部賢介，《關鍵的七十一天：二次大戰結束前後的臺灣社會與臺灣人之動向》。臺北：國史館，2013。

・近藤正己，《總力戰と臺灣──日本殖民地崩壞の研究》。東京：刀水書房，1996。

・林燕飛編，《新中州の展望》。臺中州：大日新報社藏版，締交通信社，1935。

・林進發，《臺灣人物評》。臺北：赤陽社，1929；成文影印版，1999。

・林瑞明，《臺灣文學與時代精神：賴和研究論集》。臺北：允晨文化，2017[1993]。

- 林朝崧，《無悶草堂詩存》。臺北：臺灣銀行，臺灣文獻叢刊第 72 種，1960。
- 林獻堂著，許雪姬等註解，《灌園先生日記（一至廿七）1927-1955 年》。臺北：中研院臺史所、代史所，2000-2013。
- 林獻堂先生紀念集編纂委員會編，《林獻堂先生紀念集：年譜‧遺著‧追思錄》。臺北：文海基金會影印，1974。
- 林莊生，《懷樹又懷人──我的父親莊垂勝、他的朋友及那個時代》。臺北：玉山社，2017[1992]。
- 林莊生，《回憶臺灣的長遠路程：林莊生文集》。臺北：玉山社，2014。
- 林美容，《草屯鎮鄉土社會史資料》。臺北：臺灣風物雜誌，1990。
- 林文龍，《臺灣的書院與科舉》。臺北：常民文化，1999。
- 林衡道口述，洪錦福整理，《臺灣一百位名人傳》。臺北：正中，2003。
- 周婉窈，《日據時代的臺灣議會設置請願運動》。臺北：自立報系文化，1989。
- 周婉窈，《海行兮的年代──日本殖民統治末期臺灣史論集》。臺北：允晨文化，2003。
- 周明，《臺灣歷史名人傳：楊肇嘉傳》。南投：省文獻會，2000。

- 若林正丈，《臺灣抗日運動史研究‧增補版》。東京：研文出版，2001。
- 洪棄生，《瀛海偕亡記》。臺北：臺灣銀行經濟研究室，臺灣文獻叢刊第 59 種，1959。
- 洪敏麟總編輯，《草屯鎮誌》。南投：投縣草屯鎮鎮公所，1986。
- 洪敏麟總編輯，《洪氏族譜》。南投：重修洪氏族譜編輯委員會，1994。
- 洪敏麟口述，謝嘉梁、林金田訪問，劉澤民紀錄，《文獻人生：洪敏麟先生訪問紀錄》。南投：國史館臺灣文獻館，2010。
- 洪樵榕口述，卓遵宏、歐素瑛訪問，《洪樵榕先生訪談錄》。臺北：國史館，2001。
- 施懿琳，《從沈光文到賴和──臺灣古典文學的發展與特色》。高雄：春暉，2000。
- 唐寶林，《陳獨秀全傳》。香港：中文大學出版社，2011。
- 宮崎聖子，《殖民地期臺灣における青年団と地域の変容》。東京：御茶の水書房，2008（中文版書名為《殖民地臺灣之青年團與地域變貌（1910-1945）：殖民地期臺灣における青年團と地域の變容》，臺北：臺大出版中心，2019）。
- 草屯國民小學，《創立七十週年紀念同學錄》。南投：南投縣草屯鎮草屯國民小學，1970。

- 野村浩一，《近代中國の思想世界——《新青年》の群像》。東京：岩波書店，1990。
- 野嶋剛，《臺灣とは何か》。東京：筑摩書房，2016。
- 許錫專編，《草屯地區開發史資料集——洪姓故事篇》。南投：臺灣洪氏家廟，1998。
- 許錫專編，《草屯鎮的文化資產及震災紀實》。南投：草屯鎮公所，2001。
- 許世楷，《日本統治下の臺灣——抵抗と彈壓》。東京：東京大學出版會，1972。
- 張德南，《堅勁耿介的社會運動家——黃旺成》。新竹：竹市文化，1999。
- 張漢裕主編，《蔡培火全集》。臺北：財團法人吳三連臺灣史料基金會，2000。
- 張麗俊著，許雪姬、洪秋芬解讀，《水竹居主人日記》（全10冊，1906-1937年）。臺北：中研院近史所；臺中：中縣文化局，2000-20041。
- 張炎憲、陳芳明、黃英哲等編，《張深切全集》。臺北：文經社，1998。
- 張家榮，《清代北投社社史研究：以社址、社域變遷為中心》。新北：花木蘭文化，2014。
- 張家綸，《菁英如何改變社會：近代草屯之形成與人際網絡之轉變（1724-1945）》。新北：稻鄉，2017。
- 國史館編，《國史館現藏民國人物傳記史料彙編·第十三輯》。臺北：國史館，1995。

- 莊永明，《臺灣百人傳》。臺北：時報文化，2000。
- 章子惠編，《臺灣時人誌・第一集》。臺北：國光，1947。
- 陳千武，《文學人生散文集》。臺中：中市文化局，2007。
- 陳文松，《殖民統治與「青年」：臺灣總督府的「青年」教化政策》。臺北：臺大出版中心，2015。
- 陳永興、李筱峰編，《臺灣近代人物集——近代知識份子的志業與理想》。臺北：李筱峰，1983。
- 陳明通，《派系政治與臺灣政治變遷》。臺北：月旦，1995。
- 陳哲三，《古文書與臺灣史研究——陳哲三教授榮退論文集》。臺北：文史哲，2008。
- 陳培豐，《「同化」の同床異夢——日本統治下臺灣の國語教育史再考》。東京：三元社，2001。
- 陳錦標，《陳錦標回憶錄》。新竹：竹市文化，1999。
- 連橫，《臺灣通史》。上海：上海商務印書館，1946 重慶初版，1947 上海初版。
- 郭怡君、楊永彬編著，《風月・風月報・南方・南方詩集：總目錄・專論・著者索引》。臺北：南天，2001。
- 黃頌顯編譯，《林呈祿選集》。臺北：海峽學術，2006。
- 黃昭堂，《臺灣民主國の研究——臺灣獨立運動史の一斷章》。東京：東京大學出版，1970。
- 黃昭堂，《臺灣總督府》。東京：教育社，1981。

- 黃洪炎編，《瀛海詩集》。臺北：臺灣詩人名鑑刊行會，1940 年。
- 黃富三，《林獻堂傳》。南投：國史館臺灣文獻館，2004。
- 黃旺成作，許雪姬等解讀，《黃旺成先生日記（一）至（廿一）（1912 至 1935 年）》。臺北：中研院臺史所，2008-2020。
- 曾健民，《1945 破曉時刻的臺灣：八月十五日後激動的一百天》。臺北：聯經，2005。
- 傅錫祺，《櫟社沿革志略》。臺北：臺灣銀行經濟研究室，1963。
- 傅錫祺，《鶴亭詩集》，收錄於《臺灣先賢詩文集彙刊·第二輯》。新北：龍文，1992 重印初版。
- 程玉凰，《嶙峋志節一書生 —— 洪棄生及其作品考述》。臺北：國史館，1997。
- 葉芸芸等編，《葉榮鐘全集》。臺中：晨星，2000-2002。
- 葉榮鐘，《臺灣人物群像》。臺北：帕米爾，1985。
- 葉榮鐘，《日據下臺灣政治社會運動史》。臺中：晨星，2000。
- 葉榮鐘，《少奇吟草》。臺中：晨星，2001。
- 楊肇嘉，《楊肇嘉回憶錄（上、下）》。臺北：三民，1967。
- 廖振富，《櫟社研究新論》。臺北：國編館，2006。

- 廖振富，《以文學發聲：走過時代轉折的臺灣前輩文人》。臺北：玉山社，2017。
- 臺中州，《興農倡和會設立經過竝其事業報告》。1930。
- 臺中州，《臺中州ニ於ケル地主ノ愛佃施設》。1934。
- 《臺中州南投郡草屯庄勢一覽　昭和 11 年》。草屯庄役場，1937。
- 臺灣總督府編，《臺灣總督府職員錄》。臺北：臺灣日日新報社，1898。
- 臺灣總督府，《臺灣人ノ臺灣議會設置運動ト其思想・後編》。臺北：臺灣總督府，1922。
- 臺灣總督府警務局編，《臺灣總督府警察沿革誌第 2 編領臺以後の治安狀況（中卷）臺灣社會運動史》。東京：龍溪書舍，1973 復刻版。
- 《臺灣人士鑑》。臺北：臺灣新民報社，1934、1937；臺北：興南新聞社，1943。
- 臺灣經世新報社編，《臺灣大年表》。東京：綠蔭書房，1938 四版；1992 復刻版。
- 臺灣省文獻委員會編，《臺灣省通誌・卷九・革命志抗日篇》。南投：省文獻會，1973。
- 臺灣省文獻委員會編，《臺灣抗日忠烈錄・第一輯》。南投：省文獻會，1965。
- 臺灣史研究會編，《王敏川選集》。臺北：海峽學術，2002。

- 駒込武，《殖民地帝國日本の文化統合》。東京：岩波書店，1996。
- 諸橋轍次，《大漢和辭典・卷 12》。東京：大修館書店，1989 修訂二版。
- 蔣朝根編著，《從大甲支部看臺灣民眾黨：杜香國史料藏品彙編》。臺北：蔣渭水文化基金會，2019。
- 劉枝萬，《南投縣志稿（十一）南投縣人物志稿》。南投：南投縣文獻委員會；臺北：成文影印版，1983。
- 蔡翼謀、陳月嬌編，《蔡式穀行迹錄》。新竹：竹市文化，1998。
- 蔡慧玉編著，《日治時代臺灣的街庄行政》，中縣口述歷史第 4 輯。臺中：中縣文化中心，1997。
- 歐素瑛主編，《戰後臺灣民主運動史料彙編（5）地方自治與選舉》。臺北：國史館，2001。
- 鄭梓，《本土精英與議會政治：臺灣省參議會史研究（1946-1951）》。臺北：華世，1987。
- 鄭政誠，《臺灣大調查——臨時臺灣舊慣調查會之研究》。新北：博揚文化，2005。
- 戴炎輝，《清代臺灣之鄉治》。臺北：聯經，1979。
- 謝國興，《亦儒亦商亦風流——陳逢源（1893-1982）》。臺北：允晨文化，2002。
- 羅志田，《民族主義與近代中國思想》。臺北：東大，1998。
- 蘇全正、林景淵，《劍膽琴心：跨越兩個時代的六然居

士楊肇嘉》。臺中：中市文化局，2018。

· 鶴見祐輔，《後藤新平傳‧臺灣統治篇（上）》。東
京：太平洋協會出版部，1943。

· 龔延明，《岳飛評傳》。南京：南京大學出版社，
2001。

· 鷹取田一郎編，《臺灣列紳傳》。臺北：臺灣總督府，
1916。

（三）論文期刊

· 何義麟，〈臺灣知識人の苦惱——東亞共榮協會から
大亞細亞協會臺中支部へ〉，收錄於松浦正孝編著，
《昭和‧アジア主義の實像——帝國日本と臺灣‧「南
洋」‧「南支那」》。京都：ミネルヴァ書房，2007。

· 村上嘉英，〈舊殖民地臺灣における言語政策の一考
察〉，《天理大學學報》第 144 號，1985.3。

· 李承機，《臺灣近代メディア史研究序説——殖民地と
メディア》，東京大學大學院總合文化研究科地域文化
研究專攻博士論文，2004。

· 李偉呈，《建醮活動與地方社會：以草屯聯合里醮典為
例》，國立中興大學歷史學研究所碩士論文，2020。

· 林美容，〈由祭祀圈來看草屯鎮的地方組織〉，《中央
研究院民族學研究所集刊》第 62 期，1987.12。

· 林美容，〈草屯鎮之聚落發展與宗族發展〉，收錄於中
央研究院第二屆國際漢學會議論文集編輯委員會編輯，
《中央研究院第二屆國際漢學會議論文集（民俗與文化

組）》。臺北：中研院，1989。

・林文龍，〈草屯李元光簡化成史蹟調查〉，《臺灣風物》第 35 卷第 1 期，1985.3。

・周婉窈，〈臺灣議會設置請願運動再探討〉，《臺灣史料研究》第 37 號，2011.6。

・柯志明，〈《米糖相剋》問題と臺灣農民〉，《岩波講座　近代日本と殖民地（3）殖民地化と產業化》。東京：岩波書店，1993。

・洪秋芬，〈日據初期臺灣的保甲制度（1895-1903）〉，《中央研究院近代史研究所集刊》第 21 期，1992.6。

・洪敏麟，〈草屯茄荖洪姓移殖史〉，《臺灣風物》第 15 卷第 1 期，1965.4。

・洪英聖，《草屯「龍泉圳」的開發》，東海大學歷史學研究所碩士論文，2000。

・若林正丈，〈葉榮鐘的「述史」之志：晚年書寫活動試論〉，《臺灣史研究》第 17 卷第 4 期，2010.12。

・施懿琳，《日據時期鹿港民族正氣詩研究》，臺灣師範大學國文研究所碩士論文，1986。

・柳書琴，〈傳統文人及其衍生世代：臺灣漢文通俗文藝的發展與延異（1930-1941）〉，《臺灣史研究》第 14 卷第 2 期，2007.6。

・宮崎聖子，《殖民地期臺灣における青年団の研究（1910〜1945）》，お茶の水大學人間文化研究科博士

論文，2004（如上，本論文已出版中、日文版本）。

- 許雪姬，〈皇民奉公會的研究——以林獻堂的參與為例〉，《近代史研究所集刊》第 31 期，1999.6。

- 許佩賢，《臺灣近代學校的誕生——日本時代初等教育體系的成立（1895-1911）》，臺灣大學歷史學研究所博士論文，2001。

- 張正昌，《林獻堂與臺灣民族運動》，臺灣師範大學歷史學研究所碩士論文，1980。

- 張淑玲，《臺灣南投地區傳統詩研究》，中國文化大學中國文學研究所碩士論文，2003。

- 陳文松，《青年の爭奪：1920 年代殖民地臺灣における青年教化運動——文教局の設立を中心にして》，東京大學大學院總合文化研究科地域文化研究專攻碩士論文，2000。

- 陳文松，〈洪元煌の抗日思想——ある「臺灣青年」の活動と漢詩〉，《日本臺灣學會報》第 9 號，2007。

- 陳文松，〈從傳統士人到「近代青年」的文化交錯與轉換——「不倒翁」洪元煌與草屯碧山吟社〉，《臺灣古典文學研究集刊》創刊號（2009），頁 289-344。

- 陳怡宏，《忠誠和反逆之間——1895~1901 年間臺北、宜蘭地區「土匪」集團研究》，臺灣大學歷史學研究所碩士論文，2001。

- 曾敏怡，《草屯地區清代漢人社會的建立與發展》，東海大學歷史學研究所碩士論文，1998。

- 楊永彬，《臺灣紳商與早期日本殖民政權的關係（1895年-1905年）》，臺灣大學歷史學研究所碩士論文，1996。

- 廖振富，〈珍惜最後五分鐘——敬悼林莊生先生〉，《文訊》第 353 期，2015.3。

- 蔡慧玉，〈日治時代臺灣保甲書記初探：1911-1945〉，《臺灣史研究》第 1 卷第 2 期，1994.12。

- 蔡慧玉，〈日治臺灣街庄行政（1920-1945）的編制與運作：街庄行政相關名詞之探討〉、《臺灣史研究》第 3 卷第 2 期，1996。

- 劉彥君，《強盜或抗日——以日治法院判決中的「匪徒」為核心》，臺灣大學法律學研究所碩士論文，2006。

- 駒込武，〈抗日運動における教育要求と總督府の教育政策——1920~30 年代臺中州草屯庄の事例を中心に〉，《日據時期臺灣史國際學術研討會論文集》。臺北：臺大歷史系，1993。

- 劉夏如，《日本殖民地主義と臺灣總督府評議會——法社會史の觀点から見た支配・抵抗・協力（1921-1945）》，東京大學總合文化研究科相關社會科學專攻碩士論文，1995。

- 鍾淑敏，〈日據初期臺灣殖民體制的建立與總督府人事異動初探（1895-1906）〉上，《史聯雜誌》第 14 期、1989.6

・鍾淑敏，〈日據初期臺灣殖民體制的建立與總督府人事異動初探（1895-1906）〉下，《史聯雜誌》第 15 期，1989.12。

（四）雜誌・報紙及網頁（資料庫）

・風月俱樂部・南方雜誌社，《風月・風月報・南方・南方詩集（第 1～190 期）》。臺北：南天，2001 影印版。

・《臺灣青年》創刊號至第 4 卷第 2 號（1920 年 7 月至 1922 年 2 月），臺灣青年雜誌社、東方文化復刻版。

・《臺灣》（《臺灣青年》改名）第 3 年第 1 號至第 5 年第 2 號（1922 年 4 月至 1924 年 5 月），臺灣青年雜誌社、東方文化復刻版。

・《臺灣民報》1923 年 4 月至 1930 年 3 月，臺灣民報社、東方文化復刻版。

・《臺灣新民報》1930 年 3 月至 1932 年 4 月，臺灣新民報社、東方文化復刻版。

・〈二十八年九月　三十一年六月　伊澤修二氏教育に関する上申〉，《マイクロフィルム版　後藤新平文書目錄》（東京：雄松堂フィルム，1980），R32-87-4。

・國史館臺灣文獻館檔案查詢系統

・國立臺灣歷史博物館

・中央研究院臺灣史研究所臺灣日記知識庫

・中央研究院臺灣史研究所檔案館

・國立臺灣大學圖書館數位人文研究中心

・國立清華大葉榮鐘全集、文書及文庫數位資料館

後記

　　本書是改寫自筆者博士論文的第二部，與現已出版的《殖民統治與「青年」：臺灣總督府的「青年」教化政策》（臺大出版中心，2015 年）堪稱是姐妹作。而能在今年出版本書，也許是天注定。因為 2021 年，適逢 1921 年臺灣文化協會創立百週年的重要時刻，「白頭殼仔」洪元煌一生奉獻其中，能在此時刻，將其一生的理念與事蹟藉此傳達給世人，正是絕佳的時機。臺灣文化協會創立於 1921 年 10 月 17 日，而洪元煌所創草屯炎峰青年會則是 1924 年 10 月 28 日。所以，對筆者而言，每年 10 月，既可以慶祝臺灣文化協會，也可慶祝炎峰青年會的創立。

　　遙想當年（2005 年）在撰寫博士論文期間，為了尋找草屯炎峰青年會的史料而利用暑假從東京回到臺灣進行田野調查與口述訪談，有一天剛好從草屯要返回名間，路經南投市區時心想還不到下午五點，便繞往南投縣史室，剛好翻到一本新出爐的《南投縣志·卷六·文化志》，編纂委員中看到昔日大學工讀時很照顧我的臺灣省文獻委員會李西勳編纂名列其中，一問現場工作人員，竟已高升南投縣文化局局長。趁尚未下班，剛好他還在文化中心的局內辦公，馬上前往造訪。久違不見，絲毫沒有疏離感。

　　李局長很親切問我在研究什麼課題，我回說在調查日治時期炎峰青年會的歷史。李局長馬上熱切的告訴我，研究草屯，一定要認識這一位，於是馬上拿起電話幫我引介，並約一起吃晚餐。於是，不久後，我認識了梁志忠先生，時任草鞋墩鄉土文教協會理事長（現為南投縣文化資產學會理事長，亦曾任臺灣古文書學會理事長等職）。

草屯鄉土文化演講會
－台灣近代史的傳奇人物洪元煌與草屯－
主講人－陳文松教授
邀您一同來關心草屯近百年來的發展過程

日期：97年8月24日（星期日）上午9:30-12:00
地點：青少年活動中心
對象：對鄉土文化有興趣之民眾
費用：免費
開分配表及內容提要

09:30-10:00 開場 從洪元煌的歷史定位講起	讓我們了解了不到一百年之中連續受過兩個外來政權統治下，整個台灣以及草屯的社會變遷，同時有俾於我們思考未來。
10:00-10:30 第一幕 舊恨與新愁－碧山吟社時期的洪元煌和草屯	碧山吟社所遺留下來的《碧山吟社詩稿》不僅是首次問世，更是讓我們了解日本統治時期草屯人文活動最具關鍵性的史料。
10:40-11:00 第二幕 正義與人權－炎峰青年會時期的洪元煌和草屯	洪元煌被同為草屯出身的張深切評為「職業的社會運動家」與「草屯青年的指導者」。
11:30-11:30 第三幕 真心換絕情－從《雪峰詩集》看洪元煌的晚年和草屯	晚年的洪元煌人決定再度提筆為文，首次問世的《雪峰詩集》，成為殖民統治末期，台灣人嚴厲批評也是欲有力控訴日本殖民統治的最佳縮影。
11:30-12:00 落幕	綜合討論

指導單位：草屯鎮公所
主辦單位：草鞋墩鄉土文教協會
　　　　　台灣古文書學會
※報　名：名額50人，即日起額滿為止，以電話 049-2333318 確認
　　　　　e-mail：ttshoes@yahoo.com.tw
　　　　　或送交承辦單位－草鞋墩鄉土文教協會 謝小姐
　　　　　地址：稻草工藝文化館（542 南投縣草屯鎮中正路571-6號）

草屯鄉土文化演講會　　　　NO.____

姓名		單位	
身份證字號		職稱	
生日		手機	
住址			
e-mail			

筆者完成學位返臺首先演講就是受邀在洪元煌故鄉演講
資料來源：洪正常先生提供。

　　隔不久，前往拜會梁志忠先生位於草屯大成路的住宅，一上二樓被滿屋子的文物和文獻收藏品所包圍，原來梁志忠先生早已是以蒐藏臺灣早期文物、古文書、文獻聞名，且對南投陶很有研究的文物蒐藏家和研究者。他很快地將炎峰青年會的史料拿給我看，並且隨手拿出兩個大資料本，我一翻開，真是嚇壞了，竟然是一張張日治初期洪元煌之父洪玉麟與殖民政府地方官員的往來公、私文書，有一百多件。最早為明治二十九（1896）年！邊翻著這些文書，內心驚悸不已，那不是日本剛統治臺灣不到一年嗎？那這批史料不就都超過百年以上嗎？由於碩士論文主要處理 1920 年代的總督府青年教化政策，因此已看過不少日治時期的公文和檔案，但是都屬於不同層級政府機構間的公文，或地方政府彙報到上級機關的個人履歷書之類。但在這裡，卻是第一次看到地方私人（頭人）與當地基層官員的往來文書，甚至還有私人往來信函，尤其當時是處在日本帝國統治剛開始進入草屯一地時，「帝國行政」如何在殖民地社會開始運作的那一歷史光景，例如南投街守備隊約詢，以及首任辦務署署長上任如何任命洪玉麟出任區庄長的交涉過程等，看著這一張張百年前的公文，腦海裡浮現著一幕幕日本統治者初來乍到與被統治者應對的畫面。

　　之後，梁志忠先生又陸續拿出洪元煌相關的詩集、洪元煌乘龍快婿吳萬成日記，甚至梁志忠先生自己的大伯梁慧期先生的日記。後來，數度造訪的過程中，梁志忠先生毫不藏私的提供草屯相關人物的史料、老照片和文獻給我參閱，他說只要是能對草屯研究有幫助，他都願意無償提供。而他也提到，包括

洪玉麟在內的洪元煌家族的史料，都是 1999 年 9 月 21 日臺
灣中部大地震後，因洪玉麟在清同治年間興建的三合院古宅震
毀成為危險建物必須馬上拆除，洪氏後人聯絡他是否要保留一
些珍貴的壁畫，他應諾前往時卻見庭院內地面散落一地的紙，
他趨前撿拾一看，不得了，竟是日本時代的文書。洪氏後人告
訴他若覺有價值，可一併帶走。於是，後來壁畫因體積龐大，
送往臺灣省文獻會（今國史館臺灣文獻館）保存，而洪元煌一
族的文獻史料便這樣被搶救保存下來，而沒有被拆除業者當作
垃圾銷毀。

梁志忠先生

資料來源：筆者拍攝。

　　當暑假結束，我欲返回東京迎接新學期開始前，再度造訪
梁志忠先生，他二話不說，把兩大本厚重的史料交給我，讓我

帶回日本繼續研究。其實，我雖然知道這些資料非常重要，但除了炎峰青年會相關資料直接與研究課題直接相關外，對如何將洪玉麟文書寫入論文中，完全沒有頭緒，而且資料太多，根本無法消化。因此，一方面感謝梁志忠先生的大方無私，但另一方面也覺得需要時間好好思考，所以我接下這兩大本厚重的百年前史料，搭上飛機，回到位於東京三鷹的東大井之頭寮，那棟如今已消失的戰前木造學寮（學生宿舍）。

自從帶著這兩大本厚重的史料回到東京，心中的負擔卻日益加重，因為這批史料堪稱臺灣史的國寶級史料，萬一在我手上有什麼閃失，那我就是千古罪人。那時為了避免經常用手去拿取，已用數位相機全數進行翻拍，但原件仍然在我身上。於是提心吊膽了半年，趁著隔年寒假返臺時，再度搭機將原件帶回臺灣，原璧歸趙，親手交還梁志忠先生。

從第一次遇到這批史料到終於體悟如何將其嵌入博士論文當中，整整過了一年。2008 年 6 月，距離 1998 年考上日本交流協會留日獎學金赴日以來，總算先後完成碩、博士論文，並在指導教授若林正丈先生嚴而不厲、威中帶柔的教導與呵護下，完成論文口試，並隨即返臺前往花蓮擔任教職。

本書希望透過草屯洪氏家族，從洪玉麟、洪元煌、吳萬成，以及洪火煉，來交代日本殖民統治與地域社會的關係，特別是核心人物洪元煌歷經三個政權下一生的生命歷程，能讓後人更能體會臺灣近代史發展中，臺灣人如何拼命力爭當家作主的基本政治訴求。洪元煌並非唯一，但他勇敢實現自己，從不退縮。

筆者與洪育綸先生（左）

資料來源：筆者提供。

筆者與許錫專先生（左）

資料來源：筆者提供。

　　返臺任教後的第一個國科會專題計畫，便是申請博士論文的中譯和專書改寫，之後並獲得臺大出版中心審查通過出版，但因份量太多，於是將草屯地域與洪元煌的博士論文第二部割捨，以第一部殖民政策為中心先出版了《殖民統治與「青年」》一書；如今又過了 6 個年頭，其間轉職成大歷史系後，來到府城臺南，因緣際會投入吳新榮日記的研究，而將第二部的書稿幾乎擱置。

　　去（2020）年又是因緣際會，接下本校水工研究所七十週年專書撰寫計畫而與成大出版社吳儀君編輯結識，我提到這份書稿，她建議我重新送審，若通過可由成大出版社出版，因成大以理工起家，希望能多出版人文類的學術專書。於是從完成水工所專書書稿後，我開始重新改寫第二部的書稿，且因著接任行政主管，開始讓我關注到歷史系館周遭的鳥類生態，最常注意到的，就是白頭翁。突然間，我對洪元煌的一生，尤其那一頭少年白被張深切取了「白頭殼仔」綽號更有感。也回想起當初我從日本返臺，在花蓮教育大學鄉土文化學系暑專班上第一門課、初任教職，就有一位在小學任教的老師同學，提著鳥籠來上課，就是一隻白頭翁（東部則是亞種烏頭翁），由於從小豢養，非常聽話。

　　因此，我決定就以「白頭殼仔」為書名，並延續前一本書《來去府城走透透：1930~1960 年代文青醫生吳新榮的日常娛樂三部曲》的風格，以「洪元煌的人生組曲」來安排內容，希望讓讀者彷彿在聆聽一段樂曲般，去感受歷史、地域與人物交錯的節奏。而「殖民統治與草屯洪家」，則希望呼應《殖民統

治與「青年」》，回到當初博士論文的研究初衷（殖民統治與
地域社會），換言之，這雖是兩本書，卻必須合而觀之，更能
縱、橫理解殖民統治與臺灣近代發展。

本書中的部分內容，曾經以期刊論文方式發表，包括：

1. 〈從傳統士人到「近代青年」的文化交錯與轉換——
   「不倒翁」洪元煌與草屯碧山吟社〉（異時空下的同
   文詩寫——臺灣古典詩與東亞各國的交錯國際學術研
   討會，2008 年），後收錄於《臺灣古典文學研究集
   刊》（創刊號），臺北：里仁書局，2009 年。

2. 〈從「總理」到「區長」：與日本帝國「推託頑抗」
   的武秀才洪玉麟——以洪玉麟文書（1896-1897）為
   論述中心〉，收入國史館臺灣文獻館、國立臺灣歷史
   博物館、文化部文化資產局、逢甲大學歷史與文物研
   究所、臺灣古文書學會編校，《第六屆臺灣古文書與
   歷史研究學術研討會論文集》，臺中：逢甲大學出版
   社，2012 年。

3. 〈「庄政」大對決：以日治中期臺中州草屯庄炎峰
   青年會為中心〉，《臺灣風物》62：4（2012 年 12
   月），頁 27-78。

本書的改寫與增訂過程中，非常感謝兩位匿名審查人的
寶貴建議，包括書名、章節安排和內容重複，以及詳細而具體
提供筆者誤植或日式漢字的修訂等，讓筆者受益良多，也於心
中燃起本書有被閱讀的滿足感。而為了確保文字與內容的正確

性，編輯吳儀君小姐更是費盡心思協助校訂，實在非常感謝。

　　本書雖是新書，並增加不少內容和照片，但基本上仍屬於博士論文的二部曲，因此在此容我再度感謝在日本求學間，協助筆者完成論文的指導教授若林正丈先生，而且在如今仍處於新冠肺炎尚未收束的期間，遠隔重洋幫本書撰寫序文，實在非常感恩。感謝本系傑出系友、現任臺灣大學歷史系系主任李文良學兄，惠贈序文，並提出一個共同研究的課題，希望我們能一起來完成。在博士論文寫作期間提供我寶貴意見的駒込武教授（京都大學）、三澤真美惠教授（日本大學）和中村元哉教授（東京大學）等諸位先生，以及大方無私提供史料給我的梁志忠先生，草屯耆老洪育綸、許錫專前輩，洪元煌後人洪正常先生、李蕭容女士，忘年之交李西勳局長；在東京留學期間，非常照顧我的保證人鈴木敬二先生，協助與支持我留學日本的林昭仁先生、詹素娟（詹姊）、老同學葉小燕、陳美妙等。當然，我也要再度感謝我的爸媽、岳父母，我哥勝澤、我姐淑月、我妹淑玲、我弟茗蓁，內人貞閔，老大伯翼和小女庭渝，沒有他（她）們的長期支持和付出，我是不可能完成學位的。最後感謝未能在此一一列名，而一路關心與照顧我的師友、貴人們，以及提供我優質的教研環境的成大，親切和藹、相互提攜的歷史系同事和教學相長的同學們。

陳文松

寫於 2021 年 10 月

本書經成大出版社出版委員會審查通過

白頭殼仔
洪元煌（1883-1958）的人生組曲：殖民統治與草屯洪家

著　　者｜陳文松

發 行 人　蘇芳慶
發 行 所　財團法人成大研究發展基金會
出 版 者　成大出版社
總 編 輯　游素玲
執行編輯　吳儀君
地　　址　70101台南市東區大學路1號
電　　話　886-6-2082330
傳　　真　886-6-2089303
網　　址　http://ccmc.web2.ncku.edu.tw

出　　版　成大出版社
地　　址　70101台南市東區大學路1號
電　　話　886-6-2082330
傳　　真　886-6-2089303

排　　版　菩薩蠻數位文化有限公司
印　　製　方振添印刷有限公司
初版一刷　2022年3月
定　　價　420元
I S B N　9789865635657

國家圖書館出版品預行編目（CIP）資料

白頭殼仔　洪元煌（1883-1958）的人生組曲：殖
民統治與草屯洪家／陳文松著. -- 初版. -- 臺南
市：成大出版社出版：財團法人成大研究發展
基金會發行, 2022.03

面；　公分

ISBN　978-986-5635-65-7（平裝）

1. CST: 洪元煌　2. CST: 臺灣傳記

783.3886　　　　　　　　　　　111002262